Niestrate   Die Architektenhaftung

Praxis des Baurechts

Carl Heymanns Verlag KG · Köln · Berlin · Bonn · München

Die Architektenhaftung

Umfang · Abwehr · Haftungsbegrenzung
Versicherungsschutz

Von

Helmut Niestrate
Rechtsanwalt in Düsseldorf

Carl Heymanns Verlag KG · Köln · Berlin · Bonn · München

Die Deutsche Bibliothek - CIP-Einheitsaufnahme

Niestrate, Helmut:
Die Architektenhaftung – Umfang · Abwehr · Haftungsbegrenzung · Versicherungsschutz / von Helmut Niestrate
Köln; Berlin; Bonn; München: Heymanns 2000
ISBN 3-452-24347-8

Das Werk ist urheberrechtlich geschützt. Die dadurch begründeten Rechte, insbesondere die der Übersetzung, des Nachdrucks, der Entnahme von Abbildungen, der Funksendung, der Wiedergabe auf photomechanischem oder ähnlichem Wege und der Speicherung in Datenverarbeitungsanlagen, bleiben vorbehalten.

ISBN 3-452-24347-8

© Carl Heymanns Verlag KG · Köln · Berlin · Bonn · München 2000
50926 Köln

E-Mail: service@heymanns.com

http://www.heymanns.com

Gesamtherstellung: Gallus Druckerei KG Berlin

Gedruckt auf säurefreiem und alterungsbeständigem Papier

Vorwort

Welche Leistungen schuldet der Architekt?
Welche Ansprüche stehen dem Bauherrn zu, wenn der Architekt die ihm übertragenen Leistungen nicht, teilweise nicht oder schlecht erfüllt?
Welche Einwendungen kann der Architekt hiergegen erheben?
Wie kann er seine Haftung wirksam begrenzen, und inwieweit kann er sich gegen eventuelle Schäden versichern?
Unter welchen Voraussetzungen und mit welchen Rechtsfolgen können Bauherr und Architekt den Vertrag kündigen? Muß der Architekt eine Honorarkürzung hinnehmen, weil Teilleistungen wie etwa Kostenermittlungen nicht erbracht wurden?
Sinn und Zweck des Buches ist es, diese und weitere Fragen komprimiert und praxisnah darzustellen und sie anhand der aktuellen Rechtsprechung zu beantworten. Hierzu wird auf die wichtigsten Aspekte der Gewährleistung, der Haftung und des Versicherungsschutzes, aber auch der ordentlichen sowie der außerordentlichen Kündigung eingegangen.
Der Autor, der als Rechtsanwalt seit Jahren ausschließlich mit Architektenrecht und privatem Baurecht befaßt ist, möchte mit diesem Buch nicht nur dem Juristen Entscheidungshilfen bei der Abwicklung von Architektenverträgen bieten, sondern vor allem auch dem in der Bauwirtschaft tätigen Architekten, Ingenieur oder Kaufmann. Das Buch richtet sich demzufolge an den Praktiker, ohne aber auf umfangreiche Rechtsprechungs- und Literaturnachweise zu verzichten.

Düsseldorf, im März 2000 *Helmut Niestrate*

Inhalt

Vorwort V

1	**Haftung für den Werkerfolg**	1
1.1	Gewährleistung für Mängel	1
1.1.1	Rechtsnatur des Architektenvertrages	1
1.1.2	Mangel des Architektenwerkes	3
1.1.2.1	Kriterien	3
1.1.2.1.1	Vorrangig: Der vereinbarte Werkerfolg	3
1.1.2.1.2	Mindeststandard: die Regeln der Technik und Baukunst	8
1.1.2.2	Typische Mängel des Werkes	9
1.1.2.2.1	Planungsfehler im technischen oder wirtschaftlichen Bereich	9
1.1.2.2.2	Fehlende Genehmigungsfähigkeit der Planung ...	15
1.1.2.2.3	Verstoß gegen die Regeln der Baukunst oder Technik	17
1.1.2.2.4	Lückenhafte Planung	20
1.1.2.2.5	Koordinierungsmängel in technischer, wirtschaftlich-kostenmäßiger und zeitlicher Hinsicht	22
1.1.2.2.6	Fehler bei der Vorbereitung und der Mitwirkung bei der Vergabe von Bauleistungen	25
1.1.2.2.7	Mängel aufgrund fehlerhafter Objektüberwachung	27
1.1.2.2.8	Mängel aufgrund unzureichender Kontrolle der Mängelbeseitigung durch die Bauhandwerker	33
1.1.3	Rechte des Bauherrn	33
1.1.3.1	Beim Dienstvertrag	33
1.1.3.2	Beim Werkvertrag	34
1.1.3.2.1	Vor der Abnahme und vor Realisierung des Mangels am Bauwerk	34
1.1.3.2.1.1	Erfüllungsanspruch	37
1.1.3.2.1.2	Schadenersatz wegen Nichterfüllung bzw. wegen Unmöglichkeit	38
1.1.3.2.1.3	Nachbesserungsanspruch, Recht auf Selbstnachbesserung, Wandelung, Minderung, Schadenersatz	38
1.1.3.2.1.3.1	Nachbesserung und Recht auf Selbstnachbesserung	38
1.1.3.2.1.3.2	Wandelung	39

1.1.3.2.1.3.3	Minderung	40
1.1.3.2.1.3.4	Schadenersatz	42
1.1.3.2.2	Nach der Abnahme und nach der Realisierung des Mangels im Bauwerk	50
1.1.4	Rechte des Architekten	50
1.1.4.1	Bis zur Abnahmereife oder Abnahme des geschuldeten Werkes	50
1.1.4.2	Nach der Abnahme bzw. Abnahmereife	50
1.1.4.3	Nach der Realisierung des Mangels im Bauwerk	51
1.1.4.3.1	Grundsätzlich kein Nachbesserungsrecht	51
1.1.4.3.2	Ausnahmsweise Nachbesserungsrecht aus dem Gesichtspunkt der Schadenminderungspflicht	51
1.1.4.3.3	Vertragliche Vereinbarung des Nachbesserungsrechts	52
1.1.5	Mitverschulden	53
1.1.5.1	Eigenes Mitverschulden des Bauherrn	55
1.1.5.1.1	Handeln auf eigene Gefahr	55
1.1.5.1.2	Haftungsbegründende Kausalität	56
1.1.5.1.3	Haftungsausfüllende Kausalität	56
1.1.5.2	Mitverschulden Dritter	57
1.1.6	Ausgleichsansprüche der Baubeteiligten	64
1.1.7	Vorteilsausgleichung	69
1.2	Gewährleistung für Mangelfolgeschäden	71
1.2.1	Abgrenzung zum Bauwerksmangel	71
1.2.2	Voraussetzungen und Rechtsfolgen	73
2	**Haftung als Sachwalter**	**75**
2.1	Voraussetzungen	75
2.2	Typische Pflichten des Architekten als Sachwalter	76
2.2.1	Auswahl der Sonderfachleute und Bauhandwerker	76
2.2.2	Belehrung über das Risiko bei der Verwendung neuartiger, nicht erprobter Baustoffe und Baukonstruktionen	77
2.2.3	Vorverhandlungen mit Behörden über die Genehmigungsfähigkeit	78
2.2.4	Beratungspflicht hinsichtlich der Kosten	78
2.2.5	Berücksichtigung steuerlicher Fragen bei der Planung	79
2.2.6	Berücksichtigung der vom Bauherrn vorgesehenen Nutzung in technischer und rechtlicher Hinsicht	79
2.2.7	Berücksichtigung von Nachbarrechtsverhältnissen	80
2.2.8	Beratung des Bauherrn vor und nach der Abnahme	80

2.2.9	Maßnahmen zur Durchsetzung von Mängelbeseitigungsansprüchen	81
2.2.10	Rechnungsprüfung: Abschlagsrechnungen, Schlußrechnungen, Nachträge	82
3	**Haftung gegenüber Dritten**	**85**
3.1	Vertrag mit Schutzwirkung zugunsten Dritter ...	85
3.2	Ansprüche aus unerlaubter Handlung	87
3.2.1	Voraussetzungen	87
3.2.2	Darlegungs- und Beweislast	91
4	**Verjährungsfristen**	**93**
4.1	Verjährungsfrist für werkvertragliche Gewährleistungspflichten	93
4.1.1	Dauer der Verjährungsfrist	93
4.1.2	Beginn der Verjährungsfrist	94
4.1.3	Verjährungsbeginn bei Vereinbarung von Subsidiaritätsklauseln	95
4.1.4	Sonderfall: Teilabnahme	96
4.1.5	Verkürzung der Verjährungsfrist	97
4.2	Verjährungsfrist für Ansprüche aus positiver Vertrags-/Beratungspflichtverletzung	97
4.3	Verjährungsfrist für Ansprüche aus Delikt	98
4.4	Verjährungsfrist für Ausgleichsansprüche unter Gesamtschuldnern	99
5	**Besondere Haftungsrisiken des Architekten**	**101**
5.1	Haftung des Architekten für die Genehmigungsfähigkeit der Planung	101
5.1.1	Umfang der Pflichten	101
5.1.1.1	Baugenehmigung wird zu Recht versagt	101
5.1.1.1.1	Bauherr hat Kenntnis vom Genehmigungsrisiko ..	101
5.1.1.1.2	Bauherr verlangt die Planung nicht erprobter Baustoffe und Techniken	103
5.1.1.1.3	Schwierige Rechtsfragen im Zusammenhang mit der Genehmigungsfähigkeit	104
5.1.1.2	Baugenehmigung wird erteilt, aber dann wieder zurückgenommen	105
5.1.1.3	Baugenehmigung wird zu Unrecht versagt	106
5.1.2	Art und Umfang der Haftung	109
5.1.2.1	Rechte des Bauherrn vor Baubeginn	109
5.1.2.2	Rechte des Architekten vor Baubeginn	111
5.1.2.3	Rechte des Bauherrn und Architekten nach Baubeginn	111

5.1.3	Rechtsprechung des Amtshaftungssenates des BGH zur Haftung des Architekten bei schwierigen Rechtsfragen und zur Subsidiarität der Amtshaftung	112
5.2	Haftung des Architekten wegen Bausummenüberschreitung	112
5.2.1	Derzeitiger Stand der Rechtsentwicklung	112
5.2.2	Formen der Bausummenüberschreitung	113
5.2.2.1	Überschreitung einer Bausummengarantie	113
5.2.2.2	Überschreiten eines vereinbarten Kostenlimits ...	115
5.2.2.2.1	Umfang der Pflichten	115
5.2.2.2.2	Art und Umfang der Haftung	117
5.2.2.2.3	Rechte des Auftraggebers vor der Realisierung des Bauvorhabens	117
5.2.2.2.4	Rechte des Auftraggebers nach der Realisierung des Bauvorhabens	119
5.2.2.3	Überschreitung eines nicht vereinbarten Kostenlimits	119
5.2.2.3.1	Allgemeine Pflicht zur wirtschaftlichen Planung	119
5.2.2.3.2	Fehlerhafte Kostenermittlung	122
5.2.2.3.3	Mehrkosten – bedingt durch Sonder- und Änderungswünsche des Bauherren	125
5.2.2.3.4	Art und Umfang der Haftung	126
5.2.3	Berechnung des Schadens bei Überschreiten eines vereinbarten und eines nicht vereinbarten Kostenlimits	127
6	**Möglichkeiten der Haftungsfreizeichnung**	131
6.1	Grundsätzliche Wirksamkeit – auch bei mündlicher Vereinbarung oder sogar stillschweigendem Zustandekommen	131
6.2	Haftungsfreizeichnung in AGB-/Formularverträgen nach dem AGB-Gesetz	131
6.2.1	Vollständiger Haftungsausschluß	132
6.2.2	Beschränkung auf Nachbesserung	133
6.2.3	Haftungsbegrenzung der Höhe nach	134
6.2.4	Zeitliche Begrenzung	136
6.2.5	Haftung nur bei Verschulden	137
6.2.6	Beweislastklauseln	137
6.2.7	Beschränkung auf unmittelbaren Schaden	138
6.2.8	Subsidiaritätsklauseln	138
7	**Versicherungsschutz**	141
7.1	Allgemeine Versicherungsbedingungen	141
7.2	Gegenstand der Versicherungen	141

7.3	Rechtsverhältnisse und Tätigkeiten (versichertes Risiko)	142
7.4	Beginn und Umfang des Versicherungsschutzes	142
7.5	Ausschlußbestimmungen	149
7.5.1	Ausschlüsse nach den AHB	149
7.5.2	Ausschlüsse nach den Besonderen Bedingungen (BBR)	150
7.5.2.1	Überschreitung der Bauzeit sowie von Fristen und Terminen	152
7.5.2.2	Überschreitung ermittelter Massen oder Kosten, fehlerhafte Massen- oder Kosten-Ermittlungen (BBR 1981); Überschreitung von Vor- und Kostenanschlägen (BBR 1994 und 1998)	153
7.5.2.3	Verletzung von gewerblichen Schutzrechten und Urheberrechten	155
7.5.2.4	Vergabe von Lizenzen	155
7.5.2.5	Abhandenkommen von Sachen einschließlich Geld, Wertpapieren und Wertsachen	155
7.5.2.6	Auslandsschäden	155
7.5.2.7	Bewußt gesetz-, vorschrifts- oder sonst pflichtwidriges Verhalten	156
7.5.2.8	Vermittlung von Geld-, Kredit-, Grundstücks- oder ähnlichen Geschäften sowie aus der Vertretung bei solchen Geschäften	156
7.5.2.9	Zahlungsvorgänge aller Art, Kassenveruntreuung und Unterschlagung	156
7.6	Nicht versicherte Risiken	157
7.7	Deckungssummen des Versicherungsvertrages	160
8	**Kündigung des Architektenvertrages**	**163**
8.1	Kündigungsmöglichkeiten des Bauherrn beim Werkvertrag	163
8.1.1	Freie Kündigung	163
8.1.1.1	Ersparte Aufwendungen	164
8.1.1.1.1	Bauherr und Architekt haben hinsichtlich der ersparten Aufwendungen keine Vereinbarung getroffen	164
8.1.1.1.2	Wirksamkeit von Vereinbarungen zur Höhe der ersparten Aufwendungen	166
8.1.1.2	Anderweitiger Erwerb	167
8.1.1.3	Darlegungs- und Beweislast	168
8.1.2	Kündigung des Architektenvertrages aus wichtigem Grund	169
8.2	Kündigungsmöglichkeiten des Architekten beim Werkvertrag	171

8.2.1	Kündigung aus wichtigem Grund	171
8.2.2	Kündigung wegen Verletzung der Mitwirkungspflicht	172
8.3	Kündigungsmöglichkeiten des Bauherrn und Architekten beim Dienstvertrag	173
8.3.1	Kündigungsvoraussetzungen	173
8.3.2	Kündigungsfolgen	175
8.3.3	Darlegungs- und Beweislast	176
9	**Möglichkeiten der Honorarkürzung bei nicht erbrachten Leistungen**	179
9.1	Vom Architekten nicht erbrachte Leistung war auch nicht geschuldet	179
9.2	Architekt hat das volle Leistungsbild des § 15 Abs. 2 HOAI in Auftrag, erbringt aber Teilleistungen nicht	180
9.3	Bauherrn geht es nicht nur um die Errichtung des Gebäudes; er beauftragt gezielt eine bestimmte Leistung	183
9.4	Umfang der Honorarminderung nach Gewährleistungsrecht	184
Literatur		187
Sachregister		191

1 Haftung für den Werkerfolg

1.1 Gewährleistung für Mängel

1.1.1 Rechtsnatur des Architektenvertrages

Von ganz wesentlicher Bedeutung für die Rechtsbeziehungen zwischen Bauherren und Architekten ist die rechtliche Einordnung des Architektenvertrages. Die rechtliche Einordnung kann im Einzelfall durchaus Schwierigkeiten bereiten. Das liegt einerseits daran, daß es den Typ des Architektenvertrages im Bürgerlichen Gesetzbuch nicht gibt und daher die Vertragsparteien im Rahmen der Vertragsfreiheit die Rechte und Pflichten aus dem Vertrag so gestalten können, wie sie dem Vertragszweck und den gemeinsamen Interessen am ehesten gerecht werden. Andererseits weisen die einzelnen Architektenleistungen, die in Betracht kommen, einen durchaus unterschiedlichen Charakter auf: In einzelnen Bereichen ist die Planung ergebnisorientiert (z. B. die Genehmigungsplanung) und damit dem Werkvertragsrecht zugehörig; in anderen Bereichen dagegen steht eher nur ein Tätigwerden des Architekten im Vordergrund (z. B. Teilgrundleistungen der Objektüberwachung), so daß diese Leistungen dem Dienstvertragsrecht zuzuordnen sind. [1]

Während das Reichsgericht[1] den sogenannten Vollarchitekturvertrag noch dem Dienstvertragsrecht zuordnete, hat sich der Bundesgerichtshof in seiner Grundsatzentscheidung vom 26.11.1959[2] für die werkvertragliche Qualifizierung entschieden und diese Rechtsprechung in der Folgezeit konsequent weitergeführt[3]. [2]

Auf der Grundlage dieser Rechtsprechung ist heute wie folgt zu differenzieren[4]: [3]

> ➢ Übernimmt der Architekt alle Leistungsphasen des § 15 HOAI (von der Grundlagenermittlung bis zur Objektbetreuung und Dokumentation), handelt es sich bei dem Architektenvertrag um einen Werkvertrag[5].

grundsätzlich gilt Werkvertragsrecht – ausnahmsweise Dienstvertragsrecht

---

1 RGZ 86, 75 ff.; RGZ 97, 125; weitere Nachweise zur Rechtsprechung des Reichsgerichts in BGHZ 31, 325.
2 BGHZ 31, 224 = NJW 1960, 431 = MDR 1960, 217 = BB 1960, 113 = DB 1960, 118.
3 BGH, BauR 1974, 211; BauR 1982, 79.
4 Vgl. ausführlich: Werner/Pastor, Rn. 649 f.
5 Herrschende Meinung: BGH, NJW 1990, 431; NJW 1974, 898 = BauR 1974, 211; Locher/Koeble/Frik, Einl., Rn. 16; Werner/Pastor, Rn. 649 ff.

1 Haftung für den Werkerfolg

> Wird dem Architekten gemäß § 15 Nr. 1-7 HOAI nur die Vorbereitung (Grundlagenermittlung) und/oder die Planung des Bauvorhabens (Vorplanung, Entwurfsplanung, Genehmigungsplanung, Ausführungsplanung sowie Vorbereitung der Vergabe und Mitwirkung bei der Vergabe) oder ein Teilbereich hiervon übertragen, ist der entsprechende Vertrag als Werkvertrag zu werten[6].

> Wird dem Architekten ausschließlich die Objektüberwachung (§ 15 Nr. 8 HOAI) übertragen, liegt ein Werkvertrag vor[7].

> Ein Werkvertrag ist auch anzunehmen, wenn der Architekt mit der künstlerischen Oberleitung neben der Objektplanung beauftragt wird, eine Vermessungstätigkeit[8] leistet oder mit der Erstattung eines Privatgutachtens[9] betraut wird.

4 Vom BGH noch nicht entschieden sind dagegen folgende Fälle:

> Die Einordnung von Architektenverträgen, die nur die Leistungsphasen 1, 6, 7 und 9 jeweils einzeln beinhalten, ist streitig. Es wird vertreten, bei isolierter Beauftragung der Grundlagenermittlung sei der Vertrag als Dienstvertrag zu werten[10]. Auch für die Objektbetreuung soll, wenn sie isoliert beauftragt wird, Dienstvertragsrecht Anwendung finden[11]; dies kommt vor allem für folgende Leistungen in Frage: Führen eines Bautagebuches, gemeinsames Aufmaß mit dem bauausführenden Unternehmen, Rechnungsprüfung, Auflistung der Gewährleistungsfristen.

> Wird der Architekt lediglich beauftragt, eine Kostenermittlung nach DIN 276 zu erstellen, soll dagegen Werkvertragsrecht gelten[12].

> Dienstvertragsrecht wird angenommen, wenn der Architekt nur die Tätigkeit eines verantwortlichen Bauleiters i. S. d. Landesbauordnung übernimmt[13].

---

6 Herrschende Meinung: Werner/Pastor, Rn. 649 ff.; Bindhardt/Jagenburg, § 2, Rn. 68 ff.
7 BGH, NJW 1982, 438 = BauR 1982, 79.
8 BGH, BauR 1973, 332.
9 BGH, NJW 1967, 719.
10 Jochem, § 15 HOAI, Rn. 22; Bindhardt/Jagenburg, § 2, Rn. 80; a. A.: Löffelmann/Fleischmann, Rn. 53.
11 Bejahend OLG Hamm, NJW-RR 95, 400 f.; Pott/Frieling, Rn. 124, Jochem, § 15 HOAI, Rn. 22; verneinend: Werner/Pastor, Rn. 652; Locher/Koeble/Frik, Einl., Rn. 19.
12 Pott/Frieling, Rn. 123; Locher, Rn. 224.
13 Streitig: bejahend Pott/Frieling, Rn. 124; Schmalzl, Haftung, Rn. 223 und BauR 1977, 80, 84; verneinend: Locher, Rn. 224 und Bindhardt/Jagenburg, § 2, Rn. 78.

Bis auf diese streitigen Ausnahmefälle findet auf einen Architektenvertrag also Werkvertragsrecht Anwendung.

1.1.2 Mangel des Architektenwerkes

Der Begriff des »Mangels« ist subjektiv zu verstehen; das heißt, das Architektenwerk kennzeichnet sich als fehlerhaft, wenn es nicht die bei Vertragsabschluß ausdrücklich oder stillschweigend vereinbarte Beschaffenheit aufweist[14]. Es ist daher vorrangig zu prüfen, welchen Werkerfolg der Architekt schuldet.

5 *Erfolgshaftung des Architekten*

1.1.2.1 Kriterien

1.1.2.1.1 Vorrangig: Der vereinbarte Werkerfolg

Da es »den Architektenvertrag« im Bürgerlichen Gesetzbuch nicht gibt, ist für die Frage, welche Leistungen der Architekt seinem Auftraggeber zu erbringen hat, allein der privatrechtliche Vertrag von Bedeutung. Im Rahmen der Vertragsfreiheit kann der Bauherr dem Architekten alle möglichen Aufgaben übertragen, so z. B. reine Beratungstätigkeiten im Vorfeld des Erwerbs einer Immobilie, Tätigkeiten während der Errichtung des Bauwerks oder die komplette Planung mit Bauüberwachung. Was der Architekt im einzelnen schuldet, ist anhand der Vereinbarung mit dem Bauherrn festzustellen.

6

geschuldeter Erfolg ist durch Auslegung zu ermitteln

Die HOAI – insbesondere das in § 15 HOAI genannte Leistungsbild – ist hingegen zur Bestimmung der Leistungspflichten des Architekten grundsätzlich nicht geeignet[15]. Bei der HOAI handelt es sich nämlich um eine Honorarordnung, die keine unmittelbaren Leistungspflichten begründet. Zum Verhältnis von BGB und HOAI hat der BGH[16] herausgestellt, daß die HOAI keine normativen Leitbilder für den Inhalt von Architekten- und Ingenieurverträgen enthält und daher auch für die Frage, was der Architekt oder Ingenieur zu leisten hat, allein der geschlossene Werkvertrag nach Maßgabe der Regelungen des BGB und der dazu im einzelnen getroffenen Vereinbarungen von Bedeutung ist. Die Auslegung des Werkvertrages und der Inhalt der vertraglichen Verpflichtungen des Architekten oder Ingenieurs

7

---

14 BGH, BauR 1995, 230; BGH, BauR 1989, 462.
15 Daß im folgenden die Vertragspflichten des Architekten anhand des Leistungsbildes des § 15 HOAI dargestellt werden, hat praktische Gründe und ist auch sinnvoll; denn das Leistungsbild des § 15 HOAI führt die Architektenleistungen auf, die im allgemeinen zur ordnungsgemäßen Erfüllung erforderlich sind (vgl. § 2 Abs. 2 HOAI).
16 BauR 1999, 187; BauR 1997, 54; vgl. hierzu auch Motzke, Festschrift für von Craushaar, § 43 ff. und Neuenfeld, § 1 HOAI, Rn. 9a.

können – so der BGH – *nicht* in einem Vergleich der Gebührentatbestände der HOAI und der vertraglich vereinbarten Leistungen bestimmt werden. Entscheidend kommt es damit für die Bestimmung, welche Vertragspflichten der Architekt schuldet, auf den Inhalt der zwischen dem Bauherrn und dem Architekten getroffenen Vereinbarung an[17]. Im Zweifelsfall ist der Inhalt des Vertrages nach den allgemeinen Grundsätzen des bürgerlichen Vertragsrechts zu ermitteln. Das kann im Einzelfall sehr schwierig sein und führt häufig auch zu Streit.

Folgendes ist in diesem Zusammenhang von Bedeutung:

8 Es ist heute herrschende Meinung[18], daß keine allgemeine Vermutung und kein erster Anschein für die Beauftragung des Architekten mit der Vollarchitektur (Leistungsphase 1–9 des § 15 HOAI) besteht. Der Architekt muß vielmehr darlegen und beweisen, ob und in welchem Umfang er mit Architektenleistungen vom Bauherrn beauftragt wurde[19]. Nur die jeweiligen Umstände des Einzelfalles lassen Rückschlüsse auf den Auftragsumfang zu.

9 Je nachdem, wie präzise die Vertragsparteien die Pflichten des Architekten geregelt haben, stehen die Gerichte im Streitfall vor schwierigen Auslegungsfragen. Im Rahmen der Auslegung des Vertragsumfanges und damit des geschuldeten Werkerfolges kann unter Berücksichtigung aller vertragsbegleitenden Umstände auch das Leistungsbild des § 15 HOAI eine gewisse Rolle spielen. Das ist insbesondere in den Fällen so, in denen der Vertrag auf die Leistungsbilder der HOAI Bezug nimmt. Allerdings ist mit der Bezugnahme auf einzelne Leistungsbilder oder Leistungsphasen der HOAI noch nicht entschieden, inwieweit die unter der jeweiligen Leistungsphase erfaßten Grundleistungen beauftragt sind. Auch insoweit bedarf es noch der Vertragsauslegung. Zu Recht wird darauf hingewiesen, daß selbst die Honorarordnung nicht davon ausgeht, daß jede Grundleistung eines bestimmten Leistungsbildes (z. B. Leistungsbild Objektplanung, § 15 HOAI) Gegenstand eines jeden Auftrages ist. Vielmehr umfassen Grundleistungen nach § 2 Abs. 2 HOAI eben gerade nur die Leistungen, die zur ordnungsgemäßen Erfüllung des Auftrages »im allgemei-

---

17 Allerdings können die Leistungsbilder der HOAI (z. B. Objektplanung, § 15 HOAI) kraft des Grundsatzes der Vertragsfreiheit zur Beschreibung der geschuldeten Leistung vereinbart werden.
18 BGH, BauR 1999, 187; OLG Hamm, BauR 1990, 636; OLG München, BauR 1996, 417; OLG Düsseldorf, NJW-RR 1995, 1425; Motzke/Wolf, S. 11; Löffelmann/Fleischmann, Rn. 755; Locher/Koeble/Frik, Einl., Rn. 35; Hesse/Korbion/Mantscheff/Vygen, § 15 HOAI Rn. 25; Werner/Pastor, Rn. 777; a. A. noch OLG Köln, BauR 1973, 251; OLG Düsseldorf, BauR 1979, 262 f.; OLG Saarbrücken, NJW 1967, 2359.
19 BGH, BauR 1997, 1060.

nen« erforderlich sind[20]. Dieser Gesichtspunkt spielt bei der Vertragsauslegung eine wesentliche Rolle.

Dazu einige Beispiele:

> *Auftrag zur Durchführung der Vorplanung* – Soll der Architekt zunächst nur »beraten«, das Grundstück hinsichtlich der Bebaubarkeit überprüfen[21], die Ausnutzung des Grundstücks zum Zweck der Wohnbebauung planerisch untersuchen[22], Vorarbeiten zur Auswahl des Architekten für das beauftragte Bauvorhaben erbringen[23] bzw. freibleibende Bebauungsvorschläge machen, unverbindlich eine grobe Kostenschätzung[24] abgeben, mit den beteiligten Behörden verhandeln, um die öffentliche Zusage der Förderung einer geplanten Modernisierung zu erwirken[25], erforderliche Verhandlungen mit den zuständigen Behörden sowie den Nachbarn (zum Beispiel zu Abstandsflächen)[26] führen oder schließlich Bestandspläne, Aufmaß, Vorplanungsleistungen und Wirtschaftlichkeitsberechnungen[27] anfertigen, ist nur die Grundlagenermittlung und gegebenenfalls auch die Vorplanung in Auftrag gegeben.

Das gleiche gilt, wenn es dem Bauherrn ausdrücklich zunächst nur um die Klärung der Frage ging, ob eine umfassende Zusammenarbeit mit dem Architekten überhaupt möglich ist.

Ferner liegt höchstens ein Auftrag bis zur Vorplanung vor, wenn der Architekt sich nur um die Möglichkeit einer Finanzierung des Bauvorhabens zu kümmern hat[28].

Dasselbe gilt, wenn ein Architekt beauftragt wird, ein Planungskonzept zu entwickeln und grafisch und rechnerisch darzustellen[29] oder die Ausnutzung eines Grundstücks zum Zweck der Wohnbebauung planerisch zu untersuchen und alle erforderlichen Planungen so zu erarbeiten, daß danach eine Bauvoranfrage gestellt werden kann[30] oder um Informationen vom Bauherrn gebeten wird, wie ein bestimmtes Grundstück bebaut werden kann[31] oder zu planerischen Leistungen

---

20 OLG Düsseldorf, BauR 1994, 133, 135; Landesberufungsgericht für Architekten Stuttgart, BauR 1995, 406, 409.
21 OLG München, BauR 1996, 417.
22 OLG Düsseldorf, BauR 1995, 270.
23 OLG Koblenz, BauR 1996, 888.
24 OLG Köln, BauR 1993, 375.
25 KG, BauR 1988, 624 = NJW-RR 1988, 21.
26 OLG Frankfurt, BauR 1987, 479.
27 BGH, BauR 1987, 454.
28 BGH, Schäfer/Finnern, Z 3.01, Blatt 111; Jochem, § 15 HOAI, Rn. 2.
29 Werner/Pastor, Rn. 779.
30 OLG Düsseldorf, BauR 1994, 803.
31 OLG München, BauR 1976, 417.

aufgefordert wird, um dem Auftraggeber die Möglichkeit einzuräumen, ein Vermietungsangebot für ein noch zu errichtendes Gebäude abzugeben[32].

Ebenso ist nur von einer Beauftragung höchstens bis einschließlich der Vorplanung auszugehen, wenn die Durchführung des Bauvorhabens noch nicht abgeklärt ist, weil beispielsweise der Erwerbsvorgang bezüglich des Baugrundstücks noch nicht abgeschlossen ist[33].

> *Auftrag zur Vollarchitektur bzw. mindestens der Genehmigungsplanung einschließlich aller erforderlichen Vorleistungen*
– Geht allerdings aus den Umständen des Einzelfalles hervor, daß der Auftraggeber erkennbar mit dem Architekten ein bestimmtes Bauvorhaben realisieren will, so ist dem Architekten im Zweifel die Vollarchitektur übertragen worden[34].

Wird dem Architekten ausdrücklich der Auftrag erteilt, einen Bauantrag zu stellen oder die Genehmigungsplanung auszuführen, umfaßt dies in der Regel (nur) die Grundlagenermittlung, Vorplanung, Entwurfsplanung und Genehmigungsplanung[35]. Entwickelt der Architekt die Planung dagegen im Einvernehmen mit dem Bauherrn über das Stadium der Genehmigungsplanung hinaus, beginnt er also mit der Ausführungsplanung oder gar mit der Vorbereitung der Vergabe, so ist davon auszugehen, daß dem Architekten die Vollarchitektur beauftragt wurde[36].

Besondere Probleme ergeben sich häufig im Zusammenhang mit der Frage, ob und gegebenenfalls welche Kostenermittlung beauftragt wurde.

§ 15 Abs. 2 HOAI nennt vier verschiedene Kostenermittlungen jeweils nach DIN 276:

> Leistungsphase 2: Kostenschätzung

> Leistungsphase 3: Kostenberechnung

> Leistungsphase 7: Kostenanschlag

> Leistungsphase 8: Kostenfeststellung

---

32 OLG Düsseldorf, BauR 1998, 407 = IBR 1998, 160.
33 Hesse/Korbion/Mantscheff/Vygen, § 15 HOAI Rn. 29; OLG Hamm, BauR 1992, 797.
34 BGHZ 31, 224, 226 ff.; Hesse/Korbion/Mantscheff/Vygen, § 15 HOAI Rn. 24; Werner/Pastor, Rn. 779.
35 OLG Düsseldorf, BauR 1982, 597.
36 Bindhardt/Jagenburg, § 2 Rn. 45, 50; Neuenfeld, § 4 HOAI, Rn. 48 mit Hinweis auf eine Entscheidung des OLG Hamm; Werner/Pastor, Rn. 781.

Ob der Architekt tatsächlich sämtliche Kostenermittlungen schuldet, ist – bei fehlender ausdrücklicher Vereinbarung – im Einzelfall zu ermitteln. 10

Zunächst ist zu prüfen, ob eine konkrete Vereinbarung zu Kostenermittlungen getroffen wurde. Liegt eine solche Vereinbarung vor und schuldet der Architekt danach bestimmte oder alle Kostenermittlungen nach DIN 276, hat er aber entgegen der getroffenen Vereinbarung keine oder nicht alle Kostenermittlungen erstellt[37], ist die Sachlage klar: Der Architekt hat seine Leistungen nicht vollständig erbracht. Die Ansprüche des Auftraggebers wegen nicht oder nicht vollständig erbrachter Leistungen regeln sich nach dem Gewährleistungsrecht[38] . 11

Kostenermittlungen nach DIN 276 sind nicht in jedem Fall geschuldet

Ist keine Vereinbarung zustande gekommen, muß im Wege der Auslegung untersucht werden, ob es hinsichtlich des konkreten Bauvorhabens überhaupt einen Sinn gegeben hätte, wenn der Architekt Kostenermittlungen nach DIN 276 gefertigt hätte. Es ist leicht erkennbar, daß die mit der Anknüpfung an die DIN 276 auf den öffentlichen Auftraggeber zugeschnittene Honorarregelung in §§ 15 Abs. 2, 10 Abs. 2 HOAI für viele Fälle des privaten Wohnungsbaus nicht paßt. Dem privaten Auftraggeber ist nicht damit gedient, von dem Architekten für die Planung eines Einfamilienhauses eine Kostenermittlung nach DIN 276 vorgelegt zu bekommen, weil deren Gliederung für ihn kaum praktisch umsetzbare Aussagekraft hat[39]. 12

Aus den Vertragsumständen kann sich auch ergeben, daß einzelne Kostenermittlungsarten nicht geschuldet sind. So kann die Kostenberechnung nach DIN 276 nicht beauftragt sein, weil der Bauherr in jedem Fall eine Genehmigungs- und Ausführungsplanung wünscht und erst mit dem Kostenanschlag darüber eine Entscheidungsgrundlage erhalten will, ob das Bauvorhaben tatsächlich ausgeführt wird. Auch kann sich ergeben, daß ein Kostenanschlag nach DIN 276 nicht vertraglich geschuldet ist, wenn der Bauherr selbst den Kostenvergleich anhand der vorliegenden Angebote vornehmen will. Das ist auch bezüglich der Kostenfeststellung denkbar; oftmals werden die Vertrags- 13

---

37 Einige Formular-Verträge enthalten eine ausdrückliche Bezugnahme auf die Kostenermittlungsart der DIN 276. Das gilt z. B. für den von der Bundesarchitektenkammer empfohlenen Einheits-Architektenvertrag für Gebäude (veröffentlicht im Bundesanzeiger Nr. 152 vom 13.08.1994; abgedruckt bei: Korbion/Locher, AGB-Gesetz und Bauerrichtungsverträge, 2. Auflage, Anlage Nr. 6), der unter § 2 ausdrücklich vorsieht, daß für die Ermittlung der Kosten im Hochbau die DIN 276 in der in § 10 Abs. 2 HOAI zitierten Fassung gilt, womit gleichzeitig klargestellt ist, daß nicht nur für die Honorarberechnung, sondern auch für die baubegleitende Kostenkontrolle die Fassung aus dem Jahre 1981 und nicht etwa die 1993 aufgeführte Fassung anzuwenden ist.
38 Vgl. zur Möglichkeit der Honorarkürzung: Rn. 516.
39 Kniffka, BauR 1996, 773.

1 Haftung für den Werkerfolg

umstände zeigen, daß der Bauherr entsprechende Feststellungen selbst treffen oder sogar ganz darauf verzichten will[40].

14 Die Vertragsauslegung hat sich an allen vertragsbegleitenden Umständen zu orientieren. Deshalb ist auch das Verhalten der Vertragsparteien während oder nach der Vertragsausführung als Auslegungshilfe heranzuziehen[41]. Aus diesem Verhalten ergibt sich insbesondere beim privaten Wohnungsbau häufig, daß die in § 15 HOAI genannten Kostenermittlungen nicht gefordert sind. Das gilt z. B. für den privaten Bauherrn, der auf die allgemeine, nicht auf DIN 276 anknüpfende Kostenkontrolle des Architekten vertraut, wie auch für den Bauträger, der häufig eigene Kostenkontrollen vornimmt[42]. Gerade in solchen Vertragsverhältnissen ist zu beobachten, daß schriftliche Kostenermittlungen oder Kostenkontrollen während der Planungs- und Bauphase nicht abverlangt und auch nicht erbracht werden. Dieses einvernehmliche Verhalten ist ein starkes Indiz dafür, daß qualifizierte Kostenermittlungen und Kostenkontrollen, wie sie Gegenstand des § 15 HOAI sind, konkludent nicht vereinbart sind[43].

1.1.2.1.2 Mindeststandard: die Regeln der Technik und Baukunst

15 Der Architekt ist verpflichtet, sein Werk so zu erbringen, daß es die zugesicherten Eigenschaften hat und nicht mit Fehlern behaftet ist, die den Wert oder die Tauglichkeit zu dem gewöhnlichen oder nach dem Vertrag vorausgesetzten Gebrauch aufheben oder mindern (§ 633 Abs. 1 BGB). Gegenstand des Architektenvertrages im Rechtssinn ist dabei nicht das Bauwerk selbst als körperliche Sache. Das körperliche Bauwerk und das geistige Architektenwerk sind begrifflich zu unterscheiden. Daher haftet der Architekt auch nicht für jeden Mangel des Bauwerks, selbst wenn er das Bauwerk geplant und die Ausführung überwacht hat. Er haftet nur dann, wenn ihm der Bauwerksmangel ursächlich zuzurechnen ist. Die Erfüllung des Architektenvertrages besteht darin, daß der Architekt im Rahmen der ihm übertragenen Aufgaben das seine tut, um das Bauwerk fehlerfrei entstehen zu lassen. Dazu muß er mindestens die Regeln der Technik und Baukunst (veröffentlichter Erkenntnisstand) bei seiner Planung berücksichtigen[44]. Von diesem Mindeststandard darf der Architekt grundsätzlich nur dann abweichen, wenn dies im Einverständnis mit dem Bauherrn geschieht[45]. Das kann für den Bauherrn Sinn machen,

Mindeststandard: Regeln der Technik und Baukunst

---

40 Vgl. z. B. OLG Celle, BauR 1991, 371.
41 Vgl. die Beispiele bei Eich, BauR 1995, 338, der jedoch die Prüfung unterläßt, ob Leistungen, die offenbar nicht gewollt sind, überhaupt vereinbart sind.
42 Vgl. Eich, BauR 1995, 38.
43 Zur Möglichkeit der Honorarkürzung wegen nicht erbrachter Kostenermittlung vgl. Rn. 516 f.
44 OLG Düsseldorf, BauR 1996, 287; hierzu ausführlich Rn. 41 f.
45 BGH, BauR 1976, 66; 70, 1777; BGH, WM 1971, 1271.

wenn es sich um technische Regeln handelt, die nur das Bauwerk als solches zum Gegenstand haben (zum Beispiel die allgemeinen technischen Vorschriften VOB Teil C). Bauherren verlangen insoweit durchaus vom Architekten, daß er sich neue Ausführungsarten überlegt und vorschlägt und damit beispielsweise eine billigere Bauausführung ermöglicht. Der Architekt muß allerdings das Einverständnis des Bauherrn bei einer solchen Abweichung einholen und ihn dazu vorher ausreichend beraten, damit der Bauherr in die Lage versetzt wird, zwischen der Sicherheit des Bewährten und dem Risiko einer neuen Bauweise abzuwägen[46].

Gerade bei der Anwendung einer neuen Bauweise und der Verwendung neuer Baustoffe ist für den Architekten Vorsicht geboten, weil dies immer erhebliche Haftungsrisiken in sich birgt. Im eigenen Interesse muß er dafür sorgen, daß der Bauherr ihm nachweisbar nach Belehrung das Einverständnis zu einer solchen riskanten Planung erteilt. Die Aufklärung des Bauherrn setzt naturgemäß voraus, daß sich der Architekt vorher nach der Funktion der neuen Bauweise bzw. der Qualität der bisher nicht erprobten Baustoffe ausreichend erkundigt hat. Andererseits darf die Beratungs- und Erkundungspflicht nicht überspitzt werden; eine Überspannung liefe nämlich praktisch darauf hinaus, daß dem Architekten verwehrt würde, überhaupt mit neuen Bauweisen und Baustoffen zu arbeiten, was einem Rückschritt auf dem Gebiet der Bautechnik gleich käme. Darf der Architekt den Hersteller eines neuen Werkstoffes für vertrauenswürdig halten und spricht für dessen Tauglichkeit ein einschlägiger Materialprüfungsbericht, so trifft den Architekten nicht der Vorwurf, er habe seiner Sorgfaltspflicht nicht genügt[47]. Dasselbe hat sinngemäß für die Anwendung einer neuen Bauweise zu gelten, wenn diese von einem anerkannten Fachmann stammt und den Regeln der Technik nicht von vornherein widerspricht[48].

16
neuartige Technologien, Bauweisen und Baustoffe

1.1.2.2 Typische Mängel des Werkes

1.1.2.2.1 Planungsfehler im technischen oder wirtschaftlichen Bereich

Im Rahmen der Grundlagenermittlung hat der Architekt die Probleme, die sich aus der Bauaufgabe, den Planungsanforderungen und Zielvorstellungen des Bauherrn ergeben, zu untersuchen, zu analysieren und zu klären[49]. Die Prüfung hat vor allem hinsichtlich der Zweckmäßigkeit und der anfallenden Kosten zu erfolgen. Gegebenenfalls muß der Architekt den Bauherrn auf Vor- und Nachteile

17
Beratung in technischer und wirtschaftlicher Hinsicht

---

46 Vgl. Schmalzl, Rn. 33.
47 BGH, BauR 1976, 66.
48 Schmalzl, BauR 1977, 365.
49 Locher/Koeble/Frik, Rn. 27 ff.

hinweisen, die mit der Ausführung der Wünsche des Auftraggebers verbunden sein können. Bereits in diesem Stadium ist vom Architekten auf mögliche Risiken bei der Verwendung neuartiger, nicht erprobter Baustoffe hinzuweisen[50].

18 Der Architekt hat bei neuen Werkstoffen mit erhöhter Sorgfalt zu prüfen, ob er sich mit seiner Empfehlung auf das Gebiet der riskanten Planung begibt. Ist das für ihn erkennbar, so trifft ihn eine entsprechende Belehrungspflicht. Gleiches gilt auch bei unüblichen oder außergewöhnlichen Konstruktionen; der Architekt muß den sicheren Weg wählen[51]. Bei neuen Baumaterialien muß mit besonderer Sorgfalt die Eignung für den konkreten Zweck untersucht werden. Dazu gehört auch die fachgerechte Verarbeitungstechnik[52]. Kann eine eigene Sachkenntnis des Architekten vom Bauherrn nicht mehr erwartet werden, so endet dessen Prüfpflicht. Der Architekt kann sich dann mit Äußerungen solcher Personen oder Institute begnügen, die nach ihrer Qualifikation als sachverständig angesehen werden dürfen. Stimmen diese Äußerungen im wesentlichen mit dem überein, was der Produzent oder Lieferant in seinem Prospekt oder auf andere Weise anpreist, oder sprechen gewichtige Gründe für die Richtigkeit dieser Angaben, so kann sich der Architekt in der Regel hierauf verlassen. Es kann daher nicht verlangt werden, daß er das Material selbst noch überprüft[53]. Die Prüfungs- und Beratungspflicht hinsichtlich der Verwendung neuer Konstruktionen oder Materialien besteht auch dann, wenn dem Architekten die Grundlagenermittlung nicht in Auftrag gegeben ist, da diese Verpflichtung während des gesamten Planungsstadiums besteht.

19 Die Beratung erstreckt sich ferner auf die Auswahl von Sonderfachleuten. Dabei kann der Architekt haften, wenn er die Einschaltung eines (noch) nicht erforderlichen Ingenieurs empfiehlt oder von der Einschaltung abrät, obgleich dessen Einschaltung erforderlich gewesen wäre[54].

20 Der Architekt muß zusätzlich – und das gilt auch schon für die Grundlagenermittlung – den Baukostenrahmen abklären, innerhalb dessen sich das Planungskonzept zu bewegen hat[55]. Tut der Architekt

Abklären des Kostenrahmens

---

50 BGH, VersR 1971, 958; BGH, BauR 1976, 66 = BB 1976, 146 = Schäfer/Finnern, Z 3.001, Blatt 2; vgl. auch Rn. 16, 185, 263 f.
51 OLG Celle, BauR 1990, 759; OLG Hamm, BauR 1997, 876
52 OLG Köln, Schäfer/Finnern/Hochstein, Nr. 67 zu § 635 BGB, hinsichtlich der Eignung eines vorgesehenen Klebers für eine Schwimmbadplattierung; vgl. die Entscheidung auch bezüglich des Schadens bei Kündigung des Bauvertrages: Ersatz der Kosten durch den Architekten, die an den Handwerker bezahlt werden müssen.
53 Vgl. Bindhardt/Jagenburg, § 6, Rn. 53 ff.; Neuenfeld, DAB 1982, 203; Reim, DAB 1982, 1369; Zimmermann, DAB 1983, 1051.
54 Morloch, DAB 1990, 945.
55 BGH, NJW-RR 1991, 664 = BauR 1991, 366 ff. = ZfBR 91, 104.

dies nicht, so läuft er Gefahr, anschließend an den dem Bauherrn zur Verfügung stehenden Baukosten vorbeizuplanen und damit seinen Honoraranspruch zu verlieren[56].

Die Architektenplanung ist mangelhaft, wenn sie nicht den zur Grundlage des Vertrages gemachten wirtschaftlichen Voraussetzungen entspricht[57]. Allerdings trifft den Architekten nicht eine allgemeine Verpflichtung, in jeder Hinsicht die Vermögensinteressen des Bauherrn wahrzunehmen und unter Berücksichtigung aller Möglichkeiten »so kostengünstig wie möglich« zu bauen. Solches würde viel zu weit gehen[58]. Eine solche Verpflichtung hielte sich nicht mehr in den vom Gegenstand des Architektenauftrages gezogenen Grenzen.

21
keine allgemeine Verpflichtung zur Wahrung der Vermögensinteressen des Bauherrn in jeder Hinsicht

Ein Planungsfehler liegt auch nicht vor, wenn die von dem Architekten erbrachte Planungsarbeit nicht die objektiv günstigste ist. Entscheidend ist vielmehr allein, ob die planerische Leistung des Architekten brauchbar ist. Das ist eine Frage des Einzelfalles. So ist der vom Architekt erstellte Bauplan nicht brauchbar, wenn er bei der Planung den vom Nachbarn erforderlichen Grenzabstand nicht eingehalten hat[59] oder einem Bürogebäude eine gewisse Repräsentationsfunktion fehlt[60]. Von einem in diesem Sinne unbrauchbaren Plan kann nicht ausgegangen werden, wenn es sich nur um jene kleineren und unbedeutenden Mängel handelt, die öfter von den Bauämtern aus öffentlich-rechtlicher Sicht beanstandet werden. Ein Architektenplan ist deshalb nur dann nicht brauchbar, wenn es sich um einen gravierenden Verstoß handelt.

22

Insbesondere die Baufinanzierung (Beantragung von Fördermitteln) oder die Erlangung und Erhaltung von Steuervorteilen gehört ohne besonderen Auftrag grundsätzlich nicht zu den Nebenpflichten des Architekten. Als Sachwalter des Bauherrn hat er zwar gewisse vertragliche Nebenpflichten zur Beratung und Aufklärung auch unter rechtlichen Gesichtspunkten. Sie erstrecken sich aber grundsätzlich nur so weit, wie dies die mangelfreie Erbringung des Architektenwerks selbst erfordert[61]. Anders ist die Rechtslage aber zu beurteilen, wenn die Planung bestimmte wirtschaftliche Voraussetzungen erfüllen soll. Entspricht sie diesen Voraussetzungen dann später nicht, ist die Planung mangelhaft.

23

In diesem Zusammenhang wird diskutiert, wann die Mangelhaftigkeit beginnt, das heißt die Frage nach einer Toleranzgrenze gestellt. Insoweit ist aber Vorsicht geboten:

24

---

56 Vgl. OLG Hamm, BauR 1987, 464; Löffelmann/Fleischmann, Rn. 91.
57 BGH, BauR 1996, 570.
58 BGH, BauR 1973, 120; Schmalzl, NJW 1968, 23 f.; vgl. auch Rn. 324 f.
59 OLG Düsseldorf, Schäfer/Finnern, Z 3.01, Blatt 125.
60 OLG Hamm, NJW-RR 1989, 470.
61 BGH, BauR 1973, 120.

1 Haftung für den Werkerfolg

25 Sofern eine bestimmte Bausumme als Kostenrahmen zwischen dem Architekten und dem Bauherrn vereinbart wurde, hat der Architekt diesen einzuhalten. Wird der Rahmen überschritten, bedeutet das einen Mangel des geschuldeten Architektenwerkes[62]. Ob in diesem Zusammenhang überhaupt eine Toleranz in Betracht kommt und gegebenenfalls in welchem Umfang, richtet sich nach dem Inhalt des Vertrages. Nur wenn sich im Vertrag Anhaltspunkte dafür finden, daß die vereinbarte Bausumme keine strikte Grenze, sondern beispielsweise nur eine Größenordnung oder eine bloße Orientierung sein soll, können Erwägungen zu Toleranzen angestellt werden[63].

Toleranzrahmen bei Kostenermittlungen

26 Eine ganz andere Frage ist es, ob den Architekten eine Pflichtverletzung trifft, wenn die von ihm im Rahmen der geschuldeten Grundleistungen erstellten Kostenermittlungen (Kostenschätzung, Kostenberechnung, Kostenanschlag und Kostenfeststellung) von den tatsächlichen Baukosten überschritten werden. Insoweit kann der Architekt Toleranzen in Anspruch nehmen. Diese reichen jedoch nur so weit, wie die in den Ermittlungen enthaltenen Kostenaussagen von unvermeidbaren Unsicherheiten und Unwägbarkeiten abhängen. Dementsprechend darf eine erste Kostenschätzung weniger genau ausfallen als eine spätere Kostenermittlung bei fortgeschrittenem Bauvorhaben, ohne gleich eine Pflichtverletzung darzustellen. Welchen Umfang die Toleranzen haben können, ist unter Berücksichtigung der Umstände des Einzelfalles zu entscheiden[64]. Bei der Festlegung der Toleranzgrenze ist darauf abzustellen, mit welchem Verbindlichkeitsgrad sich der Architekt zur Kostenvoraussicht geäußert hat.

27 Bei einer überschlägigen, nur als vorläufig bezeichneten vorvertraglichen Kostenprognose (Kostenüberschlag) kommt eine objektive Pflichtverletzung des Architekten nur im Fall einer besonders groben Fehleinschätzung in Betracht, die sicherlich deutlich über 30 % liegen muß[65], weil hier das eigentliche Planungskonzept noch nicht vorliegt, sondern nur allgemeine Wünsche und Erwartungen des Auftraggebers bestehen.

28 Im übrigen sind die von der HOAI in § 15 genannten Kostenermittlungsarten der DIN 276 zu berücksichtigen.

29 Danach wird die Kostenschätzung bereits im Rahmen der Vorplanung, also in einem frühen Stadium des Bauvorhabens erstellt und dient in erster Linie als vorläufige Grundlage für Finanzierungsüberlegungen. Hier ist der Architekt gezwungen, besonders vorausschauend tätig zu werden, ohne differenzierte Basiswerte zu haben, da sich das Bauvorhaben erst abzuzeichnen beginnt. Aus diesem Grund wird

---

62 BGH, BauR 1997, 494; vgl. ausführlich Rn. 297 f.
63 BGH, BauR 1997, 494; vgl. ausführlich Rn. 331 f.
64 BGH, BauR 1994, 268 = ZfBR 1994, 119.
65 BGH, NJW 1971, 1840, 1842; BGH, BauR 1987, 225, 227.

man keine zu hohen Anforderungen an die Genauigkeit dieser Kostenermittlungsart stellen können[66]. Andererseits dient die Kostenschätzung der Festlegung des Finanzierungsrahmens und ist damit zugleich auch mit entscheidend für die Festlegung des Bauumfanges. Bei öffentlich geförderten Bauvorhaben ist die Kostenschätzung Grundlage des Förderantrages; zeigt sich später, daß die Kostenschätzung fehlerhaft zu niedrig lag, kann das zur Folge haben, daß zusätzliche Fördermittel aus haushaltstechnischen Gründen nicht mehr bewilligt werden können und damit erheblicher Schaden entsteht[67]. Gerade bei öffentlich geförderten Bauvorhaben wird man daher nicht ohne weiteres dem Architekten einen nennenswerten Toleranzrahmen einräumen können, weil ihm die Bedeutung der Kostenschätzung in bezug auf Fördermittel bekannt sein muß. Soweit pauschal bei der Kostenschätzung ein Toleranzrahmen von 30 % eingeräumt[68] wird, ist dieser Wert als »Faustregel« mit großer Vorsicht zu betrachten.

Bei der Kostenberechnung und dem Kostenanschlag liegt der erforderliche Genauigkeitsgrad wesentlich höher als bei der Kostenschätzung. Das liegt daran, daß dem Architekten nunmehr nähere Kenntnisse über die Bauabwicklung zur Verfügung stehen. Bei der Kostenberechnung hat er im allgemeinen sogar schon Kostendaten der Fachingenieure vorliegen. Bei der Kostenberechnung wird daher im allgemeinen von einem Toleranzrahmen von 20–25 % und beim Kostenanschlag von 10–15 % ausgegangen[69]; auch insoweit kann im Einzelfall der Toleranzrahmen deutlich niedriger liegen.

30

Beispiele für Planungsfehler im wirtschaftlichen Bereich sind:

31

> Ausfall von Steuervergünstigungen (OLG Bremen, VersR 1973, 1050; OLG Köln, BauR 1993, 756 – Verlust von Steuervorteilen durch Überschreitung einer bestimmten Wohnflächenhöchstgrenze; zur steuerlichen Anerkennung einer Einliegerwohnung: OLG Düsseldorf, BauR 1990, 493 – Beratungspflicht des Architekten; hierzu auch BGH, NJW 1978, 322)

> fehlende Eigenmittel (OLG Düsseldorf, Schäfer/Finnern, Z 3.01 Bl. 133)

> Verwendungszweck einer Garage (BGH, NJW 1962, 1764) oder einer Lagerhaltung (BGH, MDR 1971, 1271; OLG Köln, Schäfer/Finnern/Hochstein, Nr. 23 zu § 635 BGB)

> Mietertragswünsche des Bauherrn (BGH, VersR 1962, 641)

---

66 BGH, BauR 1988, 734 = NJW-RR 1988, 1361.
67 BGH, BauR 1988, 734.
68 Vgl. Werner/Pastor, Rn. 1788; vgl. ausführlich Rn. 331 f.
69 Locher/Koeble/Frik, Einl., Rn. 8 m. w. N.

1 Haftung für den Werkerfolg

> ➢ Rentabilität eines Mehrfamilienhauses (BGH, NJW 1975, 1657; BGH, BauR 1984, 420 = ZfBR 1984, 190)
> ➢ unsachgemäße Einbindung eines Gebäudes in die Umgebung (fehlende »Repräsentationsfunktion«; OLG Hamm, NJW-RR 1989, 470)
> ➢ falsches Sanierungskonzept (einbruchsicheres Schaufenster; OLG München, Schäfer/Finnern/Hochstein, Nr. 58 zu § 635 BGB = NJW-RR 1988, 85)
> ➢ Fehlplanung hinsichtlich Wohnfläche (OLG Bremen, VersR 1973, 1050; OLG München, BauR 1973, 122; OLG Frankfurt OLGZ 1984, 366; LG Stuttgart, BauR 1990, 496; OLG Hamm, NJW-RR 1997, 1551 – Berechnung nach DIN 183; OLG Düsseldorf NJW 1981, 1445 zur Berechnung der Minderung)
> ➢ fehlerhafte Überprüfung der Forderung des Unternehmers nach zusätzlicher Vergütung (BGH MDR 1982, 48 = WM 81, 903) – zum Umfang der Prüfungspflicht vgl. Rn. 202 f.

32 Ein Mangel des Architektenwerks kann selbst dann vorliegen, wenn die Planung zwar technisch funktionstauglich ist und den dem Architekten genannten Kostenrahmen einhält, vom Architekten jedoch – gemessen an der vertraglichen Leistungspflicht – ein übermäßiger Aufwand getrieben oder die geschuldete Optimierung der Nutzbarkeit (beispielsweise Nutzflächen/Verkehrsflächen) nicht erreicht wurde, obgleich der Bauherr entsprechende Vorgaben machte[70]. Solche Vorgaben des Bauherrn sind auch dann verbindlich, wenn sie erst im Laufe des Planungsprozesses geäußert werden.

33 Exkurs:

Beratungspflicht als Haupt- und Nebenpflicht

Es stellt sich die Frage, wie die Beratungspflichten rechtlich einzuordnen sind. Das Architektenwerk hat die Besonderheit, daß der Architekt das Bauwerk nicht mit »Händen« schafft, sondern durch eine Vielzahl ganz unterschiedlicher geistiger Leistungen (mit)schafft, deren Bedeutung für das Entstehen des Gebäudes aber bei schwierigen Vorhaben hinter der »Handarbeit« nicht zurücksteht. Die Tendenz in Rechtsprechung und Schrifttum geht dahin, im Einzelfall zu untersuchen, ob die Beratung den Kernbereich des Architektenwerkes berührt. Das wird bejaht bei objektiv wichtigen Pflichten, die den Vertragstypus kennzeichnen, oder auch solchen Leistungspflichten, die nach dem Willen der Parteien so wesentliche Bedeutung haben sollen, daß ohne ihre Erfüllung die Durchführung des Vertrages sinnlos erscheint[71]. Ist die Beratungspflicht dem Kernbereich des Architekten-

---

70 BGH, BauR 1998, 354.
71 OLG Hamm, BauR 1997, 1069; BGH, NJW 1997, 2173; BauR 1998, 356; Locher, BauR 1991, 135, 136; siehe auch Rn. 246, 341.

vertrages zuzurechnen, handelt es sich also um eine Hauptpflicht, finden die §§ 633 f. BGB Anwendung. Liegt dagegen eine Nebenpflicht vor, ergeben sich die Rechte des Bauherrn bei einer Pflichtverletzung aus positiver Vertragsverletzung des Architektenvertrages.

1.1.2.2.2 Fehlende Genehmigungsfähigkeit der Planung

Der Architekt hat eine genehmigungsfähige Entwurfsplanung herzustellen. Gegebenenfalls muß er im Rahmen der Vorplanung die Genehmigungsfähigkeit durch eine Bauvoranfrage klären[72].   34 *geschuldet wird die Genehmigungsfähigkeit als Werkerfolg*

Ansprüche gegen den Architekten scheiden aber aus, wenn der Bauherr bewußt eine riskante Planung durch den Architekten vornehmen läßt und damit die Gefahr in Kauf nimmt, einen ablehnenden Bescheid zu erhalten[73]. In diesem Fall ist der Auftrag des Bauherrn nur auf den Versuch, die Baugenehmigung zu erhalten, gerichtet[74]. Der Architekt erhält ein Honorar aber nur dann, wenn er auch in diesem Fall den Bauherrn hinreichend über die Risiken der Genehmigungsfähigkeit und die Möglichkeit einer Bauvoranfrage aufgeklärt hatte. Die Beweislast dafür, daß der Auftraggeber bewußt die Risiken der Genehmigungsfähigkeit in Kauf genommen hat, trägt der Architekt[75].   35

Der vom Architekten geschuldete genehmigungsfähige Entwurf muß sich im Rahmen der bauordnungsrechtlichen und bauplanungsrechtlichen Vorschriften bewegen[76]. Die Planung ist mangelhaft, wenn sie nicht genehmigungsfähig ist.   36

Die rechtswidrige Erteilung der Baugenehmigung befreit den Architekten nicht von seiner Haftung. Vielmehr haftet er auch in diesem Fall bei späterer Aufhebung der Baugenehmigung[77]. Die Planung des Architekten ist auch dann mangelhaft, wenn die Baugenehmigung nur nach grundlegender Umplanung des Baukörpers oder so weitgehender Änderungen erreicht werden kann, daß ein Einverständnis des Auftraggebers vom Architekten nicht erwartet werden kann[78]. Ist es dem Architekten möglich, nachzuweisen, daß ein Dispens bewilligt   37

---

72 BGH, BauR 1998, 579; OLG Düsseldorf, BauR 1996, 287 = NJW-RR 1996, 403; OLG Düsseldorf, BauR 1997, 159 = NJW-RR 1996, 1234; OLG Stuttgart, BauR 1996, 438; OLG Jena, OLG-NL 1995, 105; OLG München, BauR 1992, 534 = NJW-RR 1992, 788; vgl. ausführlich Rn. 253 f.
73 BauR 1986, 469.
74 OLG Düsseldorf, BauR 1996, 287 = NJW-RR 1996, 430.
75 OLG Düsseldorf, BauR 1986, 469.
76 OLG Düsseldorf, BauR 1986, 469; OLG München, BauR 1992, 534 = NJW-RR 1992, 788.
77 BGH, LM Nr. 5 zu § 839 BGB; OLG München, BauR 1992, 534; ausführlich Rn. 273 f.
78 OLG Düsseldorf, Schäfer/Finnern, Z 3.01, Blatt 125; OLG Düsseldorf, BauR 1986, 469; Morloch, DAB 1990, 945.

worden wäre bzw. hätte bewilligt werden müssen, so liegt keine mangelhafte Entwurfsplanung vor[79].

Nachbesserungsrecht: sofern Änderungen für den Bauherrn zumutbar sind

38 Besteht die Möglichkeit, daß die Baugenehmigung bzw. beantragte Ausnahmebewilligung nicht erteilt wird, so muß der Architekt den Auftraggeber darauf hinweisen. Bei nicht genehmigungsfähiger Planung steht dem Architekt ein Recht zur Nachbesserung zu. Die Grenzen dafür liegen in der Zumutbarkeit von Änderungen für den Auftraggeber[80]. Deshalb hat das OLG München[81] ein Nachbesserungsrecht zutreffend abgelehnt, wenn Änderungen praktisch ein anderes Gebäude zur Folge hätten. Besondere Schwierigkeiten entstehen dann, wenn die Baugenehmigung zu Unrecht versagt wird, der Auftraggeber aber dennoch keine Rechtsbehelfe gegen die Ablehnung des Baugesuchs eingelegt hat[82]. Der Architekt ist dem Bauherrn gegenüber verpflichtet, auf die Erteilung einer rechtmäßigen und bestandskräftigen Baugenehmigung hinzuwirken[83]. Das gilt auch, wenn die Baugenehmigung zu Unrecht erteilt und anschließend wirksam widerrufen wird; jede Planung ist soweit zu erstellen, daß keine Verwaltungsbehörde Anlaß hat, die einmal erteilte Baugenehmigung aus wie auch immer gearteten Gründen zu widerrufen[84]. Der Architekt schuldet immer eine erfolgreiche Planung[85].

39 Wird die Baugenehmigung versagt, kann der Architekt sich nicht damit verteidigen, sein Auftraggeber habe gegen den ablehnenden Bescheid ein Rechtsmittel einlegen müssen; eine solche Verpflichtung des Bauherrn besteht nur, wenn die Baugenehmigung für den Auftraggeber erkennbar im Sinne einer deutlichen Fehlentscheidung[86] zu Unrecht nicht erteilt worden ist. Hat der Architekt Bedenken gegen die Genehmigungsfähigkeit seiner Planung oder muß er, objektiv gesehen, solche Bedenken haben, so trifft ihn eine Aufklärungs- und

---

79 So Locher/Koeble/Frik, § 15 Rn. 87; Werner/Pastor, Rn. 1482; a. A.: Bindhardt/Jagenburg, § 6 Rn. 68.
80 Vgl. OLG Düsseldorf, BauR 1986, 469.
81 BauR 1992, 534.
82 Hierzu ausführlich: Rn. 275 f.
83 BGH, VersR 1983, 980; BGH, NJW 185, 1692.
84 OLG Düsseldorf, BauR 1997, 159 = NJW-RR 1996, 1234 = OLGR 1996, 239; OLG München, BauR 1992, 534 = NJW-RR 1992, 788; a. A.: OLG Zweibrücken, BauR 1998, 1036 – dem OLG Zweibrücken lag allerdings auch ein spezieller Sachverhalt zugrunde: Die Baugenehmigung war zwar in dem entschiedenen Fall wegen eines Planungsfehlers aufgehoben worden; gleichwohl stellte das OLG Zweibrücken fest, daß dem Architekten kein Verschulden zuzurechnen war, weil der von ihm begangene Planungsfehler eine schwierige, auch unter Verwaltungsjuristen umstrittene Rechtsfrage betraf.
85 OLG Düsseldorf, BauR 1996, 287.
86 OLG Düsseldorf, BauR 1996, 287 = NJW-RR 1996, 403; Maser, BauR 1994, 180, 184, 186; Bindhardt/Jagenburg, § 6 Rn. 77; ausführlich Rn. 275 f.

Hinweispflicht; denn er muß dem Auftraggeber Gelegenheit geben, sich rechtzeitig um anwaltlichen Rat zu bemühen[87].

Bei einer stufenweisen Beauftragung des Architekten ist die Mangelhaftigkeit der Architektenleistungen im Rahmen der jeweiligen Vertragsstufe zu prüfen, weil der Architekt insoweit einen selbständigen Werkerfolg schuldet. Die Mangelhaftigkeit der Leistungen einer Stufe besagt grundsätzlich noch nichts über die einer anderen (vorangegangenen oder späteren) Stufe. Bei stufenweiser Beauftragung kann der Architekt daher das Honorar z. B. für eine mangelfreie Entwurfsplanung verlangen, auch wenn ihm die Erstellung einer genehmigungsfreien Planung nicht gelingt[88]; Voraussetzung ist aber, daß bezüglich der Entwurfsplanung zumindest eine »hinreichende« Genehmigungsaussicht bestand.

40
Problem:
stufenweise
Beauftragung

1.1.2.2.3 Verstoß gegen die Regeln der Baukunst oder Technik

Der Planungsentwurf ist immer mangelhaft, wenn er fehlerhafte Konstruktionen aufweist, technisch also nicht einwandfrei ist. Dies ist vor allem der Fall, wenn der Architekt gegen anerkannte Regeln der Baukunst/-technik verstößt[89].

41

Die anerkannten Regeln der Technik können hinter dem aktuellen Stand der Technik zurückbleiben, weil als anerkannt nur Regeln gelten, die sich nicht nur in der Theorie, sondern auch in der Praxis bewährt, also schon eine Erprobungszeit hinter sich haben. Das OLG Hamm[90] hat den Begriff wie folgt definiert:

42

> »Bei den anerkannten Regeln der Technik handelt es sich um technische Regeln für den Entwurf und die Ausführung baulicher Anlagen, die in der Wissenschaft theoretisch richtig erkannt sind und fest stehen, sowie insbesondere in dem Kreis der für die Anwendung der betreffenden Regeln maßgeblichen, nach dem neuesten Erkenntnisstand vorgebildeten Techniker durchweg bekannt und aufgrund fortdauernder praktischer Erfahrung als technisch geeignet, angemessen und notwendig anerkannt sind.«

Die DIN-Vorschriften geben einen Anhalt für den anerkannten Stand der Technik, dürfen aber nicht mit diesem gleichgesetzt werden, da DIN-Normen vom Stand der anerkannten Regeln der Technik überholt sein können. Das OLG Hamm[91] hat dazu ausgeführt:

43
DIN-Vorschriften
nur Anhaltspunkt
für anerkannten
Stand der Technik

---

87 Zutreffend: OLG Düsseldorf, BauR 1997, 159 f. = NJW-RR 1996, 1234 und OLG Zweibrücken, OLGR 1998, 238.
88 BGH, BauR 1997, 1065.
89 OLG Düsseldorf, BauR 1996, 287 = NJW-RR 1996, 403; Bindhardt/Jagenburg, § 6 Rn. 37 ff.
90 OLG Hamm, BauR 1992, 362.
91 OLG Hamm, BauR 1993, 174.

»Die Ordnungsmäßigkeit einer Bauleistung ist nicht allein an den schriftlich fixierten technischen Normen zu messen, sondern an den allgemeinen, nicht notwendigerweise schriftlich fixierten Regeln der Bautechnik, die als solche nach Entwicklung und Stand der jeweiligen anerkennenswerten Handhabung wandelbar sind; dies kann im Einzelfall dazu führen, daß eine technische Vorschrift, wie eine DIN-Norm, die einmal als anerkannte Regel der Baukunst fixiert worden ist, ihre Gültigkeit verliert, weil sie durch die technische Entwicklung überholt worden ist.«

44 Die Ablösung von DIN-Normen durch den anerkannten Stand der Technik spielt vor allem im Bereich des Wärme- und Schallschutzes eine bedeutende Rolle[92].

45 Will der Architekt neue Baustoffe vorsehen, für die die anerkannten Regeln der Technik noch fehlen, hat er die hiermit einhergehenden Risiken mit dem Bauherrn zu erörtern und dessen Einverständnis mit der Verwendung dieses Baustoffes in Kenntnis aller wesentlichen Umstände einzuholen. Erforderlich ist, daß sich der Architekt zuvor eingehend nach den Eigenschaften des neuen Baustoffes erkundigt[93]. Zu den Beratungspflichten bei Verwendung noch nicht erprobter Baumaterialien und Konstruktionen ist im übrigen auf die Ausführungen zu Rn. 18 zu verweisen.

46 Für die Beurteilung der Mangelhaftigkeit der Planung ist nicht auf den Zeitpunkt der Abnahme des Architektenwerkes abzustellen. Die Planung ist auch dann fehlerhaft, wenn sie zum Zeitpunkt der Abnahme dem Stand der Technik entsprach, ihre Fehlerhaftigkeit jedoch noch innerhalb der Gewährleistungsfristen aufgrund neuerer Erkenntnisse der Technik objektiv nachgewiesen werden kann[94].

47 Beispiele für Planungsfehler im technischen Bereich:

> ➢ nicht ausreichend wärmegedämmte Dachelemente eines Wintergartens (OLG Düsseldorf, NJW-RR 1998, 810)
>
> ➢ unzureichende Wärmedämmung (BGH, WM 1981, 683 = BauR 1981, 395 = Schäfer/Finnern/Hochstein, Nr. 27 zu § 635 BGB; OLG Köln, BauR 1987, 360 = Schäfer/Finnern/Hochstein, Nr. 7 zu § 278 BGB; OLG Hamm, BauR 1983, 183 »Wärmebrücken-Urteil« mit Anmerkung Kamphausen; dazu Mantscheff, BauR 1983, 435; Knüttel, BauR 1985, 54, 59; Kamphausen/Reim, BauR 1985, 397 ff.; Locher/Koeble/Frik, § 15 HOAI Rn. 16; ferner OLG Celle, NJW-RR

---

[92] Vgl. zum Schallschutz: Weiss, Rechtliche Probleme des Schallschutzes (1986).
[93] OLG Köln, BauR 1990, 103.
[94] BGHZ 48, 310 = NJW 1968, 43; BGH, NJW 1971, 92 = BauR 1971, 58; BGH, BauR 1984, 510; BGH, BauR 1985, 567.

1991, 1175; OLG Frankfurt, BauR 1991, 785 – Wärmedämmungsmaßnahmen bei tragenden Bauteilen fallen in den Verantwortungsbereich des Statikers)

➢ unzureichende Schalldämmung (BGH, Schäfer/Finnern, Z 3.01 Blatt 41; OLG Düsseldorf, BauR 1993, 622 = NJW-RR 1994, 88; OLG Düsseldorf, BauR 1995, 137 [LS])

➢ unzureichende lichte Höhe eines Wohnraums (OLG Hamm, BauR 1993, 729)

➢ verwendung glasierter Steine bei Kerndämmung (OLG Hamm, NJW 1991, 731 = BauR 1991, 247 mit Anmerkung Groß, BauR 1992, 262)

➢ zu tiefe Lage eines Bürogebäudes (OLG Hamm, BauR 1989, 501)

➢ zu geringe Dachneigung (LG Düsseldorf, Schäfer/Finnern/ Hochstein, Nr. 81 zu § 635 BGB

➢ fehlerhafte Konstruktion eines Flachdaches (BGH, Urteil vom 25.03.1963 – VII ZR 211/61: OLG Frankfurt, BauR 1987, 322)

➢ unterbliebener Hinweis auf die Notwendigkeit der Frostbeständigkeit von Klinkern (OLG Hamm, NJW-RR 1991, 731 = BauR 1991, 247 mit Anmerkung Groß, BauR 1992, 262)

➢ Fehlen einer Dampfsperre (BGH Schäfer/Finnern, Z 3.00 Blatt 165; OLG Koblenz, BauR 1997, 502)

➢ unzureichende Dehnungsfugen (OLG Düsseldorf, BauR 1973, 272)

➢ Auswirkungen von Deckenbewegungen auf Dämm- und Dichtungsschichten (BGH, BauR 1986, 112 = ZfBR 1986, 17 = NJW-RR 1986, 182

➢ mangelhafte Dränage im Außenmauerwerk (OLG Hamm, BauR 1991, 788)

➢ fehlerhafte Entwässerung der Betonsohle (OLG Düsseldorf, BauR 1998, 582)

➢ Planungsfehler beim Brandschutz eines Gebäudes (BGH, BauR 1994, 367 = ZfBR 1994, 125

➢ unzureichende Abdichtung gegen Bodenfeuchtigkeit (OLG Hamm, BauR 1997, 876)

➢ Auswahl der richtigen Baumaterialien (OLG Hamm, NJW-RR 1990, 523)

- falsche Materialauswahl (OLG München, NJW-RR 1988, 85 – falsche Glaswahl; hierzu auch OLG Hamm, NJW-RR 1988, 1174)
- Nichteinbau eines Rückstauventils (OLG Hamm, NJW-RR 1993, 549)
- Holzkonstruktion eines verglasten Wintergartens (OLG Düsseldorf, BauR 1997, 176 [Leitsatz])
- mangelhafte Ausführungsplanung (OLG Celle, BauR 1991, 243; OLG Köln, BauR 1998, 585, 588 – Estrich)
- fehlerhafte Ausschreibung (OLG Koblenz, BauR 1998, 169 = NJW-RR 1998, 20)
- unübliche und außergewöhnliche Baukonstruktion – Verbleib eines Restrisikos (OLG Celle, BauR 1990, 759)
- unzureichende Bodenuntersuchungen (vgl. BGH, BauR 1997, 488 = ZfBR 1997, 185 = NJW 1997, 2173; BGH, BauR 1996, 404 = NJW-RR 1996, 852 = ZfBR 1996, 198; ferner: OLG Hamm, BauR 1997, 1069 = ZfBR 1997, 308 = NJW-RR 1997, 1310 = OLG R 1998, 38; OLG Düsseldorf, OLGR 1992, 300 = BauR 1993, 124 [LS]; OLG Oldenburg, BauR 1981, 399; LG Aachen, VersR 1986, 777; BGH, ZfBR 1980, 287; ferner von Craushaar, Festschrift für Locher, S. 9 ff.; Englert/Bauer, Rechtsfragen zum Baugrund, 2. Auflage 1991
- Klärung der Grundwasserverhältnisse (OLG Köln, BauR 1993, 756, 758 und NJW-RR 1992, 150; OLG Celle, BauR 1998, 483; OLG Düsseldorf, NJW-RR 1996, 1300 = OLGR 1996, 240 = BauR 1996, 757 [LS] und NJW-RR 1992, 156 = BauR 1992, 536; BauR 1991, 791 und BauR 1985, 341; OLG Hamburg, VersR 1965, 623; siehe auch BGH, Schäfer/Finnern, Z 2.414.0 Blatt 9, sowie NJW-RR 1992, 1104)

1.1.2.2.4 Lückenhafte Planung

48 Das Unterlassen der erforderlichen Planung ist so zu beurteilen wie eine fehlerhafte Planung, wenn es durch das Unterlassen der Planung zu Baumängeln kommt[95].

49 Mit dem Problem lückenhafter Planung und dadurch verursachter Baumängel hat sich die Rechtsprechung vor allem im Zusammenhang mit fehlerhaften Abdichtungsmaßnahmen beschäftigt. Meist ging es darum, daß der Unternehmer die Abdichtungsmaßnahme mangelhaft

---

95 BGH, BauR 1974, 63; OLG Bamberg, Schäfer/Finnern/Hochstein, Nr. 59 zu § 635 BGB.

1.1 Gewährleistung für Mängel

ausführte und deshalb von dem Bauherrn gewährleistungspflichtig gemacht wurde. In der Regel wird der Bauherr den Architekten mit verklagen und im Prozeß vortragen, daß dem Architekten ein Planungsfehler vorzuwerfen ist und er daher gesamtschuldnerisch neben dem Unternehmer haftet. Konkret wird der Vorwurf dahin gehen, der Architekt habe die erforderliche Detailplanung nicht erbracht[96].

In dem Prozeß ergibt sich die Schwierigkeit, dem Architekten, der es gerade verabsäumt hat, die Detailplanung auszuführen, Fehler eben dieser nicht vorhandenen Planung nachzuweisen. Denn der Architekt haftet nicht schon für jeden Mangel des Bauwerks, sondern nur für die Mängel des Architektenwerks[97]. Mängel des Bauwerks sind nur dann zugleich Mängel des Architektenwerks, wenn sie durch eine objektiv mangelhafte Erfüllung der dem Architekten obliegenden Aufgaben, sei es der Objektplanung, sei es der Objektüberwachung, verursacht sind. 50

Grundsätzlich hat der Bauherr die objektiven Voraussetzungen seines Schadenersatzanspruchs gegen den Architekten zu beweisen. Diese Beweispflicht erstreckt sich nach allgemeinen Grundsätzen sowohl auf die objektiv fehlerhafte Planung oder die ungenügende Objektüberwachung, als auch auf die Ursächlichkeit für den Bauwerksmangel. Den Architekten trifft dagegen lediglich die Beweislast, ob er den Mangel seines Werkes zu vertreten hat[98]. Planungsfehler können dem Architekten in der Regel anhand seiner Pläne nachgewiesen werden. Mangels solcher Pläne ist dem Bauherrn weitgehend die Beweismöglichkeit abgeschnitten. 51

Diesen Beweisnotstand hat der BGH[99] in der Weise aufgelöst, daß er dem Architekten die Beweislast aufgebürdet hat. Das heißt, der Architekt ist beweispflichtig dafür, daß das Fehlen der Planung nicht ursächlich geworden ist für den Schaden. 52 *Beweislastumkehr bei vertragswidriger Nichterbringung von Leistungen*

Im Einzelfall kann eine Detailplanung aber durchaus entbehrlich sein. Es kann ausreichen, wenn der Architekt die erforderlichen planerischen Detailanweisungen den Unternehmern an Ort und Stelle mündlich erteilt[100]. 53

Behauptet der Architekt eine ordnungsgemäße mündliche Unterweisung des Unternehmers vor Ort, so trägt er dafür die Beweislast. 54

---

96 BGH, NJW-RR 1988, 275; OLG Celle, BauR 1992, 801 – Planung von Abdichtungsmaßnahmen.
    OLG Hamm, NJW-RR 1993, 549 – Nichteinbau eines Rückstauventils.
97 BGHZ 31, 224, 227.
98 BGHZ 48, 310.
99 BGHZ 61, 118; BGH, BauR 1974, 65.
100 OLG Köln, VersR 1993, 1229.

1 Haftung für den Werkerfolg

Bei lückenhafter Planung stellt sich auch die Frage, ob der Bauherr das Architektenhonorar kürzen kann. Dies ist nur dann zu bejahen, wenn die lückenhafte Planung zu einem Mangel am Bauwerk geführt hat[101].

1.1.2.2.5 Koordinierungsmängel in technischer, wirtschaftlich-kostenmäßiger und zeitlicher Hinsicht

55 Der Architekt muß das Bauvorhaben koordinieren. In technischer, wirtschaftlich-kostenmäßiger und vor allem zeitlicher Hinsicht hat er für den reibungslosen Ablauf des Baugeschehens Sorge zu tragen[102]. Der Architekt ist dementsprechend verpflichtet, das harmonische Zusammenwirken der verschiedenen Unternehmer und den zeitlich richtigen Ablauf der einzelnen Baumaßnahmen sicherzustellen[103].

grundsätzlich: keine Koordinierungspflicht in bezug auf eine inhaltliche Überprüfung der Ergebnisse von Fachingenieurleistungen

56 Die Koordinierungspflicht kann schon im Rahmen der Vorplanung einsetzen, wenn Sonderfachleute eingeschaltet sind. Allerdings findet die Koordinierungspflicht ihre Grenze, wo es sich um die Abstimmung der Leistungen von mehreren Sonderfachleuten handelt. Der Architekt braucht deren Fachbereiche nicht zu beherrschen und schuldet dem Bauherrn daher auch nicht den Hinweis auf Fehler oder Unzulänglichkeiten der Planung der Sonderfachleute[104]. Hat der Bauherr einen Projektsteuerer (§ 31 HOAI) eingeschaltet, was bei größeren Bauvorhaben heute der Regelfall ist, und wird dieser auftragsgemäß vor allem im Bereich der Schnittstellenkoordination tätig, so ist der Projektsteuerer als Sonderfachmann im Verhältnis zum Architekten anzusehen mit der Folge, daß eine Haftung des Architekten entfällt[105].

57 Im Rahmen der Entwurfsplanung und insbesondere im Rahmen der Ausführungsplanung spielt die Koordinierungspflicht eine ganz wesentliche Rolle. Die rechtzeitige und umfassende Koordinierung aller anderen an der Planung fachlich Beteiligten durch den Architekten ist Voraussetzung für einen reibungslosen Planungsablauf. Vor allem bei differenzierten oder sehr komplexen Bauaufgaben kann der Planungsablauf sehr störungsanfällig sein, wenn die verschiedenen Fachdisziplinen nicht aufeinander abgestimmt und durch laufende Information

---

101 Vgl. dazu ausführlich 9. Kapitel Rn. 516 f.
102 BGH, VersR 1970, 280 = WM 1971, 1125; BGH, BauR 1972, 112; BGH, BauR 1978, 60; OLG Köln, OLGR 1994, 242 – Koordinierungspflichten des Architekten beim Auftreten von Grundwasser in der Baugrube; OLG Koblenz, BauR 1997, 482 – Inbetriebnahme einer Heizung zum Zwecke des weiteren Ausbaus bei winterlichen Temperaturen; statt vieler: Bindhardt/Jagenburg, § 6, Rn. 94 f. m. w. N.
103 OLG Frankfurt, BauR 1991, 370 – zur Terminhaftung.
104 BGH, BauR 1976, 138; Pott/Frieling, Rn. 446; Locher/Koeble/Frik, § 15 Rn. 100.
105 Vgl. Rn. 164.

vom jeweiligen Planungsstand unterrichtet werden. Die Koordinierungstätigkeit bezieht sich einmal auf die terminliche Abstimmung zwischen Architekten und Sonderfachleuten und zum anderen auf die Integration der Beiträge der einzelnen Planer in die jeweilige Planung. Im Rahmen der Ausführungsplanung wird der Architekt einen Planungsablauf aufstellen[106].

Der Architekt muß den anderen an der Planung fachlich Beteiligten die Grundlagen für deren Planung rechtzeitig und umfassend zur Verfügung stellen. Insoweit handelt es sich ebenfalls um eine Koordinierungstätigkeit. Als Grundlagen kommen Konzepte der Ausführungspläne oder die Ausführungspläne selbst in Betracht, die Lösung von Detailpunkten, Angaben über technische Anlagen, Anforderungen in konstruktiver Hinsicht, wie z. B. Belastungsannahmen, Grundwasser- und Bodenverhältnisse. Das Integrieren der Beiträge der anderen an der Planung fachlich Beteiligten ist ein wichtiger Teil der Koordinierungspflicht und der Fortführung der Ausführungsplanung bis zur ausführungsreifen Lösung. Hierzu gehören alle Angaben für die Baukonstruktion, die Installation, die zentrale Betriebstechnik, die betrieblichen Einbauten und besonderen Bauausführungen. Das Erarbeiten der Grundlagen für andere an der Planung fachlich Beteiligte wird also zeitlich vor dem Integrieren oder Einarbeiten ihrer Beiträge liegen. So muß erstere Leistung ganz am Anfang der Ausführungsplanung stehen und ist eine wichtige Zäsur im Ablauf der Bauausführungsplanung.

58 *Grundlagen der Planung müssen zur Verfügung gestellt werden*

Insbesondere dem Statiker und dem Ingenieur für technische Gebäudeausrüstung hat der Architekt einwandfreie planerische Unterlagen und Ausführungszeichnungen zur Verfügung zu stellen. Der Architekt trägt dem Auftraggeber gegenüber die Verantwortung, auch wenn der Auftraggeber den Bauunternehmer noch zusätzlich vertraglich verpflichtet, eine Nachprüfung der Angaben seiner Ausführungszeichnungen vorzunehmen[107]. Die Ausführungsplanung muß dem Stand der Technik genügen, wobei der Bauzuschnitt (Luxusvilla) oder besondere Wünsche des Auftraggebers (erhöhter Schallschutz wegen Lärmempfindlichkeit) weitere Leistungspflichten begründen können, die über Normwerte hinausgehen.

59

Im Rahmen der Vorbereitung der Vergabe konzentriert sich die Koordinierungspflicht auf das Abstimmen und Koordinieren der Leistungsbeschreibungen der an der Planung fachlich Beteiligten. Hier wird sich der Architekt mit den Leistungsverzeichnissen der Sonderfachleute befassen und sie gegenseitig abstimmen und koordinieren müssen. Zur Koordination gehört auch, daß die Leistungsbeschreibungen der anderen an der Planung fachlich Beteiligten mit den Wünschen und finanziellen Möglichkeiten des Auftraggebers abgestimmt

60 *Koordinierungspflicht für Leistungsverzeichnisse in rechnerischer und finanzieller Hinsicht*

---

106 Vgl. Locher, § 15 Rn. 127.
107 BGH, WM 1971, 101.

1 Haftung für den Werkerfolg

sind. Der Architekt wird ferner darauf achten müssen, daß es bei den Leistungsbeschreibungen und Mengenermittlungen bei den verschiedenen Fachdisziplinen zu keinen Fehl- oder Mehrfachansätzen kommen kann. Er muß Überschneidungen abstimmen und prüfen, ob die Mengen- und Leistungsbeschreibungen nach den Kostengruppen und ATV gemäß DIN 276 aufgestellt sind. So müssen z. B. Leistungen, die unter den Leistungsbereich der elektrischen Installation fallen, jedoch im Bereich der Heizungsinstallation erforderlich sind, bei der Leistungsbeschreibung der elektrischen Installation aufgeführt werden.

Im Rahmen seiner Koordinierungspflicht ist es Aufgabe des Architekten, die Beiträge der anderen an der Planung fachlich Beteiligten rechtzeitig anzufordern. Das bedeutet, daß im Planungsablauf auch für diese Beiträge der anderen an der Planung fachlich Beteiligten Termine abgestimmt, vereinbart und überwacht werden müssen.

61 Im Rahmen der Objektüberwachung ist das Koordinieren der fachlich Beteiligten sogar eine zentrale Leistung in dem Sinne, daß eine Honorarminderung gegebenenfalls gerechtfertigt ist, wenn der Architekt seiner Pflicht nicht nachkommt[108].

62
Zeitplanüberwachung ist Koordinierungspflicht

Zur Koordinierungspflicht im Rahmen der Objektüberwachung zählt beispielsweise das Überwachen des Zeitplans, das durch Abnahme oder Teilabnahme z. B. von technischen Anlagen wie Heizungs-, Lüftungs-, Sanitär- und Elektroinstallationen entsprechend dem Baufortschritt durch Fachingenieure veranlaßt wird. Der Architekt ist allerdings nicht zur rechtsgeschäftlichen Abnahme verpflichtet, sondern lediglich dazu, die technische Abnahme durch die Sonderfachleute herbeizuführen[109].

63
wichtig: prüfen, ob mangelhafte Koordinierung dem Planungs- oder Bauausführungsbereich zuzuordnen ist

Ob eine mangelhafte Koordinierung dem Planungsbereich oder der örtlichen Bauführung (Bauaufsicht) zuzuordnen ist, kann im Einzelfall von großer Bedeutung sein: Fällt nämlich die unzureichende Koordinierung schon in den Bereich der Planung, hat sich der Bauherr ein Verschulden des Architekten gemäß §§ 278, 254 BGB gegenüber dem bauausführenden Unternehmen anrechnen zu lassen[110]. Demgegenüber sind Fehler bei der Bauaufsicht nicht zu Lasten des Bauherrn zu berücksichtigen[111]. Koordinierungsfehler können aber immer nur dann Bauaufsichtsfehler sein, wenn der Architekt mit dem planerischen Bereich überhaupt nichts zu tun hat oder wenn sich die Koordinierungspflichtverletzung nur auf eine bestimmte Bauleistung eines einzelnen Unternehmers auswirkt.

---

108 Vgl. dazu Locher/Koeble/Frik, § 5 Rn. 20 f.; ausführlich: 9. Kapitel Rn. 516 f.
109 Locher/Koeble/Frik, § 15 Rn. 188.
110 OLG Köln, Schäfer/Finnern/Hochstein, Nr. 9 zu § 635 BGB.
111 BGH, NJW 1972, 447; BGH, BauR 1989, 97.

Die Koordinierungstätigkeit kann Schadenersatzansprüche des Auftraggebers auslösen. Es handelt sich hier um Ansprüche nach § 635 BGB und nicht solcher aus positiver Vertragsverletzung (pVV)[112].   64

Die Koordinierungspflicht besteht auch im Hinblick auf den Baubeginn. Den Architekten kann eine Mitverantwortung treffen, wenn mit dem Bau begonnen wird, obwohl eine Auflage in der Baugenehmigung unklar oder widersprüchlich ist[113]. Die Koordinierungstätigkeit gehört einerseits zum Planungsbereich und ist andererseits Bauherrenaufgabe im Verhältnis zu den am Bau Beteiligten, was Auswirkungen hinsichtlich der gesamtschuldnerischen Haftung haben kann[114].   65

1.1.2.2.6 Fehler bei der Vorbereitung und der Mitwirkung bei der Vergabe von Bauleistungen

Ist dem Architekten auch die Vorbereitung der Vergabe und die Mitwirkung bei der Vergabe in Auftrag gegeben, so schuldet er die Ausarbeitung und Bereitstellung aller zur Ausschreibung in technischer Hinsicht erforderlichen Unterlagen geordnet nach Leistungsbereichen sowie die Ausarbeitung und Bereitstellung technisch, wirtschaftlich und rechtlich einwandfreier Vergabeunterlagen[115].   66 *Ausschreibung*

Schreibt der Architekt Nebenleistungen, die der Unternehmer im Rahmen seines Auftrages ohne zusätzlichen Werklohn hätte ausführen müssen, als selbständige, vergütungspflichtige Leistung aus, so haftet er für diese unnötigen Mehrkosten[116].   67 *Nebenleistungen*

Enthält die vom Architekten erstellte Leistungsbeschreibung Lücken und führt dies dann später zu Zusatzleistungen, beispielsweise in Form von Stundenlohnarbeiten, oder zu einem Schaden am Bauwerk, hat der Architekt auch für diese Kosten[117] bzw. den Schaden[118] aufzukommen.   68 *Lücken im Leistungsverzeichnis*

Sind die Mengenangaben in den Leistungsverzeichnissen vom Architekten zu niedrig angesetzt, hat er grundsätzlich Preisnachteile auszugleichen, die nicht entstanden wären, wenn durch Angabe der richtigen Masse mit dem Unternehmer ein niedrigerer Preis hätte vereinbart werden können. Allerdings sind die Aufwendungen für die Mehrmengen »Sowieso«-Kosten. Zudem ist für die Schadenberechnung bei VOB-Verträgen § 2 Nr. 3 zu beachten, der dem Bauherrn die Möglichkeit gibt, bei Überschreitung der ursprünglich vorgesehe-   69 *Mehr- und Mindermassen*

---

112 Locher/Koeble/Frik, § 15 Rn. 215.
113 BGH, NJW 1985, 1692.
114 BGH, BauR 1972, 112; siehe auch Rn. 164.
115 Löffelmann/Fleischmann, Rn. 326, 373.
116 OLG Celle, BauR 1999, 494.
117 BGH, BauR 1981, 482.
118 OLG Düsseldorf, NJW-RR 1997, 975.

nen Masse um mehr als 10 v.H. eine Reduzierung des Einheitspreises zu erreichen.

70 Ist die Ausschreibung fehlerhaft, etwa weil Leistungen doppelt ausge-
Doppelausschreibung – schrieben sind, haftet der Architekt für die Mehrkosten. Hierzu ein
Doppelvergabe Beispiel: Schreibt der Architekt entgegen § 9 Nr. 1 VOB/A Dämmarbeiten sowohl beim Zimmerer als auch beim Dachdecker aus, ohne die Dämmarbeiten jeweils als Eventualposition bzw. Wahlposition zu bezeichnen, und wird der Auftrag dementsprechend erteilt, liegt eine Doppelvergabe vor. Der Unternehmer, der dann später die Dämmarbeiten nicht ausführt, weil der andere Unternehmer sie bereits ausgeführt hat, kann gegen den Architekten entgangenen Gewinn geltend machen. In Höhe dieses Betrages haftet der Architekt dem Bauherrn[119].

71 Berücksichtigt der Architekt bei einem Zusammenstellen der Verdin-
Vorgaben des Bauherrn gungsunterlagen nicht alle Vorgaben des Bauherrn, insbesondere über Verjährungsfristen, Sicherheitsleistung, Vertragsstrafen usw. oder legt er den Verdingungsunterlagen eine unwirksame Skontoregelung zugrunde und entsteht dem Bauherrn hierdurch ein Schaden, haftet der Architekt. Freilich fehlt es an der Kausalität, wenn sich die vom Bauherrn gewünschte Vertragsgestaltung nicht hätte durchsetzen lassen, z. B. sich kein für ein bestimmtes Gewerk in Betracht kommender Unternehmer auf eine fünfjährige Verjährungsfrist eingelassen hätte, oder wenn sich ein Mangel erstmals nach einem längeren Zeitraum als der vom Bauherrn vorgegebenen Verjährungsfrist gezeigt hat[120]. Für die unterbliebene Vereinbarung einer Sicherheitsleistung für die Dauer der Gewährleistung haftet der Architekt, wenn der Unternehmer später wegen Vermögenslosigkeit nicht mehr in Anspruch genommen werden kann und die Ansprüche des Bauherrn von der Sicherheitsleistung – wäre sie vereinbart worden – gedeckt würden.

72 Holt der Architekt keine ausreichende Anzahl von Angeboten ein,
Preisvergleich läßt sich aber feststellen, daß bei pflichtgemäßem Vorgehen eine in jeder Hinsicht gleichwertige Leistung zu einem niedrigeren Preis zu erhalten gewesen wäre, haftet der Architekt für die Mehrkosten[121].

73 Hat der Architekt es auch übernommen, die Angebote für den Bau-
Berücksichtigung der herrn zu prüfen und zu werten, macht er sich schadenersatzpflichtig,
Vergabegrundsätze wenn er nicht die in §§ 23–25 VOB/A niedergelegten Vergabegrundsätze, z. B. nicht die Insolvenzgefährdung eines anbietenden Unternehmers, die er kennt oder kennen müßte, berücksichtigt und demzufolge der Bauherr nicht als das »günstigste« Angebot[122] angenom-

---

119 OLG Koblenz, NJW-RR 1998, 20 f.
120 Löffelmann/Fleischmann, Rn. 383.
121 Löffelmann/Fleischmann, Rn. 385.
122 Das günstigste Angebot ist nicht zu verwechseln mit dem billigsten Angebot; neben dem Preis muß der Architekt vor allem auch die wirtschaftliche Leistungsfähigkeit des Unternehmers, die Entfernung zur Baustelle,

men hat. Ebenso haftet der Architekt für einen Schaden des Bauherrn, der diesem im Zusammenhang mit einem Fehler des Preisspiegels entstanden ist oder dadurch, daß der Architekt eine Doppelausschreibung nicht erkennt und es deshalb zu einer Doppelvergabe kommt[123].

Der Architekt macht sich ersatzpflichtig, wenn er keine oder eine unwirksame Vertragsstraferegelung mit dem Unternehmer trifft und es zu einer verspäteten Fertigstellung der Bauarbeiten kommt. Kein Schaden entsteht allerdings, wenn der Bauherr später den tatsächlichen Schaden gegenüber dem Unternehmer geltend machen kann.

74
Vertragsstrafe

Besonders haftungsrelevant ist die Mitwirkung bei der Vergabe von Nachträgen. Gerade bei Pauschalpreisverträgen aufgrund funktionaler Ausschreibung kommt es häufig zur Beauftragung von Nachträgen, obgleich Nachträge vor allem bei Globalpauschalpreisverträgen, also Pauschalpreisverträgen, die auf einer nur funktionalen Leistungsbeschreibung beruhen, nur ausnahmsweise berechtigt sind[124]. Wirkt der Architekt nicht nur bei der Vergabe mit, sondern schließt er sogar die Verträge und auch die Nachträge als Vertreter des Bauherrn ab, haftet er für sämtliche Vermögensnachteile des Bauherrn, die diesem durch unnötige Beauftragungen und damit verbundenen Mehrkosten entstehen. Den Einwand, der Bauherr trage ein Mitverschulden, weil er bei Unterzeichnung den Vertragsinhalt nicht beanstandet habe, kann der Architekt in diesem Fall nicht geltend machen, wohl aber, wenn er lediglich bei der Vergabe mitwirkt[125].

75
Nachträge

1.1.2.2.7 Mängel aufgrund fehlerhafter Objektüberwachung

Die Haftung des Architekten wegen fehlerhafter Objektüberwachung richtet sich nach den im Einzelfall getroffenen Vereinbarungen[126]. Der Umfang der Bauaufsichtspflicht läßt sich weder sachlich noch zeitlich generell bestimmen. Maßgeblich ist die Bedeutung und der Schwierigkeitsgrad der jeweiligen Arbeiten[127]. In der Regel umfaßt die Objektüberwachung vor allem das Überwachen der Ausführung des Objektes auf Übereinstimmung mit der Baugenehmigung, den Ausführungsplänen, den Leistungsbeschreibungen, den anerkannten

76
Umfang der Bauaufsichtspflicht

---

fachspezifische Kenntnisse etc. prüfen und werten; vgl. zu den Kriterien und Vorgehensweisen zur Ermittlung des günstigsten Angebots: OLG München, NJW-RR 1997, 1514.
123 OLG Koblenz, NW-RR 1997, 20–21 f.
124 Beim sogenannten Global-Pauschalpreisvertrag sind die Unsicherheiten über den Auftragsumfang in qualitativer und quantitativer Hinsicht auf den Unternehmer verlagert; vgl. dazu BGH, BauR 1997, 464; Werner/Pastor, Rn. 1189.
125 Löffelmann/Fleischmann, Rn. 393.
126 BGH, BauR 1998, 869; OLG Köln, BauR 1997, 343 f.
127 BGH, NJW 1978, 322; BGH, BauR 1994, 392; OLG München, NJW-RR 1988, 336.

Regeln der Baukunst/Technik[128] und den einschlägigen Vorschriften sowie das Koordinieren der an dem Baugeschehen fachlich Beteiligten.

77 Der bauleitende Architekt hat daher zunächst die ihm zur Verfügung gestellten Planungs- und Ausschreibungsunterlagen auf Fehler und Widersprüche zu überprüfen[129]. Das betrifft z. B. statische Unterlagen, insbesondere die Überwachung und Abnahme der Bewehrung entsprechend den Bewehrungsplänen des Statikers[130].

78 Der Architekt hat sich ferner zu vergewissern, ob bei Erstellung dieser Unterlagen von den gegebenen tatsächlichen Verhältnissen ausgegangen worden ist[131]. Das gilt nicht hinsichtlich etwaiger Unterlagen (z. B. Gutachten), die lediglich als Grundlage für die Erstellung der Planungsunterlagen gedient haben[132].

örtlicher Bauführer

79 Ist der Architekt als örtlicher Bauführer tätig, so kommt seine Sachwalterstellung besonders deutlich zum Ausdruck; in dieser Funktion muß er die Baustelle und die dort tätigen Unternehmer oder Handwerker im Griff haben[133]. Der Architekt ist verpflichtet, die Arbeiten gezielt zu überwachen und zu koordinieren, um zu erreichen, daß das Bauwerk frei von Mängeln und wie geplant durchgeführt wird[134]. Besondere Aufmerksamkeit hat er solchen Baumaßnahmen zu widmen,

bei Anhaltspunkten für Mängel

bei denen sich im Verlauf der Bauausführung Anhaltspunkte für Mängel ergeben[135]. Der Architekt darf sich nicht auf gelegentliche Baustellenbesuche beschränken, sondern muß die Überwachung des Bauwerks regelmäßig und sehr eingehend vornehmen.

bei handwerklichen Selbstverständlichkeiten

80 Nicht zu überwachen sind von dem Architekten handwerkliche Selbstverständlichkeiten bei allgemein üblichen, gängigen und einfachen Bauarbeiten, deren Beherrschung durch den Bauunternehmer vorausgesetzt werden kann[136]. Dies ist anders, wenn es sich erkennbar um unzuverlässige, wenig sachkundige oder unsichere Bauunternehmer handelt[137].

---

128 BGH, BauR 1978, 498; OLG Bamberg, BauR 1996, 284 und BauR 1991, 791; OLG Köln, BauR 1997, 505; OLG Hamm, NJW-RR 1991, 1045.
129 OLG Hamm, NJW-RR 1991, 410 = BauR 1991, 368; OLG Düsseldorf, BauR 1998, 200.
130 OLG Hamm, ZfBR 1991, 26; BGH, VersR 1962, 762; OLG Stuttgart, NJW-RR 1989, 1428.
131 OLG Frankfurt, NJW-RR 1990, 1496.
132 OLG Hamm, NJW-RR 1991, 410 = BauR 1991, 368.
133 BGH, BauR 1971, 205; BauR 1974, 66.
134 BGH, BauR 1971, 206; BGH, BauR 1978, 498; BGH, BauR 1985, 229; OLG Düsseldorf, OLGR 1997, 191; OLG Düsseldorf, BauR 1998, 582.
135 BGH, BauR 1994, 392.
136 OLG Hamm, MDR 1990, 338; OLG München, NJW-RR 1988, 336.
137 OLG Düsseldorf, BauR 1998, 810, 811.

Handwerkliche Selbstverständlichkeiten sind u. a.: 81

- Putzarbeiten[138]
- Eindecken eines Daches mit Dachpappe[139]
- Säubern von Schleifstaub vor Verlegung von Platten[140]
- Verlegung von Platten[141]
- Errichtung einer Klärgrube[142]
- Hinterfüllungsarbeiten[143]

Die wichtigen Bauabschnitte, von denen das Gelingen des ganzen 82
Werks abhängt, hat der Architekt dagegen stets persönlich oder durch einen erprobten Erfüllungsgehilfen unmittelbar zu überwachen, sich zumindest aber sofort nach deren Ausführung von der Ordnungsmäßigkeit zu überzeugen[144]. Je höher die Qualitätsanforderungen an das Baumaterial und an die Bauausführung sind, desto größer ist auch das Maß an Überwachung, das der Architekt aufbringen muß[145].

Der Architekt muß insbesondere schwierige und gefährliche Arbeiten 83
überwachen und typische Gefahrenquellen überprüfen[146]. Als schwierige bzw. gefährliche Arbeiten gelten u. a.: *bei schwierigen und gefährlichen Arbeiten*

- Schall- und Wärmeisolierungsarbeiten[147]
- Dacharbeiten[148]
- Sanierungsarbeiten[149]
- Verarbeitung neuer Baustoffe und vorgefertigter Bauteile[150]

---

138 OLG Köln, VersR 1981, 1191.
139 BGH, VersR 1969, 473.
140 BGH, VersR 1966, 488.
141 OLG Hamm, NJW-RR 1990, 158 = BauR 1990, 638 = ZfBR 1990, 141; BGH, VersR 1966, 488.
142 OLG Braunschweig, VersR 1974, 436.
143 BGH, VersR 1969, 473.
144 BGH, BauR 1977, 428; OLG Nürnberg, BauR 1997, 874; OLG Düsseldorf, BauR 1998, 810.
145 BGH, BauR 1974, 66; Locher, Rn. 256; Pott/Frieling, Rn. 462; Hesse/Korbion/Mantscheff/Vygen, § 15 HOAI Rn. 188; Schmalzl, Rn. 50 f.; Locher/Koeble/Frik, § 15 HOAI Rn. 208; Werner/Pastor, Rn. 1500.
146 BGH, BauR 1994, 392; OLG Celle, OLGR 1995, 170; OLG Hamm, NJW-RR 1992, 1049.
147 Locher/Koeble/Frik, § 15 HOAI Rn. 208.
148 OLG Düsseldorf, BauR 1998, 810; BGH, BauR 1970, 62; OLG Düsseldorf, OLGR 1997, 191.
149 OLG Hamm, ZfBR 1991, 26.
150 BGH, BauR 1976, 66.

> Dränagearbeiten[151]

> Betonierungsarbeiten einschließlich der Bewehrung[152]

> Ausschachtungsarbeiten[153]

> Abbruch- und Unterfangungsarbeiten

> Isolierungs- und Abdichtungsarbeiten[154]

> Einbau von Türen im Bereich einer Betonaufkantung zum Schutz gegen überschießendes Wasser[155]

84 Will der Bauherr von den planerischen Vorgaben des Architekten abweichen, muß der Architekt auf bestehende Bedenken hinweisen[156]. Bei einer geänderten Planung muß er sicherstellen, daß sie bei der Bauwerkserrichtung umgesetzt wird[157]. Die Bauaufsicht des Architekten verschärft sich stets, wenn es besondere Hinweise auf Risiken gibt[158]. Das kann beispielsweise der Fall sein bei unvorhergesehenen Schwierigkeiten bei der Bauausführung, bei Nachbesserungsarbeiten oder bei Arbeiten, die erfahrungsgemäß Mängel mit sich bringen[159].

85 Das Ausmaß der Überwachungspflicht des Architekten als Objektüberwacher hängt von den Umständen des Einzelfalles ab, insbesondere davon, ob der Architekt den Unternehmer oder den Spezialisten als zuverlässig kennt, so daß er ihnen in gewissem Umfang vertrauen darf[160]. Beauftragt der Bauherr einen wenig sachkundigen Unternehmer, so hat der Architekt einen besonderen Anlaß, seine Arbeiten sorgsam zu überwachen. Dieser Aufsichtspflicht kann sich der Architekt nicht dadurch entziehen, daß er dem Bauherrn mitteilt, er könne für die Arbeiten des Handwerkers keine Verantwortung übernehmen. Vielmehr muß der Architekt darauf hinwirken, daß auch von diesem Unternehmer eine mangelfreie Arbeit erbracht wird[161].

---

151 OLG Hamm, BauR 1995, 269.
152 BGH, BauR 1973, 255; BGH, BauR 1974, 66; WM 1971, 1056.
153 OLG Köln, NJW-RR 1994, 89 = ZfBR 1994, 22.
154 BGH, Schäfer/Finnern/Hochstein, Nr. 46 zu § 635 BGB, S. 142, 144; OLG Hamm, BauR 1990, 638; OLG Düsseldorf, Schäfer/Finnern, Z 2.01 Bl. 218.
155 OLG Hamm, NJW-RR 1992, 1049.
156 OLG Hamm, BauR 1995, 269 f.
157 OLG Hamm, BauR 1993, 729 f.
158 Jagenburg, NJW 1990, 93, 97; LG Köln, VersR 1981, 1191.
159 BGH, BauR 1994, 392; OLG Düsseldorf, OLGR 1994, 130 = BauR 1994, 546.
160 BGHZ 68, 169, 175; BGH, BauR 1971, 205.
161 BGH, NJW 1978, 322 = BauR 1978, 60.

Die Überwachungspflicht des Architekten darf nicht überspannt werden; sie endet dort, wo ein Spezialist am Werk ist[162], z. B. ein Statiker. Hat der Auftraggeber für einen konkreten fachspezifischen Bereich oder ein bestimmtes Gewerk einen Sonderfachmann mit der Objektüberwachung beauftragt, scheidet eine Haftung des Architekten in der Regel aus[163]; allerdings kann im Einzelfall eine Haftung des Architekten in Betracht kommen, wenn z. B. Mängel für ihn offensichtlich werden oder das jeweilige Gewerk oder die betreffende Ausführung (z. B. Dehnfuge) auch in seinen Wissensbereich fällt. Auch das grundsätzlich berechtigte Vertrauen in die Kompetenz des Spezialisten beseitigt nicht die Verpflichtung des Architekten zur eigenverantwortlichen Kontrolle; soweit Pläne Dritter zur Ausführung gelangen, darf der Architekt diese nicht kritiklos übernehmen, soweit ihm Kritik möglich und zumutbar ist, er also diese Pläne fachlich noch beherrscht[164].

86
Ende der Überwachungspflicht, wenn Spezialist tätig wird

Auch wenn der Auftraggeber bestimmte Arbeiten in Eigenleistung ausführt, bleibt die Pflicht des Architekten zur Überwachung dieser Leistungen grundsätzlich bestehen[165].

87
Eigenleistungen des Bauherrn

Zu den Pflichten des objektüberwachenden Architekten gehört grundsätzlich auch die technische Abnahme der Bauleistungen. Abweichungen und Mängel muß der Architekt feststellen und dem Bauherrn unverzüglich mitteilen[166]. Die Beseitigung der bei der Abnahme festgestellten Mängel hat er zu überwachen; dabei muß er die Mängelursachen im einzelnen aufklären und den verantwortlichen Unternehmer rechtzeitig zur Mängelbeseitigung auffordern. Die Tätigkeitspflicht in diesem Bereich endet, wenn der Architekt die betreffenden Unternehmer mit Fristsetzung zur Mängelbeseitigung aufgefordert hat[167].

88
Abnahme

Der Architekt kann bei der »Überwachung der Mängelbeseitigung« in einen Interessenkonflikt geraten: Vielfach wird er nämlich feststellen müssen, daß es bei den festgestellten Mängeln um solche geht, für die er selbst ebenfalls einzustehen hat. Der BGH[168] verpflichtet den Architekten in einem solchen Fall, den Bauherrn über diesen Tatbestand nachhaltig aufzuklären: Deshalb hat der umfassend beauftragte Architekt dem Bauherrn noch nach der Beendigung seiner eigentlichen Tätigkeit bei der Behebung von Baumängeln zur Seite zu stehen.

89
Belehrungspflicht bei Interessenkonflikt

---

162 BGH, DB 1970, 15 – für Statikerarbeiten; OLG Stuttgart, VersR 1975, 69; BGH, BauR 1976, 138; OLG Nürnberg, BauR 1990, 492.
163 Werner, Pastor, Rn. 1505.
164 OLG Köln, OLGR 1994, 161; OLG Koblenz, BauR 1997, 502, 504; siehe auch Rn. 159 f.
165 OLG Hamm, OLGR 1996, 206.
166 Bindhardt/Jagenburg, § 6 Rn. 140.
167 Werner/Pastor, Rn. 1507; Bindhardt/Jagenburg, § 6 Rn. 155; a. A.: Locher/Koeble/Frik, § 15 HOAI, Rn. 215.
168 BGH, BauR 1978, 235; BauR 1986, 112.

1 Haftung für den Werkerfolg

Im Rahmen seiner Betreuungsaufgaben hat er nicht nur die Auftraggeberrechte gegenüber den Bauunternehmern zu wahren; ihm obliegt auch die objektive Klärung der Mängelursachen, selbst wenn hierzu eigene Planungs- oder Aufsichtsfehler gehören. Als Sachwalter des Bauherrn schuldet er die unverzügliche und umfassende Aufklärung der Ursachen sichtbar gewordener Baumängel sowie die sachkundige Unterrichtung des Bauherrn vom Ergebnis der Untersuchung und von der sich daraus ergebenden Rechtslage[169]. Die Erfüllung dieser Pflicht betrifft allerdings nicht die Herstellung des eigentlichen Architektenwerks, sondern lediglich eine Nebenverpflichtung des Architekten, so daß ein Schadenersatzanspruch aus positiver Vertragsverletzung begründet ist, der in 30 Jahren verjährt[170]. Der Anspruch umfaßt vor allem den Ersatz unnützer Kosten, die der Bauherr aufgewendet hat (z. B. Kosten eines Beweissicherungsverfahrens oder eines Vorprozesses gegen einen nicht verantwortlichen Unternehmer).

90
Rechnungsprüfung / Nachträge

Eine zentrale Grundleistung im Rahmen der Objektüberwachung ist auch die Rechnungsprüfung[171]. Insoweit ist es Aufgabe des Architekten, die Abschlags- und Schlußrechnungen der Unternehmer insbesondere darauf zu prüfen, ob die eingesetzten Preise mit den vereinbarten übereinstimmen, die eingesetzten Mengen mit den ausgeführten bzw. denen des Aufmaßes im Einklang stehen, zusätzlich berechnete Leistungen nicht bereits im Hauptauftrag erfaßt sind[172], Sonderkonditionen (wie Rabatte, Skonti usw.) berücksichtigt wurden. Der Architekt schuldet also eine fachtechnische und rechnerische Überprüfung – mehr nicht.

Gleiches gilt für Nachträge des Unternehmers.

91 Die Beantwortung schwieriger Auslegungsfragen oder beispielsweise die Wertung, ob beim Pauschalfestpreisvertrag überhaupt Nachtragsforderungen des Unternehmers berechtigt sind[173], gegebenenfalls unter welchen Voraussetzungen dies der Fall sein kann, gehört nicht zu seinen Pflichten. Der Architekt ist nicht Rechtsberater des Bauherrn[174]. Kann der Architekt allerdings objektiv erkennen, daß der zusätzliche Vergütungsanspruch dem Grunde nach zweifelhaft ist, ist er verpflichtet, den Bauherrn auf diesen Umstand hinzuweisen. Es ist dann Sache des Bauherrn, den Anspruch abzuwehren.

92
künstlerische Oberleitung

Soweit von dem Architekten die sogenannte künstlerische Oberleitung geschuldet ist (§ 15 Abs. 3 HOAI), beschränkt sich die Tätigkeit

---

169 BGH, BauR 1985, 97; zu den einzelnen Sachwalterpflichten und der Sachwalterhaftung: vgl. Kapitel II Rn. 181 f.
170 BGH, BauR 1986, 112; OLG Celle, BauR 1984, 647.
171 BGH, BauR 1998, 869; OLG Köln, BauR 1997, 543; vgl. auch Rn. 202 f.
172 BGH, BauR 1982, 185.
173 Vgl. BGH, BauR 1997, 464.
174 BGH, NJW 1985, 1692, 1693; auch Rn. 190, 265 f.

des Architekten ganz auf den gestalterischen Bereich, so daß auch nur insoweit eine Haftung in Betracht kommt[175].

1.1.2.2.8 Mängel aufgrund unzureichender Kontrolle der Mängelbeseitigung durch die Bauhandwerker

Wird dem Architekten die Leistungsphase 9 des § 15 HOAI übertragen, so hat er die Ansprüche des Bauherrn während der Gewährleistungsfristen gegenüber den Unternehmern festzustellen und bei Vorliegen von Mängeln deren Beseitigung zu veranlassen und zu überwachen, jedoch längstens bis zum Ablauf von fünf Jahren seit der Abnahme der Bauleistungen. Die Objektbetreuung und Dokumentation sind Hauptpflichten, so daß Fehler des Architekten nach §§ 633 f. BGB zu beurteilen sind und nicht nach den Grundsätzen der positiven Vertragsverletzung[176]. 93

Der Bereich Mängelfeststellung vor Ablauf der Gewährleistungspflichten ist sehr haftungsträchtig.

Unterläßt der Architekt die Objektbegehung und verjähren deshalb Gewährleistungsansprüche des Auftraggebers, kann eine Schadenersatzpflicht nach § 635 BGB gegeben sein. Gleiches gilt dann, wenn bei der Objektbegehung die Überprüfung auf Mangelhaftigkeit nicht sorgfältig genug vorgenommen wird. 94

Mit Haftungsrisiko verknüpft ist auch die Mitwirkung bei der Freigabe von Sicherheitsleistungen. Empfiehlt der Architekt dem Auftraggeber, Sicherheiten freizugeben, obwohl Gewährleistungsansprüche noch nicht erledigt sind, haftet er. Gleiches gilt, wenn er dem Auftraggeber zu Unrecht empfiehlt, die Sicherheiten einzubehalten; in diesem Fall trägt er eventuell die Kosten eines späteren Rechtsstreits zwischen dem Bauherrn und dem Unternehmer, der auf Herausgabe einer zur Verfügung gestellten Bankbürgschaft bzw. auf Auszahlung des Einbehaltes klagt. Der Bauherr wird in einem solchen Fall stets dem Architekten den Streit verkünden. 95 *Freigabe von Sicherheitsleistungen*

1.1.3 Rechte des Bauherrn

1.1.3.1 Beim Dienstvertrag

In dem Ausnahmefall, daß der Architektenvertrag als Dienstvertrag zu qualifizieren ist, richtet sich die Pflicht des Architekten zur Beseitigung von Mängeln nach den Grundsätzen der positiven Vertrags- 96

---

175 Vgl. auch Werner/Pastor, Rn. 1510.
176 Vgl. Locher/Koeble/Frik, § 15 Rn. 234.

verletzung[177]. Es kommt demnach nur eine Schadenersatzpflicht nach §§ 611, 325, 326 analog § 249 BGB in Betracht.

Bauherr trägt die Beweislast für unzureichende oder fehlerhafte Belehrung

97 Im Prozeß muß der Bauherr beweisen, daß ihn der Architekt nicht ausreichend beraten hat, den Architekten also objektiv eine Pflichtverletzung trifft[178]. Das gilt auch dann, wenn die Pflichtverletzung in einer unterlassenen Aufklärung besteht[179].

98 Obwohl diese Beweislastverteilung den Bauherrn in eine schwierige Beweislage bringt, weil er eine negative Sache, die nicht ausreichende Belehrung, nachweisen muß, rechtfertigen selbst Billigkeitsgesichtspunkte kein Abweichen von dem allgemeinen Beweislastgrundsatz, daß jede Partei die ihr günstigen Voraussetzungen nachzuweisen hat. Das Vertrauensverhältnis zwischen Bauherr und Architekt würde über Gebühr belastet, wenn der Architekt im Hinblick auf mögliche Schadenersatzansprüche des Bauherrn stets bestrebt sein müßte, sich Beweisunterlagen über alle erteilten Hinweise zu verschaffen[180].

99 Die Schwierigkeit des negativen Beweises wird gemindert durch die Obliegenheit des Anspruchsgegners, das behauptete Belehrungsdefizit substantiiert zu bestreiten. Der Architekt kann sich nicht damit begnügen, die Pflichtverletzung in Abrede zu stellen oder allgemein zu behaupten, er habe den Bauherrn ausreichend unterrichtet[181]. Die Unrichtigkeit einer den genannten Anforderungen genügenden Gegendarstellung hat sodann der Bauherr zu beweisen[182].

1.1.3.2 Beim Werkvertrag

1.1.3.2.1 Vor der Abnahme und vor Realisierung des Mangels am Bauwerk

100 Wegen des werkvertraglichen Charakters des Architektenvertrages stellt die Abnahme eine ganz wesentliche Zäsur für die beiderseitigen Ansprüche dar.

101 Zwar ist die Abnahme infolge der von § 641 BGB abweichenden Regelung des § 8 HOAI nicht Fälligkeitsvoraussetzung für den Honoraranspruch[183]; die Abnahme führt jedoch zum Erlöschen der ver-

---

177 BGHZ 28, 251 = NJW 1959, 34; BGH, NJW 1957, 262; Kempel, Jus 1964, 346, 351.
178 BGH, BauR 1990, 99, 101; BauR 1973, 1688; BGHZ 1980, 2186 m. w. N.
179 BGH, NJW 1987, 1322 f. m. w. N.; auch vor allem zu den Anforderungen an die Substantiierung der Darstellung.
180 So zum Verhältnis Rechtsanwalt/Mandant: BGH, NJW 1985, 264.
181 BGH, BauR 1990, 99 ff.
182 BGH, NJW 1987, 1322 f.
183 *Exkurs*: Nach § 8 HOAI wird das Honorar des Architekten fällig, wenn die Leistungen vertragsgemäß erbracht sind und eine prüffähige Hono-

traglichen Erfüllungsansprüche des Auftraggebers und zum Eintritt in den Gewährleistungsbereich. Die fünfjährige Verjährungsfrist des § 638 Abs. 1 Satz 1 BGB für Gewährleistungsansprüche aus dem Architektenvertrag beginnt mit der Abnahme zu laufen. Die Abnahme ist auch für die Beweislastverteilung von ganz entscheidender Bedeutung. Vor der Abnahme des Architektenwerks trägt der Architekt die Darlegungs- und Beweislast für die Mangelfreiheit. Wurde das Architektenwerk dagegen abgenommen, hat der Bauherr das Vorhandensein eines Mangels und die Ursächlichkeit für den eingetretenen Schaden darzulegen und zu beweisen. Kommt es infolge einer Kündigung – gleich, ob der Bauherr oder der Architekt die Kündigung erklärt – nicht zu einer Abnahme der bisher erbrachten Leistungen, so ist es Aufgabe des Architekten, die Mangelfreiheit des Architektenwerkes zu beweisen[184].

Eine Ausnahme gilt bei lückenhafter Planung. Ist im Fall der lückenhaften Planung das Architektenwerk abgenommen worden, findet eine Umkehr der Darlegungs- und Beweislast zugunsten des Bauherrn statt[185].

102
lückenhafte Planung

Der Architekt hat gegen den Bauherrn einen Anspruch auf Abnahme, sobald die in Auftrag gegebenen Leistungen in quantitativer und qualitativer Hinsicht ordnungsgemäß erbracht sind, das heißt der geschuldete Enderfolg herbeigeführt wurde[186]. Die Abnahme des Architektenwerkes ist, obgleich der Architekt als Ergebnis die mangelfreie Bauwerkserstellung schuldet, strikt von der Abnahme des Bauwerks zu unterscheiden, und zwar schon deshalb, weil die Architektenleistung über die eigentliche Bauwerkserrichtung hinausgehen kann. Das belegt vor allem das Leistungsbild der Leistungsphase 9[187]. Hiernach ist der Architekt bei entsprechender Beauftragung auch verpflichtet, vor Ablauf der Verjährungsfristen der Gewährleistungsansprüche gegenüber den bauausführenden Unternehmen die Objektbegehung zur Mängelfeststellung durchzuführen. In der Konsequenz liegt damit in Fällen, in denen dem Architekten auch die Leistungsphase 9 (Objektbetreuung) in Auftrag gegeben wurde, ein im Ganzen abnahmefähiges Werk erst vor, wenn sämtliche Gewährleistungsfristen des Bauherrn gegenüber den ausführenden Unterneh-

103
Voraussetzungen für Anspruch auf Abnahme

---

rarschlußrechnung überreicht worden ist. Mit »vertragsgemäßer Leistungserbringung« ist die Abnahmefähigkeit des Architektenwerkes gemeint, nicht dagegen die Abnahme als Fälligkeitsvoraussetzung (BGH, BauR 1986, 596 f.; BGH, BauR 1991, 489). Die Abnahme als solches ist für die Fälligkeit des Honoraranspruchs entbehrlich. Im Honorarprozeß braucht der Architekt lediglich vorzutragen, daß er die ihm übertragenen Leistungen erbracht, also seine vertraglichen Pflichten erfüllt hat.
184 BGH, BauR 1997, 1060.
185 BGHZ 1961, 118; BGH, BauR 1974, 63; vgl. dazu ausführlich: Rn. 48 f.
186 BGH, NJW-RR 1987, 146; NJW 83, 871.
187 BGH, BauR 1979, 77.

men abgelaufen sind. Dieser Zeitraum kann sich naturgemäß dadurch noch verlängern, daß der Bauherr durch klageweise Geltendmachung der Gewährleistungsrechte die Gewährleistungsfristen gehemmt hat. Bei Beauftragung der Leistungsphase 9 kann es durchaus vorkommen, daß das Architektenwerk infolge Hemmung der Gewährleistungsfristen gegenüber dem Werkunternehmer zehn Jahre oder sogar mehr als zehn Jahre nach der Abnahme der Werkleistungen der ausführenden Firmen noch nicht abnahmefähig ist[188].

104 Als Abnahmeerklärung genügt die Äußerung des Bauherrn gegenüber dem Architekten z. B. in einer Schlußbesprechung, die geschuldeten Leistungen würden als vollständig und ordnungsgemäß ausgeführt und damit als Vertragserfüllung anerkannt[189]. Diesen Erklärungswert hat auch eine ungekürzte und vorbehaltlose Zahlung des vom Architekten geforderten Resthonorars[190].

ausdrückliche oder stillschweigende Abnahmeerklärung

105 Hingegen kann in der Benutzung des Bauwerks nur dann die Abnahme des Architektenwerkes gesehen werden, wenn zu diesem Zeitpunkt alle geschuldeten Architektenleistungen wie Rechnungsprüfung, Kostenfeststellung, Dokumentation der Mängel, Vorlage der Architektenschlußrechnung erbracht sind[191], was auch bei einer Beauftragung nur bis zur Objektüberwachung – also ohne die Leistungsphase 9 – in der Praxis nur selten vorkommt[192]. Befinden sich an der Bauwerksleistung Mängel, die der Architekt wegen unzureichender Beaufsichtigung mit zu vertreten hat, gehört die Beaufsichtigung der Nachbesserungsarbeiten des Bauunternehmers mit zu den im Rahmen der Objektüberwachung geschuldeten Architektenleistungen: Der Architekt schuldet die Erstellung eines mangelfreien Bauwerks und bessert deshalb mit der Überwachung der Mängelbeseitigungsleistungen seine eigene, zunächst unzureichende Überwachungsleistung nach.

106 Ein Anspruch auf Teilabnahme steht dem Architekten in bezug auf das Architektenwerk nur zu, wenn dies vertraglich vereinbart wurde[193]. Um die Gewährleistungsfrist des § 638 BGB in Lauf setzen zu können, ist dem Architekten, dem auch die Objektbetreuung in Auftrag gegeben wurde, eine solche Vereinbarung dringend anzuraten.

Vereinbarung von Teilabnahmen nur bei individueller Vereinbarung

---

188 Vgl. OLG Köln, BauR 1992, 803.
189 BGH, BauR 1979, 77.
190 BGH, BauR 1979, 77; OLG München, NJW-RR 88, 86; Jagenburg, BauR 1980, 406 f.
191 BGH, BauR 1982, 292 f.
192 Jagenburg, BauR 1980, 408.
193 Hesse/Korbion/Mantscheff/Vygen, § 8 HOAI Rn. 22; einschränkend: Jagenburg, BauR 1980, 408, wonach mit Beendigung der Objektüberwachung und vor Beginn der Leistungsphase 9 eine Teilabnahme auch ohne Vereinbarung soll verlangt werden können.

Eine formularmäßige Regelung der Teilabnahme beim Architektenvertrag[194] ist indes AGB-widrig, weil dies auf die erwünschte Verkürzung der Gewährleistungsfrist hinausläuft. Die Verkürzung der Gewährleistungsfrist ist nach § 11 Nr. 10 f. AGB-G unzulässig.

107

Die Vereinbarung der Teilabnahme kann daher nur im Wege einer Individualvereinbarung erfolgen[195].

108

Fehlt die Vereinbarung einer Teilabnahme, ist der Auftraggeber zwar nicht gehindert, in sich abgeschlossene Leistungen vorzeitig abzunehmen; er ist hierzu jedoch nicht verpflichtet. Deshalb und weil die Teilabnahme im einseitigen Interesse des Architekten liegt, ist bei der Annahme einer – konkludenten – Teilabnahme Zurückhaltung geboten. Es gibt keine Vermutung, ein bestimmtes Verhalten lasse auf den Willen des Bauherrn zur Teilabnahme schließen[196]. In der Unterzeichnung der Baugesuchsunterlagen liegt keine Teilabnahme der Baugenehmigungsplanung[197], und zwar schon deshalb nicht, weil der Architekt grundsätzlich eine genehmigungsfähige Planung schuldet, der Bauherr die Genehmigungsfähigkeit im Zeitpunkt der Einreichung aber noch nicht mit der erforderlichen Sicherheit beurteilen kann.

109

Für das Vorliegen einer Teilabnahme trägt der Architekt die Beweislast[198].

110

1.1.3.2.1.1 Erfüllungsanspruch

Hat der Bauherr die Architektenleistung noch nicht abgenommen und hat sich der Mangel der Architektenleistung auch noch nicht im Bauwerk realisiert, steht dem Bauherrn primär ein Anspruch gegen den Architekten auf Erfüllung des Vertrages zu. Nach § 631 Abs. 1 BGB ist der Architekt verpflichtet, das Werk so herzustellen, daß es die zugesicherten Eigenschaften hat und nicht mit Fehlern behaftet ist, die den Wert oder die Tauglichkeit zu dem gewöhnlichen oder dem nach dem Vertrag vorausgesetzten Gebrauch aufheben oder mindern.

111

---

194 Z. B. § 7.5 des Einheits-Architektenvertrages 1994, abgedruckt in: DAB 1994, 1635; zwischenzeitlich von der Bundesarchitektenkammer allerdings zurückgezogen.
195 BGH, BauR 1994, 392; OLG Köln, NJW-RR 1992, 1173; OLG Hamm, OLGR 1995, 171 f.; OLG Düsseldorf, OLGR 1992, 255, 288; ebenso: Werner/Pastor, Rn. 2400; Bartsch, BauR 1994, 315, 319; a. A.: Löffelmann, BauR 1994, 563, 568.
196 BGH, BauR 1974, 215.
197 OLG Düsseldorf, BauR 1986, 472.
198 BGH, BauR 1974, 215.

1.1.3.2.1.2 Schadenersatz wegen Nichterfüllung bzw. wegen Unmöglichkeit

112 Erfüllt der Architekt nicht, so kann der Bauherr ihm eine Frist mit Ablehnungsandrohung setzen und nach Ablauf dieser Frist nach § 326 BGB Schadenersatz wegen Nichterfüllung fordern. Liegt ein Fall der Unmöglichkeit vor, die vom Architekten zu vertreten ist, so greift § 325 BGB.

1.1.3.2.1.3 Nachbesserungsanspruch, Recht auf Selbstnachbesserung, Wandelung, Minderung, Schadenersatz

113 Neben dem Erfüllungsanspruch und dem Anspruch auf Schadenersatz wegen Nichterfüllung kann der Bauherr trotz fehlender Abnahme aber auch nach § 634 BGB vorgehen und dem Architekten zur Beseitigung des Mangels eine angemessene Frist setzen verbunden mit der Erklärung, daß er die Beseitigung des Mangels nach Ablauf der Frist ablehne. § 326 BGB und § 634 BGB sind nebeneinander anwendbar[199].

1.1.3.2.1.3.1 Nachbesserung und Recht auf Selbstnachbesserung

114 Ist die Nachbesserung noch möglich, weil der Unternehmer noch nicht mit der Bauausführung begonnen hat, kann der Bauherr vom Architekten die Nachbesserung der Planung verlangen (§ 633 BGB). Kommt der Architekt der Aufforderung zur Nachbesserung nicht nach, muß der Bauherr dem Architekten eine angemessene Frist zur Nachbesserung setzen verbunden mit der Erklärung, daß er nach Ablauf der Frist die Mangelbeseitigung durch den Architekten ablehne (§ 634 Abs. 1 BGB). Nach der Rechtsprechung des BGH[200] haftet der Architekt als »geistiger Unternehmer« nicht für alle Mängel des Bauwerks; er schuldet das Bauwerk nicht als körperliche Sache. Das Bauwerk ist von dem geistigen Architektenwerk begrifflich scharf zu trennen[201]. Der Architekt kann daher nicht verpflichtet werden, Mängel des Bauwerks körperlich zu beseitigen; seine Nachbesserungspflicht bezieht sich ausschließlich auf die geistige Leistung, also auf das Architektenwerk. Wurde das Architektenwerk bereits verwirklicht, das Bauwerk also errichtet, lassen sich Mängel der Architektenplanung nicht mehr beheben, weshalb in diesem Fall kein Nachbesserungsanspruch des Bauherrn besteht[202]. Eine Nachbesserung kommt nur solange in Betracht, als der Bauherr noch nicht nach der fehlerhaften Planung gebaut hat, eine mangelfreie Planung also noch nachholbar ist.

Frist mit Ablehnungsandrohung

keine Nachbesserung des Architektenwerkes bei Realisierung des Mangels im Bauwerk

---

199 BGH, NJW 1997, 50.
200 BGHZ 31, 224, 227 = NJW 1960, 431.
201 BGH, NJW 1962, 360.
202 BGHZ 42, 16, 18; BGHZ 48, 257, 261 ff.; BGH, BauR 1996, 735, 737; OLG Düsseldorf, BauR 1998, 582 f. = OLGR 1998, 236 f.

Dieser Rechtsprechung des BGH hat sich das Schrifttum weitgehend angeschlossen[203]. Zunehmend wird allerdings die Auffassung vertreten, der Architekt könne im Einzelfall verpflichtet sein, durch eine Änderung seiner Pläne die Voraussetzung für eine erfolgreiche Nachbesserung durch den Unternehmer zu schaffen[204]. Bleibt der Architekt untätig, ist der Bauherr berechtigt, im Wege der Ersatzvornahme die Nachbesserung selbst durchzuführen und zwar auf Kosten des Architekten.

115
Selbstnachbesserung

Von praktischer Bedeutung ist die Möglichkeit der Selbstnachbesserung im Wege der Ersatzvornahme vor allem bei größeren Bauvorhaben. Erkennt beispielsweise der eingeschaltete Generalunternehmer, daß sich die Ausführungsplanung des Architekten wegen eines Mangels nicht realisieren läßt, so ist es oftmals geboten, dem Generalunternehmer eine neue, mangelfreie Planung an die Hand zu geben.

116

1.1.3.2.1.3.2 Wandelung

In der Baupraxis hat die Möglichkeit der Wandelung nur geringe Bedeutung, weil es in aller Regel nicht möglich sein wird, die erbrachten Architektenleistungen zurückzugewähren. Dies gilt auch für die Rückabwicklung des Bauvertrages mit dem Unternehmer nach §§ 634 Abs. 4, 467, 346 f. BGB; die Rückgewähr eines Bauwerks oder eines Teils davon ist meist unmöglich[205].

117

Die Wandelung bewirkt, daß sich Architekt und Bauherr Zug-um-Zug zurückgewähren müßten, was sie sich zur Vertragserfüllung gegenseitig gegeben haben (§§ 634 Abs. 4, 464, 346 f. BGB). Hinsichtlich der dem Bauherrn überlassenen Pläne, Entwürfe, Zeichnungen etc. und wegen des Honorars, das der Architekt erhalten hat, ist das natürlich durchaus denkbar. Die stets mit Architektenleistungen verbundenen Beratungen, Vorverhandlungen mit der Behörde, Vergabe-

118

---

203 Kaiser, NJW 1973, 1910 f., Anmerkung 14 m. N.; Bindhardt, BauR 1970, 29; Schmalzl, Haftung, Rn. 16; Brandt, BauR 1970, 25, 27; kritisch: Ganten, NJW 1970, 687, 691; Locher, Rn. 240; Soergel in: MünchKomm, BGB, § 633 BGB, Rn. 99.
204 Locher, Rn. 238 und Festschrift für von Craushaar, S. 21 ff.; Locher/Koeble/Frik, Einl., Rn. 7; Ingenstau/Korbion, § 13 VOB/B, Rn. 22; OLG Hamm, MDR 1978, 225.
205 Zur Wandelung eines Vertrages über die Lieferung und Anbringung einer Leuchtreklame: OLG Hamm, BauR 1995, 42; zur Wandelung eines Kaufvertrages über Innentüren: OLG Düsseldorf NJW-RR 1998, 1038; zur Wandelung eines Bauträgervertrages wegen mangelhaften Schallschutzes: LG Tübingen, Schäfer/Finnern/Hochstein, Nr. 6 zu § 634 BGB; zur Wandelung eines Werkvertrages über eine Hoftoranlage: OLG Koblenz, NJW-RR 1989, 336; zur Wandelung einer Heizanlage: OLG München, BauR 1984, 637; zur Wandelung einer Küche wegen Farbabweichung: OLG Braunschweig, OLGR 1996, 133.

arbeiten, die Objektüberwachung etc. kann der Bauherr dagegen nicht zurückgewähren. Insoweit muß ein Ausgleich in der Weise erfolgen, daß der Bauherr die geleistete mangelhafte Architektentätigkeit anteilig honoriert, das heißt, der Architekt hat das erhaltene Honorar nur insoweit zurückzuerstatten, als es die ihm anteilig zustehende Vergütung übersteigt[206].

119   Im Ergebnis führt die Wandelung also zum gleichen wirtschaftlichen Erfolg wie die Minderung[207].

120   Die Wandelungsklage ist ausgeschlossen, wenn der Baumangel den Wert oder die Tauglichkeit des Bauwerks nur unerheblich mindert (§ 634 Abs. 3 BGB). Für die Unerheblichkeit ist der Architekt beweispflichtig[208]. Das OLG Koblenz ist der Auffassung, wegen der tatsächlichen Schwierigkeiten in bezug auf die Wandelung sei regelmäßig davon auszugehen, daß die Wandelungsklage bei Bauverträgen stillschweigend zwischen den Parteien ausgeschlossen sei[209].

1.1.3.2.1.3.3 Minderung

121   Die Minderung führt zur Herabsetzung des Architektenhonorars nach §§ 634 Abs. 4, 472 BGB. Der Bauherr hat bei der Minderungsklage alle Tatsachen vorzutragen, aus denen sich der Minderwert der Architektenleistungen berechnet. Für die Höhe des Minderungsanspruchs sind nach der Auffassung des BGH[210] maßgeblich

> ➤ die Kosten der etwaigen Mangelbeseitigung

> ➤ zuzüglich eines etwaigen verkehrsmäßigen (merkantilen) und eines gegebenenfalls verbleibenden technischen Minderwerts[211].

122   Die Kosten der Mängelbeseitigung sollen ausnahmsweise unberücksichtigt bleiben, wenn die Nachbesserung wegen Unverhältnismäßigkeit der Kosten von dem Architekten verweigert werden kann[212]. In

---

206 Vgl. OLG Düsseldorf, Der Architekt 1967, 276; Schmalzl, Rn. 38; Hess, Haftung S. 79; Bindhardt/Jagenburg, § 4 Rn. 37.
207 Werner/Pastor, Rn. 1660 m. w. N.
208 Schmalzl, Haftung, Rn. 38; Werner/Pastor, Rn. 1663.
209 OLG Koblenz, NJW 1972, 741; OLG Koblenz, NJW-RR 1998, 1031 – dogmatisch läßt sich das in keiner Weise nachvollziehen, daher a. A.: Werner/Pastor, Rn. 1663; Coller, BB 1974, 2385.
210 BGH, BauR 1972, 242; BGH, NJW-RR 1997, 688.
211 Vgl. auch OLG Düsseldorf, BauR 1998, 126, 128.
212 OLG Celle, BauR 1998, 401 f.

diesem Fall ist der Minderwert auf andere geeignete Weise zu berechnen, zum Beispiel aufgrund einer Nutzwertanalyse[213].

Der Wert der mangelfreien Leistung deckt sich im Zweifel mit dem vereinbarten Honorar; dagegen ist der Wert der mangelhaften Leistung regelmäßig nach den notwendigen Mängelbeseitigungskosten im Zeitpunkt der Abnahme zu bestimmen. Die Differenz ist der Minderungsbetrag[214]. Der Bauherr kann den Umfang seines Minderungsanspruches häufig nur schätzen[215]. Das Gericht kann ebenfalls nach § 287 ZPO schätzen[216]. **123**

Zu berücksichtigen ist allerdings, daß es hier um die Minderung des Architektenhonorars vor Abnahme und vor der Realisierung des Mangels im Bauwerk geht. Daher kann eine eventuelle Wertminderung des Bauwerks nicht Maßstab für eine Minderung des Architektenhonorars sein. Gegenüberzustellen ist vielmehr allein der Wert des mangelfreien Architektenwerkes und der Wert des mangelhaften. Falls das Architektenwerk nachbesserungsfähig ist, ermittelt sich die Höhe der Minderung z. B. aus den Kosten der Nachbesserung des Architektenwerkes. Läßt sich das Architektenwerk nicht nachbessern, weil die Nachbesserung auf eine Neuplanung hinausliefe, so ist es gerechtfertigt, das Architektenhonorar auf Null zu kürzen[217], weil das Architektenwerk in diesem Fall für den Bauherrn wertlos ist. **124**

Bei der Minderung kommt es – im Gegensatz zum Schadenersatzanspruch nach § 635 BGB – nicht auf ein Verschulden des Architekten an[218]. **125**

Der Bauherr kann den wegen eines Werkmangels bestehenden Anspruch auf Minderung an einen Dritten abtreten[219]. Der Architekt kann dem Bauherrn, der Minderung geltend macht, entgegenhalten, daß dieser den Baumangel mit verursacht hat. Das folgt zwar nicht aus einer unmittelbaren Anwendung des § 254 BGB, ergibt sich aber aus § 242 BGB[220]. Sowieso-Kosten und die Grundsätze der Vorteilsausgleichung sind zugunsten des Architekten zu berücksichtigen[221]. **126** *Abtretung*

---

213 OLG Celle, BauR 1998, 401 f. für optische Beeinträchtigung eines Marmorbodens im Treppenhaus.
214 Werner/Pastor, Rn. 1668.
215 Zu den bautechnischen Problemen siehe vor allem: Auernhammer, BauR 1978, 356; Schmidt-Morsbach, BauR 1982, 328; Mantscheff, BauR 1982, 435.
216 BGH, BauR 1997, 700.
217 BGH, NJW 1965, 152; OLG Nürnberg, NJW-RR 1983, 1300, 1303; OLG Köln, NJW-RR 1993, 666; OLG Nürnberg, IBR 1998, 334.
218 BGH, BauR 1985, 567 f.
219 BGH, BauR 1985, 686.
220 Werner/Pastor, Rn. 1673.
221 Werner/Pastor, Rn. 1673.

1 Haftung für den Werkerfolg

Voraussetzung für Minderung: Fristsetzung mit Ablehnungsandrohung

127 Die Minderung setzt voraus, daß der Bauherr die Voraussetzungen des § 634 Abs. 1 BGB einhält. Der Bauherr ist darlegungs- und beweispflichtig für das Vorliegen eines Ausnahmefalles nach § 634 Abs. 2 BGB. Das gilt grundsätzlich auch bei Überschreitung eines vom Bauherrn vorgegebenen Kostenlimits[222]. Allerdings kommt es in einem solchen Fall entscheidend darauf an, ob der Architekt aufzeigen kann, daß dem Bauherrn eine Nachbesserung beispielsweise durch Reduzierung der Wohnflächen zumutbar gewesen wäre. Behauptet der Bauherr, eine Nachbesserung der Planung sei nicht mehr möglich gewesen, trägt er hierfür die Darlegungs- und Beweislast[223].

128 In der Praxis von großer Bedeutung ist die Frage, ob der Bauherr das Architektenhonorar mindern kann, wenn der Architekt Leistungen nicht erbracht hat. Um die Frage beantworten zu können, muß zunächst geklärt werden, ob die fehlende Leistung tatsächlich auch vertraglich geschuldet ist[224]. Ist die fehlende Leistung geschuldet, bedeutet dies aber dennoch nicht zwingend, daß eine Honorarminderung gerechtfertigt ist[225]. Entscheidend ist, ob der Architekt, trotz Fehlens von Leistungen, den vereinbarten Werkerfolg erzielt hat[226].

1.1.3.2.1.3.4 Schadenersatz

129 Beruht der Mangel des Architektenwerks auf einem Umstand, den der Architekt zu vertreten hat, kann der Bauherr statt Wandelung oder Minderung Schadenersatz verlangen (§ 635 BGB). Der Bauherr muß im Prozeß folgendes dartun und unter Beweis stellen:

> ➤ *den Eintritt eines Schadens* – Schadenersatz kann auch bei einer nur unerheblichen Wert- oder Tauglichkeitsminderung und auch bei einem nur optischen Mangel gefordert werden, sofern nicht im Einzelfall Treu und Glauben (§ 242 BGB) entgegenstehen[227].
>
> ➤ *die Voraussetzungen des § 634 BGB* – Der Bauherr muß dem Architekten eine Frist zur Mängelbeseitigung mit Ablehnungsandrohung setzen[228]. Allerdings sind die Ausnahmen zu beachten, die § 634 Abs. 2 BGB bietet. So ist beispielsweise eine Fristsetzung zur Mängelbeseitigung mit Ablehnungsandrohung entbehrlich, wenn die Planung nicht mehr nachbes-

---

222 OLG Düsseldorf, BauR 1994, 133; aber streitig: vgl. Rn. 312 f.
223 OLG Düsseldorf, BauR 1994, 133.
224 Vgl. dazu Rn. 516 f.
225 Vgl. Rn. 516 f.
226 Ausführliche Darstellung des Problems Rn. 516 f.
227 OLG Düsseldorf, BauR 1996, 712 f.
228 Soergel in: MünchKomm, BGB, § 635, Rn. 1; OLG Köln, BauR 1996, 725, 727.

serungsfähig ist oder der Architekt die Nachbesserung ablehnt. Für das Vorliegen eines Ausnahmetatbestandes ist der Bauherr beweispflichtig[229]. Lag anfänglich ein Ausnahmetatbestand nach § 634 BGB vor, ist dieser aber nachträglich entfallen, muß der Bauherr dem Architekten eine Frist zur Nachbesserung mit Ablehnungsandrohung setzen, bevor er Schadenersatz geltend machen kann[230].

Neben den Ausnahmetatbeständen des § 634 BGB ist eine Fristsetzung mit Ablehnungsandrohung außerdem entbehrlich, wenn der Ersatz von Schäden geltend gemacht wird, die durch eine Nachbesserung nicht hätten verhindert werden können, ihr also nicht zugänglich waren[231]. Hierzu zählen z. B. Gutachterkosten und der Anspruch auf entgangenen Gewinn[232].

➢ *die Kausalität zwischen Mangel und Schaden*[233] – Der Architekt hat für den durch sein pflichtwidriges Handeln verursachten Schaden einzustehen. Übernimmt er bei der Vertragsausführung auch Aufgaben, die gar nicht von dem Architektenvertrag umfaßt sind, so hat er gleichwohl für die dabei schuldhaft verursachten Schäden einzustehen[234]. Allerdings kann ein Kausalzusammenhang zwischen Fehlverhalten und Schaden zu verneinen sein, wenn ein völlig ungewöhnliches und unsachgemäßes Verhalten einer anderen Person den Schaden unmittelbar ausgelöst hat[235].

➢ *die Abnahme der Architektenleistung* – Die Erforderlichkeit der Abnahme ist streitig[236], im Ergebnis aber zu verneinen.

➢ *die Schadenberechnung*

➢ *die Darlegung, daß der Schaden nach Art und Entstehungsweise unter den Schutzzweck der verletzten Norm fällt*[237]

---

229 Z. B. Palandt-Thomas, § 634 Rn. 10.
230 BGH, BauR 1990, 725.
231 BGH, BauR 1985, 83; BGH, BauR 1991, 212; OLG Düsseldorf, BauR 1998, 126, 128.
232 BGH, BauR 1991, 212.
233 BGH, BauR 1997, 306.
234 BGH, BauR 1996, 418 f.
235 BGH, BauR 1991, 745.
236 Zum Meinungsstand: Werner/Pastor, Rn. 1676; auch Rn. 113.
237 BGH, NJW 1997, 50; OLG Bamberg, BauR 1996, 284, 286.

➤ *das Verschulden des Architekten am Werkmangel* – Der Bauherr muß allerdings nur die Schlechterfüllung nachweisen[238]. Ist die mangelhafte Werkleistung bewiesen, liegt insbesondere eine Abweichung von der anerkannten Regel der Technik vor, ist es Sache des Architekten, darzulegen und zu beweisen, daß ihn kein Verschulden trifft[239].

130 *Wahlrecht* Das grundsätzlich bestehende Wahlrecht nach § 635 BGB kann der Bauherr auch noch während des Rechtsstreits ausüben[240]. Der Bauherr kann die Werkleistung behalten und den durch den Mangel verursachten Schaden verlangen (kleiner Schadenersatz); er kann aber auch das Werk zurückweisen und den durch die Nichterfüllung des ganzen Vertrages eingetretenen Schaden fordern (großer Schadenersatz)[241].

131 *»kleiner« und »großer« Schadenersatz* Verlangt der Bauherr den kleinen Schadenersatz, so kann er grundsätzlich die zum Zeitpunkt der Nachbesserung tatsächlich erforderlichen Kosten oder den mangelbedingten Minderwert geltend machen[242]. Wird der Schadenersatz bereits vor diesem Zeitpunkt zuerkannt, ist auf den Zeitpunkt der letzten mündlichen Verhandlung abzustellen[243]. Der Schaden bemißt sich immer nach den zur nachträglichen Herstellung des vertragsgerechten Zustandes erforderlichen Mehrkosten und ist auch nicht davon abhängig, ob der Bauherr die notwendigen Arbeiten ausführen läßt[244]. Steht allerdings endgültig fest, daß der Bauherr dem Unternehmer wegen eines Mangels keinen Werklohn entrichten muß, hat er keinen Schaden mehr; er kann den Architekten, der fehlerhaft geplant oder überwacht hat, nicht mehr auf Schadenersatz in Anspruch nehmen[245].

132 Folgende Einzelprobleme, die vor allem auch nach der Abnahme des Architektenwerkes auftreten, sind von Interesse:

➤ *Aufrechnungsverbot* – Macht der Bauherr großen Schadenersatz geltend, ist er daran nicht durch ein vertraglich vereinbartes Aufrechnungsverbot gehindert; denn es findet lediglich eine Verrechnung statt (Differenztheorie)[246].

➤ *Entschädigung in Geld* – Der Schadenersatzanspruch aus § 635 BGB ist – anders als § 249 Satz 2 BGB – in aller Regel

---

238 Baumgärtel, Beweislast, § 635 BGB, Rn. 14 f.
239 BGH, BauR 1982, 515 f.; OLG Hamm, NJW-RR 1998, 1031 f.
240 BGH, BauR 1996, 386.
241 Staudinger-Peters, § 635 BGB, Rn. 32 f.; RGRK-Glanzmann, § 635 BGB, Rn. 10 f.; Soergel, in: MünchKomm, BGB, § 635 Rn. 29 f.
242 BGH, BauR 1991, 744; BGH, BauR 1998, 126, 128.
243 OLG Hamm, BauR 1993, 738; OLG Celle, BauR 1998, 1030; OLG Karlsruhe, NJW-RR 1997, 1247.
244 OLG Köln, BauR 1994, 119 f.; OLG Koblenz, NJW-RR 1995, 655 f.
245 BGH, NJW 1996, 2370.
246 OLG Hamm, OLGR 1998, 58, 60.

auf Entschädigung in Geld gerichtet[247]. Nur in Ausnahmefällen kann eine Entschädigung in Natur verlangt werden, da andernfalls der Schadenersatzanspruch mit dem Erfüllungs- und Nachbesserungsanspruch gleichgesetzt würde[248]. Dem Architekten wird daher nur ausnahmsweise das Recht eingeräumt, Schadenersatz nach § 635 BGB durch Mängelbeseitigung zu leisten.

> *Nutzungsausfallentschädigung (entgangene Gebrauchsvorteile)* – Es ist streitig, ob dem Bauherrn dieser Anspruch zusteht[249]. Der große Senat des BGH hat durch Beschluß vom 9.7.1986[250] entschieden, daß die vorübergehende Nutzungsbeeinträchtigung (Gebrauchsverlust) infolge eines deliktischen Eingriffs jedenfalls bei einem vom Eigentümer selbst bewohnten Haus einen ersatzfähigen Vermögensschaden darstellen kann. Es ist jedoch nach wie vor zweifelhaft, ob und inwieweit die Grundsätze des großen Senats des BGH auch auf das bauvertragliche Schadenersatzrecht (§§ 635 BGB, 13 Nr. 7 Abs. 1 VOB/B) übertragen werden können[251]. Der 7. Zivilsenat des BGH hat im Fall der mangelbedingten, vorübergehenden Unbenutzbarkeit eines Schwimmbads einen Vermögensschaden verneint[252]; er billigt aber dem Erwerber eines Hauses oder einer Eigentumswohnung mit einem Kraftfahrzeugstellplatz in einer Tiefgarage unter den Voraussetzungen des § 635 BGB eine Entschädigung für den Nutzungsausfall zu[253]. Demgegenüber bejaht der 5. Zivilsenat des BGH[254] einen Vermögensschaden nur, wenn die Wohnung/das Haus für die eigenwirtschaftliche Lebenshaltung von zentraler Bedeutung ist. Hierzu wird eine Garage im Regelfall nicht zählen[255]. Können Räume (z. B. Hobby- oder Kinderspielkeller) nach den Bestimmungen der Landesbauordnung nur zeitweilig genutzt werden, scheidet ein Vermögensschaden von vornherein aus[256]. Der Bauherr muß die Wohnung/das Haus auch stets selbst bewohnen wollen; es reicht deshalb nicht aus, wenn Angehörige oder Besucher des

---

247 H. M.: BGH, BauR 1987, 89; OLG Hamm, BauR 1972, 123.
248 Palandt-Thomas, § 635 BGB Rn. 7.
249 Vgl. die Übersicht im Vorlagebeschluß des BGH vom 22.11.1985, VersR 1986, 189 = WM 1986, 266.
250 BGH, BauR 1987, 312.
251 Offengelassen vom BGH: BauR 1987, 318, 321; vgl. auch Kaiser, Rn. 122.
252 BGH, BauR 1980, 271.
253 BGH, BauR 1986, 105.
254 BGH, BauR 1987, 318.
255 BGH, ZfBR 1993, 183 f.
256 OLG Düsseldorf, BauR 1992, 96 f.

Bauherrn Räumlichkeiten nicht benutzen können[257]. Im übrigen muß sich ein Bauherr grundsätzlich um eine baldmögliche Behebung des Baumangels bemühen, wenn er wegen eines mangelbedingten Nutzungsausfalls Schadenersatz verlangt[258].

Nur unmittelbare Schäden – Der Bauherr kann sich bei einer Klage aus § 635 BGB nur auf Schäden stützen, die der Werkleistung unmittelbar anhaften, weil sie infolge des Mangels unbrauchbar, wertlos oder minderwertig ist[259]; Schäden, auch Folgeschäden, müssen eng und unmittelbar mit dem Mangel zusammenhängen[260]. Sogenannte entfernte Mangelfolgeschäden werden von der Vorschrift des § 635 BGB nicht erfaßt, sondern unterliegen der Haftung aus positiver Forderungsverletzung.

Unmittelbare Schäden sind:

- Planungs- und Überwachungsfehler des Architekten[261];
- Planungsfehler des Wohnungsbauträgers[262] und Überwachungsfehler des technischen Baubetreuers[263] oder des Sonderfachmanns[264];
- Schäden, die dadurch entstehen, daß der Bauherr das mangelhafte Haus nicht vermieten sowie selbst nicht bewohnen kann und deshalb eine Ersatzwohnung mieten muß[265];
- der entgangene Gewinn, z. B. Miet- und sonstige Nutzungsausfälle[266];
- Zinsverluste[267];
- der technische und merkantile Minderwert des Gebäudes[268];
- Kosten für die Einholung eines Privatgutachtens über Bauwerksmängel[269];
- Mehrkosten durch mangelhafte Bauleistungen[270] z. B. für einen Architekten im Rahmen der Nachbesserungsarbeiten

---

257 OLG Düsseldorf, NJW-RR 1998, 89, 91 – für Stadthalle.
258 BGH BauR 1995, 692; OLG Düsseldorf, NJW-RR 1998, 89, 91.
259 BGH, NJW 1969, 710.
260 BGH, NJW 1993, 923; MDR 1962, 815 – Architekt; NJW 1967, 2259 – Statiker.
261 BGH, NJW 1962, 1764; LG Kaiserslautern, BauR 1998, 824 f.
262 BGH, DB 1975, 1263.
263 BGH, BauR 1991, 88.
264 OLG Bamberg, BauR 1996, 285.
265 BGH, VersR 1967, 160.
266 BGH, BauR 1995, 692.
267 BGH, NJW 1967, 340 f.
268 OLG Düsseldorf, BauR 1998, 126, 128.
269 BGH, NJW-RR 1998, 1027.

oder Zwischenfinanzierungskosten aufgrund der Nachbesserungskosten[271] oder Gerüst- oder Abstützungskosten[272];

- Fehlerhafte Berechnung des Statikers[273] und mangelhafte Arbeiten des Vermessungsingenieurs[274] und des Baugrundgutachters[275].

➢ *Sachverständigenkosten* – Zu den nach § 635 BGB erforderlichen Mängelbeseitigungskosten zählen auch solche Aufwendungen, die der geschädigte Bauherr aufgrund eines fehlerhaften Sachverständigengutachtens für erforderlich halten durfte. Trifft den Bauherrn bei der Auswahl des Sachverständigen kein Verschulden, so hat der Architekt Schadenersatz Zug um Zug gegen Abtretung der Ansprüche des Bauherrn gegen den Sachverständigen zu leisten[276].

➢ *Nur Schaden des Ersatzberechtigten selbst* – Der Schadenersatzanspruch aus § 635 BGB kann grundsätzlich nur den Schaden erfassen, der dem Ersatzberechtigten selbst entstanden ist. Schäden, die einem Dritten entstehen, fallen nicht unter § 635 BGB. Insoweit kommt aber ein Freistellungsanspruch für den ersatzberechtigten Besteller der Werkleistung in Betracht. Das ist rechtlich relevant z. B. bei von einem Bauträger erteilten Bauaufträgen. Hier ist der Bauträger Dritter i. S. d. § 635 BGB und hat daher nur einen Freistellungsanspruch gegen den Bauunternehmer, gerichtet auf die Freistellung von Ansprüchen des Bauherrn. Mit diesem Freistellungsanspruch kann der Bauträger gegenüber dem Werklohnanspruch des Bauunternehmers nicht die Aufrechnung erklären, weil es an der Gleichartigkeit fehlt[277]. Der Bauträger kann aber aufrechnen, wenn er zuvor eine Verrechnung mit dem Bauherrn vorgenommen hat, so daß der Schaden nunmehr bei ihm liegt.

➢ *Schadenbeseitigungsrecht* – Ein solches Recht wird Architekten häufig in Verträgen vertraglich eingeräumt (z. B. § 7.6 Satz 1 des Einheits-Architektenvertrages 1994). Dadurch wird der Schadenersatzanspruch des Bauherrn nach § 635 BGB aber nicht ausgeschlossen; der Bauherr muß nach Meinung des

---

270 BGH, NJW 1969, 710.
271 OLG Düsseldorf, BauR 1972, 117.
272 BGH, NJW 1969, 710.
273 BGH, BauR 1982, 489.
274 BGH, BauR 1972, 311.
275 BGH, BauR 1979, 76.
276 OLG Frankfurt, BauR 1991, 777 – zur Erstattung von Privatgutachterkosten.
277 OLG Koblenz, NJW-RR 1998, 453.

OLG Hamm[278] dem Architekten aber zunächst eine angemessene Frist mit der Erklärung setzen, daß die Herstellung (Mängelbeseitigung) nach dem Ablauf der Frist abgelehnt werde. Macht der Architekt von seinem Schadenbeseitigungsrecht Gebrauch, muß der Erfolg der Behebungsmaßnahmen außer Zweifel stehen[279]. Der Architekt muß deshalb auch alle Maßnahmen anbieten, die erforderlich sind, um die Mängelbeseitigung durchzuführen. Er muß alle Vorbereitungs- und Folgekosten tragen.

➢ *Verkauf des Grundstücks vor Mängelbeseitigung* – Der Schadenersatzanspruch aus § 635 BGB geht nicht unter, wenn der Bauherr das Grundstück, auf das sich die mangelhafte Planung bezieht, veräußert, bevor er den zur Mängelbeseitigung erforderlichen Geldbetrag erhalten hat[280].

➢ *Unverhältnismäßige Aufwendungen i. S. d. §§ 251 Abs. 2, 635 BGB* – Unverhältnismäßig sind die Aufwendungen für die Beseitigung eines Werkmangels dann, wenn der damit in Richtung auf die Beseitigung des Mangels erzielte Erfolg oder Teilerfolg bei Abwägung aller Umstände des Einzelfalls in keinem vernünftigen Verhältnis zur Höhe des dafür gemachten Geldaufwandes steht[281]; es kommt also nicht allein auf die Höhe der entstehenden Kosten an, sondern darauf, in welchem Verhältnis diese Aufwendungen zu dem Vorteil stehen, den der Bauherr durch die Mängelbeseitigung erlangt.

➢ *Technischer und merkantiler Minderwert* – Diese Schadensfolgen gehören zum Ersatzanspruch nach § 635 BGB[282].

➢ *Verkehrswertminderung* – kann trotz erfolgter Nachbesserung zusätzlich verlangt werden[283].

➢ *Verweigerung der Mängelbeseitigung durch den Unternehmer (§ 633 Abs. 2 BGB)* – Auch in diesem Fall kann der Bauherr einen Schadenersatzanspruch nach den für die Mängelbeseitigung erforderlichen Aufwendungen berechnen. Der Bauherr ist nicht auf die Geltendmachung eines merkantilen Minderwerts beschränkt[284].

---

278 OLG Hamm, NJW-RR 1992, 467.
279 BGH, Schäfer/Finnern, Z 3.00 Bl. 5.216.
280 BGH, BauR 1996, 735 f.
281 BGH, BauR 1973, 112.
282 BGH, BauR 1995, 388 f.
283 BGH, Schäfer/Finnern, Z 2.510 Bl. 12; BGH, Schäfer/Finnern/Hochstein, Nr. 4 zu § 634 BGB.
284 OLG Düsseldorf, BauR 1998, 126, 128; a. A. aber: OLG Düsseldorf, BauR 1993, 733.

1.1 Gewährleistung für Mängel

➤ *Der Vorbehalt nach § 640 Abs. 2 BGB ist entbehrlich* – Bei der Klage nach § 635 BGB kommt es auf den Vorbehalt nach § 640 Abs. 2 BGB nicht an, weil der in der Vorschrift genannte Rechtsverlust sich nur auf die Ansprüche nach §§ 633, 634 BGB bezieht[285].

➤ *Vorschuß* – Der Bauherr kann vor der Mängelbeseitigung Schadenersatz beanspruchen. Der Kostenvorschußanspruch nach §§ 633 Abs. 3, 669, 242 BGB setzt einen Mangel der Werkleistung des Architekten voraus, dessen Beseitigung dem Auftraggeber mit Hilfe des zuerkannten Geldbetrages ermöglicht werden soll[286]. Ist dem Architekten hingegen ein Verstoß gegen vertragliche Haupt- oder Nebenpflichten vorzuwerfen, deren Rechtsfolgen sich aus §§ 323 f. BGB oder den Regeln der positiven Vertragsverletzung (pVV) ergeben, liegt kein Werkmangel vor. Gleiches gilt für außerhalb der Werkleistung liegende Schäden an sonstigen Rechtsgütern des Bauherrn, die auf die Verletzung vertraglicher Schutz-, Obhuts- oder sonstiger Nebenpflichten zurückzuführen sind und einer Nachbesserung des eigenen Architektenwerks nicht zugänglich sind. Bei derartigen Schadenersatzansprüchen besteht kein Vorschußanspruch[287].

➤ *Zeitpunkt der Sanierung* – Macht der Bauherr Schadenersatz wegen mangelhafter Erfüllung (kleiner Schadenersatz) geltend, so kann er grundsätzlich die zum Zeitpunkt der Sanierung tatsächlich erforderlichen Kosten oder den mangelbedingten Minderwert geltend machen[288]. Wird der Schaden bereits vor diesem Zeitpunkt zuerkannt, beispielsweise durch ein Feststellungsurteil, ist für die Schadenhöhe der Zeitpunkt der letzten mündlichen Verhandlung maßgeblich[289]. Der Architekt kann nicht vom Bauherrn verlangen, daß dieser abwartet, ob sich der erforderliche Aufwand durch eine spätere Entwicklung billiger gestaltet oder aus besonderen Gründen erübrigt[290]. Der Schaden bemißt sich immer nach den zur (nachträglichen) Herstellung des vertragsgerechten Zustandes

---

285 BGH, BauR 1975, 344; OLG Rostock, BauR 1997, 654; OLG Düsseldorf, Schäfer/Finnern, Z 2.414 Bl. 84.
286 BGH, BauR 1985, 569; BauR 1979, 420, 426.
287 BGH, BauR 1987, 209; OLG Düsseldorf, BauR 1996, 121 f.
288 BGH, BauR 1991, 744; OLG Düsseldorf, BauR 1998, 126, 128; OLG Celle, NJW-RR 1991, 1175; OLG Düsseldorf, BauR 1992, 106.
289 OLG Hamm, BauR 1993, 738; BGH, BauR 1997, 335 – zum Zeitpunkt für die Schadenberechnung bei einer unzureichenden Kostenermittlung durch den Architekten; zum Schaden: OLG Celle, BauR 1998, 1030 – Ersatz zusätzlicher Finanzierungskosten; zum Zeitpunkt für die Feststellung eines merkantilen Minderwerts eines Gebäudes: OLG Karlsruhe, NJW-RR 1997, 1247.
290 BGH, BauR 1994, 106 f.

erforderlichen Mehrkosten und ist auch nicht etwa davon abhängig, ob der Bauherr die notwendigen Arbeiten ausführen läßt[291].

1.1.3.2.2 Nach der Abnahme und nach der Realisierung des Mangels im Bauwerk

nur Minderung und Schadenersatz

133 Dem Bauherrn steht nach Realisierung des Mangels im Bauwerk kein Nachbesserungsanspruch mehr zu; ebensowenig hat er einen Wandelungsanspruch und einen Anspruch auf Selbstnachbesserung. Nach der Abnahme und nach Realisierung des Mangels reduzieren sich die Rechte des Bauherrn auf die Minderung des Honorars (§ 634 BGB) und Schadenersatz (§ 635 BGB). Insoweit ist auf das oben Gesagte zu verweisen.

1.1.4 Rechte des Architekten

1.1.4.1 Bis zur Abnahmereife oder Abnahme des geschuldeten Werkes

134 Der Architekt hat bis zur Abnahmereife oder Abnahme einen Erfüllungsanspruch. Im Rahmen dieses Erfüllungsanspruches hat der Architekt ein Mängelbeseitigungsrecht, weil Mangelbeseitigung die Herstellung eines vertragsgemäßen Zustandes bedeutet. Auch der Mängelbeseitigungsanspruch nach § 633 Abs. 2 BGB ist daher Erfüllungsanspruch und gilt primär für die Zeit vor der Abnahme und nur sekundär – im Rahmen der Gewährleistung – nach der Abnahme[292]. Der Nachbesserungsanspruch erlischt mit dem Verlust des Erfüllungsanspruches nach §§ 325, 326 BGB.

1.1.4.2 Nach der Abnahme bzw. Abnahmereife

135 Wenn sich die mangelhafte Architektenleistung noch nicht im Bauwerk verwirklicht hat und sie daher nachbesserungsfähig ist, steht dem Mangelbeseitigungsanspruch des Bauherrn ein Nachbesserungsrecht des Architekten gegenüber. Wie der Nachbesserungsanspruch des Bauherrn, so erlischt auch das Nachbesserungsrecht des Architekten grundsätzlich dann, wenn die Architektenleistung nicht mehr korrigierbar ist. Ferner erlischt der Nachbesserungsanspruch unter den Voraussetzungen des § 633 Abs. 3 BGB.

---

291 OLG Köln, BauR 1994, 119 f.
292 Vgl. Dähne, BauR 1972, 136, 138.

1.1.4.3 Nach der Realisierung des Mangels im Bauwerk

1.1.4.3.1 Grundsätzlich kein Nachbesserungsrecht

Wie oben schon ausgeführt, erlischt das Nachbesserungsrecht des Architekten, wenn sich der Mangel im Bauwerk realisiert hat. Eine Nachbesserung ist nun grundsätzlich nicht mehr möglich.

136

1.1.4.3.2 Ausnahmsweise Nachbesserungsrecht aus dem Gesichtspunkt der Schadenminderungspflicht

In Ausnahmefällen kann trotz Realisierung des Mangels am Bauwerk ein Nachbesserungsrecht des Architekten bestehen:

137

Der Architekt soll berechtigt sein, im Rahmen seiner Schadenersatzpflicht aus § 635 BGB selbst für die Mängelbeseitigung (Nachbesserung) zu sorgen[293]. Zu diesem Nachbesserungsrecht kommt die herrschende Ansicht über eine Anwendung des § 254 BGB. Der auf Schadenersatz in Anspruch genommene Architekt soll das Recht haben, dem Bauherrn ein Mitverschulden in Form eines Verstoßes gegen die Schadenminderungspflicht (§ 254 Abs. 2 BGB) entgegenhalten zu können, wenn der Bauherr dem Architekten nicht Gelegenheit gegeben hat, selbst für die Mängelbeseitigung zu sorgen[294]. Der Architekt muß in einem solchen Fall nachweisen, daß er in der Lage gewesen wäre, die Baumängel mit einem wesentlich geringeren Kostenaufwand zu beseitigen[295].

138

Schadenminderungspflicht

Ein weiterer Ausnahmefall, der dem Architekten trotz Verwirklichung des Bauwerks anhand der fehlerhaften Pläne ein Nachbesserungsrecht geben kann, soll vorliegen, wenn der Architekt seine Haftung anerkennt, sich zur Beseitigung des Mangels bereit erklärt und dem Bauherrn aufzeigt, daß er ein Unternehmen an der Hand hat, das die Mängel vorschriftsmäßig und preiswert beseitigt[296]. Es wäre treuwidrig, das Anerbieten des Architekten zur Nachbesserung und zur Schadenminderung ohne triftigen Grund zurückzuweisen. Ob der Bauherr allerdings dem Architekten ein Recht auf Mängelbeseitigung in jedem Fall einräumen muß, kann fraglich sein. Erforderlich ist, daß die von dem Architekten vorgeschlagenen Nachbesse-

139

---

293 Locher, Festschrift für von Craushaar, S. 21, 23; Schmalzl, Haftung, Rn. 42; Kaiser, Rn. 274; Locher, Rn. 239; Locher/Koeble/Frik, Einl., Rn. 7; Werner/Pastor, Rn. 1642
294 BGHZ 43, 227 = NJW 1965, 1175; NJW 1978, 1853 = BauR 1978, 498; BauR 1996, 735, 737; OLG Hamm, BauR 1995, 413 (für den Fall der Kündigung).
295 BGH, Schäfer/Finnern, Z 3.01 Bl. 378.
296 BGH, VersR 1968, 152.

Zumutbarkeit rungsmaßnahmen erfolgversprechend sind[297]. Die Frage der Zumutbarkeit für den Bauherrn spielt in diesem Zusammenhang ebenfalls eine große Rolle[298].

1.1.4.3.3 Vertragliche Vereinbarung des Nachbesserungsrechts

140 Das Nachbesserungsrecht des Architekten läßt sich grundsätzlich auch vertraglich vereinbaren. Geschieht dies im Rahmen einer Individualvereinbarung, bestehen gegen die Wirksamkeit in den Grenzen des § 138 BGB keine Bedenken.

141 Häufig wird das Nachbesserungsrecht des Architekten allerdings in allgemeinen Geschäftsbedingungen oder in Formularverträgen geregelt. So bestimmt beispielsweise der von der Bundesarchitektenkammer empfohlene Einheitsarchitektenvertrag (1994):

> »Wird der Architekt wegen eines Schadens am Bauwerk auf Schadenersatz in Anspruch genommen, kann er vom Bauherrn verlangen, daß ihm die Beseitigung des Schadens übertragen wird. Wird der Architekt wegen eines Schadens in Anspruch genommen, den auch ein Dritter zu vertreten hat, kann er vom Bauherrn verlangen, daß der Bauherr sich außergerichtlich erst bei dem Dritten ernsthaft um die Durchsetzung seiner Ansprüche auf Nachbesserung und Gewährleistung bemüht.«

142 Diese Klausel hat zwei Regelungsinhalte: Sie enthält zunächst den
Vorbehalt des Vorbehalt eines Nachbesserungsrechts des Architekten für von ihm
Nachbesserungsrechts verursachte Baumängel. Zum zweiten wird eine subsidiäre Haftung
zugunsten des des Architekten konstruiert, indem dem Bauherrn die Pflicht auferlegt
Architekten wird, im Fall einer gesamtschuldnerischen Haftung des Architekten mit einem Dritten erst außergerichtlich die Durchsetzung der Ansprüche gegen den Dritten zu versuchen.

143 Im allgemeinen sind solche Regelungen durchaus möglich, wenn die Voraussetzungen der §§ 11 Nr. 10 b, 9 AGB-G berücksichtigt werden. Danach ist eine Beschränkung der Nachbesserungsansprüche gegen den Verwender insgesamt oder bezüglich einzelner Teile auf ein Recht auf Nachbesserung oder Ersatzlieferung unwirksam, sofern dem anderen Vertragsteil nicht ausdrücklich das Recht vorbehalten

---

297 BGH, BauR 1972, 62 – ist es dem Bauherrn unter den aufgezeigten besonderen Voraussetzungen zuzumuten, das Angebot des Architekten auf Mängelbeseitigung anzunehmen, so kann sich darauf auch der Bauunternehmer berufen; der Bauherr muß nämlich unter dem Gesichtspunkt der Schadenminderungspflicht (§ 254 Abs. 2 S. 1 BGB) von sich aus dazu beitragen, daß der Schaden so gering wie möglich gehalten wird; vgl. zu diesem Komplex auch Schmalzl, Rn. 42.
298 Schmalzl, Rn. 42; Werner/Pastor, Rn. 1643.

wird, bei Fehlschlagen der Nachbesserung oder Ersatzlieferung eine Herabsetzung der Vergütung oder, wenn nicht eine Bauleistung Gegenstand der Gewährleistung ist, nach seiner Wahl Rückgängigmachen des Vertrages zu verlangen. Das gilt über §§ 24 Satz 2, 9 AGB-G auch im kaufmännischen Verkehr[299].

Die oben wiedergegebene Klausel des Einheitsarchitektenvertrages ist hiernach AGB-widrig. Sie enthält nämlich gerade nicht den Vorbehalt zugunsten des Bauherrn, im Fall berechtigter Gründe eine Nachbesserung durch den Architekten zu verweigern. 144

Der zweite Regelungsinhalt, nämlich die Pflicht des Bauherrn, im Fall einer gesamtschuldnerischen Haftung des Architekten mit einem Dritten erst außergerichtlich die Durchsetzung der Ansprüche gegen den Dritten zu versuchen, ist hingegen in AGB-rechtlicher Hinsicht unbedenklich. Der Architekt muß aber, vereinbart er eine solche Klausel, bedenken, daß sich der Verjährungsbeginn auf den Zeitpunkt des Fehlschlagens dieser außergerichtlichen Bemühung verschiebt. 145 *subsidiäre Haftung*

Das Nachbesserungsrecht des Architekten gibt dem Bauherrn nicht die Befugnis, selbst die Schadbeseitigung durch den Architekten fordern zu können mit den sich aus § 633 Abs. 3 BGB ergebenden Folgen[300]. 146

Etwas anderes gilt, wenn der Architekt wesentliche Mängel zu verantworten hat. Eine vertragsgemäße Leistungserbringung liegt dann erst vor, wenn die Mängel beseitigt sind, der Architekt sein Werk also in einen abnahmefähigen Zustand versetzt hat. Kommt allerdings keine Nachbesserung mehr in Betracht oder hat der Bauherr die Leistungen des Architekten sogar abgenommen, ist das Honorar sofort fällig; der Bauherr hat nur noch Minderungs- und Schadenersatzansprüche[301]. 147

1.1.5 Mitverschulden

»Mitwirkendes Verschulden« bedeutet ein Verschulden in eigener Angelegenheit, nämlich ein Außerachtlassen derjenigen Aufmerksamkeit und Sorgfalt, die nach Lage der Sache zur Wahrnehmung eigener Angelegenheiten jeder verständliche Mensch ausübt, um sich selbst vor Schaden zu bewahren[302]. Solches ist beispielsweise gegeben, wenn der Geschädigte seine Schadenminderungspflicht i. S. d. § 254 Abs. 2 BGB nicht beachtet. Weist der Architekt z. B. nach, daß er die von ihm verursachten Baumängel in eigener Regie erfolgversprechend mit 148

---

299 BGHZ 93, 62; NJW 1981, 1501.
300 BGH, BauR 1987, 343, 348.
301 BGH, BauR 1982, 290.
302 BGH, Schäfer/Finnern, Z 3.00 Bl. 52.

wesentlich geringeren Mitteln beseitigen kann, als sie der Bauherr für notwendig erachtet, so verstößt dieser gegen die ihm obliegende Schadenminderungspflicht, wenn er dem Architekten keine Gelegenheit gibt, selbst den Schaden zu beheben, auch wenn der Architekt bei schuldhafter Verletzung des Architektenvertrages dem Bauherrn auf Schadenersatz und nicht auf Nachbesserung haftet. Fordert der Geschädigte trotz eigener Mitverantwortung den vollen Schadenersatz, so verstößt er gegen das Verbot des venire contra factum proprium[303].

149 § 254 BGB ist unmittelbar nur auf Schadenersatzansprüche anwendbar. Allerdings wird bei der Bemessung eines Minderungsanspruches gemäß § 634 BGB ebenfalls ein mitwirkendes Verschulden nach § 254 BGB berücksichtigt[304]. Darüber hinaus wird vertreten, § 254 BGB sei analog im Fall des Annahmeverzuges des Bauherrn wegen Verstoßes gegen Mitwirkungspflichten heranzuziehen[305].

150 Keine Anwendung findet § 254 BGB jedoch auf den Nachbesserungsanspruch des Bauherrn. Insoweit kann jedoch das mitwirkende Verschulden des Bauherrn über § 242 BGB gewürdigt werden[306].

151 Bei dem mitwirkenden Verschulden handelt es sich um eine Einwendung und nicht um eine Einrede, so daß die Gerichte von Amts wegen das Vorliegen eines mitwirkenden Verschuldens zu berücksichtigen haben. Der Architekt braucht lediglich ganz pauschal vorzutragen, daß er aus dem Verhalten des geschädigten Bauherrn einen Einwand herleiten will[307]. Die Beweislast für ein mitwirkendes Verschulden trägt der Architekt als Schädiger. Liegt ein Mitverschulden des Bauherrn vor, so muß im Rahmen der Haftungsabwägung gemäß § 254 BGB jede Partei die Umstände vortragen und beweisen, die zu ihren Gunsten sprechen[308]; im übrigen gelten die §§ 286, 287 ZPO.

von Amts wegen zu prüfen

152 Die Verteilung und das Maß der Mitverantwortung unterliegen der tatrichterlichen Würdigung. Nach dem Wortlaut des § 254 BGB ist zunächst auf das Maß des beiderseitigen Verschuldens abzustellen. Andere Gesichtspunkte, wie wirtschaftliche Folgen der Vermögensverhältnisse, sind grundsätzlich nicht zu berücksichtigen. Ebensowenig ist bei der Abwägung des Verschuldensbeitrags des Schädigers und des Mitverschuldens des Geschädigten zu berücksichtigen, daß der Schädiger unter mehreren rechtlichen Gesichtspunkten (z. B. unerlaubte Handlung, Verschulden bei Vertragsabschluß usw.) haftet[309].

---

303 BGH, NJW 1970, 756.
304 BGH, Schäfer/Finnern, Z 2.401 Bl. 21; OLG Saarbrücken, MDR 1970, 760.
305 LG Hannover, MDR 1980, 227.
306 BGH, BauR 1972, 112.
307 Palandt-Heinrichs, § 254 BGB Rn. 82; Werner/Pastor, Rn. 2450.
308 Baumgärtel-Strieder, Beweislast, § 254 BGB, Rn. 2, 12.
309 BGH, VersR 1969, 850.

Im Rahmen der prozessualen Schadenteilung zwischen Schädiger (Architekt), Unternehmer, Statiker, Baubetreuung usw. und Geschädigtem (Bauherrn) kann die Abwägung auch zum Wegfall der Ersatzpflicht oder der vollen Haftungsübernahme des Schädigers führen[310]. Ist das Mitverschulden nur gering, kann es hinter dem Verschuldensbeitrag des Schädigers voll zurücktreten; bei einem Mitverschulden von 10–20 % ist dies bejaht worden[311]. Auch ein fahrlässiges Mitverschulden des Geschädigten wird in aller Regel gegenüber einer vorsätzlichen Handlung des Schädigers nicht ins Gewicht fallen[312].

153 *prozessuale Schadenteilung*

1.1.5.1 Eigenes Mitverschulden des Bauherrn

1.1.5.1.1 Handeln auf eigene Gefahr

Ein eigenes Mitverschulden des Bauherrn kommt vor allen Dingen in Form des Handelns auf eigene Gefahr in Betracht. Ein Handeln des Bauherrn auf eigene Gefahr liegt vor, wenn er sich in Kenntnis der Tragweite seiner Entscheidung – was im Verhältnis zum Architekten regelmäßig eine eingehende Aufklärung über alle wesentlichen Faktoren voraussetzt – für eine bestimmte, mit Risiken behaftete Vorgehensweise entscheidet, insbesondere eine genehmigungsriskante Planung oder eine Bauausführung mit noch nicht erprobten, neuen Baustoffen verlangt. In diesem Verhalten wird in der Regel allerdings keine Einwilligung in eine spätere, aus der Verwirklichung des Risikos resultierende Schädigung gesehen[313], weil auch und gerade der Bauherr, der riskant vorgeht, darauf vertraut, daß sich das Risiko nicht realisieren wird. Eine Haftung des Architekten entfällt indes bei derartigen Sachverhalten entweder unter dem Gesichtspunkt eines (konkludenten) Haftungsverzichts[314] des Bauherrn, wenn das Vorliegen der hierfür erforderlichen Willenserklärung bejaht werden kann – die Haftung entfällt hier ohne Eingreifen des § 254 BGB[315] – oder gemäß § 254 BGB wegen einer haftungsausschließenden Mitverursachung des Bauherrn[316].

154

keine Einwilligung, sondern Haftungsverzicht

In Einzelfällen kann eine Haftung des Architekten wegen fehlerhafter Planung auch dann zu verneinen sein, wenn der Bauherr sich mit der Planung und Ausführung ausdrücklich einverstanden erklärt hat[317]. Dies setzt freilich voraus, daß der Bauherr die Bedeutung und Trag-

155

---

310 BGH, NJW 1969, 653 f.; OLG Köln, OLGR 1998, 227; OLG Köln, OLGR 1998, 226.
311 OLG Hamm, VersR 1971, 914.
312 Vgl. Palandt-Heinrichs, § 254 BGB Rn. 53; Werner/Pastor, Rn. 2454.
313 BGH, BauR 1994, 533.
314 OLG Düsseldorf, BauR 1986, 471.
315 Löffelmann/Fleischmann, Rn. 1589.
316 BGH, BauR 1999, 934, 936.
317 BGH, BauR 1998, 356 f.

weite der Fehlerhaftigkeit der Planung erkannt hatte. Das kann in der Regel nur angenommen werden, falls der Architekt den Bauherrn aufgeklärt und belehrt hat[318].

1.1.5.1.2 Haftungsbegründende Kausalität

156 Ein Mitverschulden des Bauherrn im Bereich der haftungsbegründenden Kausalität ist außer beim Handeln auf eigene Gefahr nur noch in Ausnahmefällen denkbar. Denn den Bauherrn trifft bezüglich der Leistungen des Architekten weder eine Überwachungs- noch eine Überprüfungspflicht[319].

157 Folgende Ausnahmefälle kommen in Betracht:

> ➤ Der Bauherr bemerkt einen Fehler des Architekten, weist den Architekten aber nicht auf den Fehler hin.
>
> ➤ Ein Planungs- bzw. Überwachungsfehler des Architekten ist offenkundig; gleichwohl bemerkt der Bauherr den Fehler nicht oder will ihn nicht bemerken.
>
> ➤ Der Bauherr kommt seiner Pflicht zur Mitteilung notwendiger Vorgaben nicht nach und trägt dadurch zur Entstehung des Schadens bei[320].
>
> ➤ Der Bauherr beauftragt einen Unternehmer, obgleich der Architekt Bedenken hinsichtlich dessen Fachkunde und Zuverlässigkeit geäußert hat[321].

1.1.5.1.3 Haftungsausfüllende Kausalität

158 Im Rahmen der haftungsausfüllenden Kausalität kommt es in der Praxis häufig zu einem Mitverschulden des Bauherrn. Ist ein Schaden durch fehlerhafte Planung des Architekten eingetreten, so ist der Bauherr verpflichtet, alles ihm Zumutbare zu unternehmen, um den Schaden möglichst gering zu halten. Bei einer schon absehbaren, vom Architekten zu vertretenden längeren Fertigstellungsverzögerung eines Geschäftshauses muß der Bauherr beispielsweise von der kostengünstigeren Anmietung von Ersatzräumen Gebrauch machen, anstatt entgangenen Gewinn zu fordern. Bei einer fehlerhaft zu niedrigen Kostenschätzung und einer dadurch später erforderlichen Nachfinan-

---

318 BGH, BauR 1998, 356; OLG München, NJW-RR 1988, 236.
319 BGH, NJW 1998, 1486.
320 BGH, BauR 1998, 397 f.
321 BGH, BauR 1999, 681.

zierung darf der Bauherr insoweit keine unnötig hohen Zinsverpflichtungen eingehen[322].

1.1.5.2 Mitverschulden Dritter

Der geschädigte Bauherr muß sich nach §§ 254 Abs. 2 Satz 2, 278 BGB ein Mitverschulden und eine Verletzung der Schadensminderungspflicht seines Vertreters oder Erfüllungsgehilfen wie eigenes Verschulden anrechnen lassen. Als Erfüllungsgehilfe ist jede Person anzusehen, die der geschädigte Bauherr mit der Wahrnehmung der Sorgfaltspflichten betraut hat, die ihm im eigenen Interesse bei der Abwicklung des Vertragsverhältnisses oblagen[323]. Ausreichend ist, daß der Erfüllungsgehilfe auch damit betraut war, in dem Pflichtenkreis des Bauherrn tätig zu werden, sofern nicht sein Verhalten so weit außerhalb seines Aufgabengebiets liegt, daß der innere Zusammenhang mit den ihm übertragenen Geschäften nicht mehr zu erkennen ist[324].

159
Erfüllungsgehilfe

Im Verhältnis zum ausführenden Unternehmen ist der Architekt in der Regel Erfüllungsgehilfe des Bauherrn i. S. d. § 278 BGB[325]. Im Einzelfall ist aber zu prüfen, ob der Architekt Pflichten oder Obliegenheiten verletzt hat, die einerseits zu seinen Leistungen zählen und damit in seinen Verantwortungsbereich gehören und andererseits auch dem Bauherrn im Verhältnis zum Bauunternehmer obliegen[326]. Zu den Aufgaben des Bauherrn gegenüber dem Bauunternehmer gehört es, diesem einwandfreie Pläne und Unterlagen zur Verfügung zu stellen sowie die Entscheidungen zu treffen, die für die reibungslose Ausführung des Baus unentbehrlich sind, wozu auch die Abstimmung der Leistungen der einzelnen Unternehmer während der Bauausführung (Koordinierungspflicht) gehört[327]. Von daher ist der Architekt insbesondere im Bereich der Objektplanung und der Koordinierungspflicht Erfüllungsgehilfe des Bauherrn[328].

160

Objektplanung und Koordinierungspflicht

Bei fehlerhafter Objektüberwachung durch den Architekten scheidet dagegen ein zu berücksichtigendes Mitverschulden aus. Hier wird immer auch dem Unternehmer eine mangelhafte Bauausführung, also ein eigenes Verschulden vorzuwerfen sein. Bei eigener mangelhafter Bauausführung kann der Unternehmer dem Bauherrn nicht den Ein-

161
Objektüberwachung

---

322 Löffelmann/Fleischmann, Rn. 1591.
323 BGH, NJW 1954, 1193; OLG Karlsruhe, NJW-RR 1997, 1240.
324 BGH, NJW 1964, 2166; BGH, NJW 1967, 1903; LG Berlin, NJW-RR 1997, 1176; OLG Hamm, BauR 1998, 1019 f.
325 BGH, BauR 1991, 79 m. w. N.
326 BGH, BauR 1972, 112; OLG Stuttgart, VersR 1970, 531.
327 BGH, BauR 1972, 112; OLG Frankfurt, NJW 1974, 62.
328 BGH, BauR 1970, 57; BauR 1972, 112.

wand entgegenhalten, der Architekt habe seine Pflicht zur Bauaufsicht verletzt[329].

162 Gerade bei größeren Bauvorhaben ist es Pflicht des Bauherrn, dem Architekten Fachingenieurleistungen zur Verfügung zu stellen, wie z. B. Bodengutachten, die Tragwerksplanung etc. Dazu beauftragt der Bauherr auf Empfehlung des Architekten unmittelbar die geeigneten Sonderfachleute. Diese werden sonach im Pflichtenkreis des Bauherrn tätig und sind damit seine Erfüllungsgehilfen im Verhältnis zum Architekten[330]. Der Bauherr muß sich damit im Verhältnis zum Architekten die Fehler der von ihm beauftragten Sonderfachleute als Mitverschulden zurechnen lassen.

Sonderfachleute, Projektsteuerer

163 Das gilt namentlich auch bei mangelhafter Leistung des Projektsteuerers, der nach § 31 HOAI klassische Bauherrenaufgaben wahrnimmt. Insofern ist der Projektsteuerer Erfüllungsgehilfe des Bauherrn im Verhältnis zu den anderen Baubeteiligten, wie dem Architekten, sonstigen Sonderfachleuten und den ausführenden Unternehmen[331]. Vor allem bei Koordinationsverschulden des Projektsteuerers kommt ein solches Mitverschulden häufig zum Tragen[332].

164 Folgende Einzelprobleme sind noch von Interesse:

> ➢ *Subunternehmer* – Im Verhältnis des Hauptunternehmers zum Subunternehmer kann der Subunternehmer regelmäßig das Planungsverschulden des Architekten seinem Auftraggeber – also dem Hauptunternehmer – entgegenhalten[333].
>
> ➢ *Vorunternehmer* – Streitig ist, ob der Vorunternehmer im Verhältnis zum Nachunternehmer Erfüllungsgehilfe des Bauherrn ist mit der Folge, daß der Nachunternehmer dem Bauherrn ein Mitverschulden des Vorunternehmers am Schaden entgegenhalten kann. Der BGH hat die Stellung des Vorunternehmers als Erfüllungsgehilfe des Bauherrn mit der Begründung verneint, der Bauherr wolle sich dem einzelnen Unternehmer gegenüber nicht zur Erbringung der notwendigen Vorarbeiten verpflichten; der mit der Vorleistung befaßte Unternehmer sei nicht in den werkvertraglichen Pflichtenkreis des Bauherrn gegenüber den anderen Baubeteiligten miteinbe-

---

329 BGH, BauR 1972, 112; BauR 1973, 190; BauR 1974, 205; OLG Düsseldorf, BauR 1974, 357 f.; OLG Köln, BauR 1996, 548.
330 OLG Frankfurt, NJW-RR 1990, 1497; OLG Celle, BauR 1985, 244; Werner/Pastor, Rn. 2463 m. w. N.
331 Locher/Koeble/Frik, § 31 HOAI Rn. 17; Löffelmann/Fleischmann, Rn. 1592.
332 Locher/Koeble/Frik, § 31 HOAI Rn. 17.
333 BGH, BauR 1987, 88.

zogen[334]. Demgegenüber vertritt das OLG Celle[335] und das OLG Düsseldorf[336], der Vorunternehmer sei Erfüllungsgehilfe des Bauherrn im Verhältnis zwischen Bauherrn und Nachfolgeunternehmer: Die Beurteilung des OLG Düsseldorf und des OLG Celle wird den Verhältnissen des Baugewerbes eher gerecht als die Rechtsauffassung des BGH. Es ist nicht einzusehen, das Risiko mangelhafter Vorleistungen auf den Nachfolgeunternehmer zu verlagern, der keinerlei Einfluß auf die Ausführung der Vorunternehmerleistungen hat. Entscheidend ist, daß der Bauherr gegenüber dem Nachfolgeunternehmer verpflichtet ist, ein bebauungsreifes Grundstück zur Verfügung zu stellen. Das ergibt sich aus § 645 BGB. Nach dem Regelungszweck des § 645 BGB soll der Bauherr unabhängig von einem Verschulden das Vergütungsrisiko tragen, wenn die Beeinträchtigungen des Werkes allein auf seine Vorgaben zurückzuführen sind. Da der Nachfolgeunternehmer seine Arbeiten am Bauobjekt nur durchführen kann, wenn das ihm überlassene Bauobjekt mangelfrei ist, gehört es zu den Vorgaben des Bauherrn, dieses mit ordnungsgemäß ausgeführten Vorleistungen zur Verfügung zu stellen. Richtigerweise muß sich der Bauherr daher ein Mitverschulden des Vorunternehmers im Verhältnis zum Nachfolgeunternehmer zurechnen lassen.

> *Gesamtschuldner* – Es spielt keine Rolle, daß Unternehmer und Architekt dem Bauherrn gegenüber gesamtschuldnerisch haften. Der Unternehmer braucht sich deshalb nicht auf seinen Ausgleichsanspruch gegenüber dem Architekten verweisen zu lassen, sondern kann gegenüber dem Bauherrn dessen Mitverschulden bzw. das Mitverschulden des Architekten am Baumangel geltend machen[337]. Der Architekt kann sich nicht gegenüber dem Bauherrn auf ein Mitverschulden des Unternehmers berufen, etwa weil dieser es verabsäumt habe, auf eine mangelhafte Planung hinzuweisen; denn der Unternehmer ist nicht Erfüllungsgehilfe des Bauherrn[338] mit der Folge, daß dieser dem Bauherrn gegenüber nicht haftet. Dem Bauherrn steht es im übrigen frei, wen er in Anspruch nimmt, wenn Architekt und Unternehmer als Gesamtschuldner ersatzpflichtig sind; er verstößt nicht gegen die Schadenminderungspflicht aus § 254 BGB, wenn er sogleich den Architekten haftbar macht[339].

---

334 BGH, BauR 1985, 561 f.; BGH, NJW 1978, 1157; BGH, DB 1971, 1764, 1765.
335 OLG Celle, BauR 1994, 269.
336 OLG Düsseldorf, OLGR 1999, 483 f.
337 BGH, BauR 1970, 57, 59.
338 OLG Düsseldorf, BauR 1974, 357 f.
339 BGH, BauR 1971, 60.

> *Abwägung des beiderseitigen Verschuldensbeitrages* – Es gelten die Grundsätze über die Haftungsverteilung, wenn Bauschäden durch ein Zusammentreffen von Planungsfehlern und Ausführungsfehlern also sowohl vom Architekten, als auch vom Unternehmer zu verantworten sind und der Bauherr sich das Verschulden des Architekten nach §§ 254, 278 BGB im Verhältnis zum Unternehmer zurechnen lassen muß, weil der Architekt sein Erfüllungsgehilfe ist. Die Höhe der Quote, mit der der bauleitende Architekt haftet, richtet sich nach dem Umfang seiner Pflichtverletzung[340]. So kann der Architekt, der durch einen Planungsfehler die eigentliche Schadenursache gesetzt hat, gegenüber dem Unternehmer voll ausgleichspflichtig sein[341]. Das kann auch für das Verhältnis von Planungs- zum Aufsichtsverschulden des Architekten gelten[342]. Ist der Mangel dagegen auf einen Ausführungsfehler des Unternehmers zurückzuführen, den der Architekt im Rahmen seiner Bauaufsicht lediglich nicht erkannt hat, so trifft den Unternehmer grundsätzlich die alleinige, zumindest aber die ganz überwiegende Haftung[343]; denn der Unternehmer kann weder dem Bauherrn noch dessen Architekten gegenüber einwenden, er sei bei seinen Arbeiten nicht ausreichend beaufsichtigt worden. Ein Unternehmer ist für den von ihm verursachten Mangel grundsätzlich immer selbst verantwortlich. Eine andere Bewertung ist angebracht, wenn der Aufsichtsführende kraft einer besseren, von dem Auftragnehmer nicht zu erwartenden Sachkunde die Mangelhaftigkeit allein oder jedenfalls besser feststellen konnte als dieser, was vor allem für den Bereich der Ausführung von für die Gesamtbaumaßnahme wichtigen, besonders schadenanfälligen Bauteilen gilt[344]. Im Einzelfall kann auch der Sekundärverantwortliche im Innenverhältnis zur Übernahme des Gesamtschadens verpflichtet sein. Daran ist zu denken, wenn dessen vertragliche Pflichtverletzung besonders schwer wiegt[345].

Quotelung des Schadens

> *Haftung des Unternehmers bei Planungs- und Ausschreibungsfehlern* – hier gilt generell, daß der Unternehmer im Verhältnis zum Bauherrn nur dann aus der Haftung entlassen ist, wenn er auf die Richtigkeit der Planungs- und Ausführungsunterlagen vertraut hat und auch vertrauen durfte[346]. Hat der Unternehmer tatsächlich die Fehlerhaftigkeit der Planungs- und Ausführungsunterlagen nicht erkannt, hätte er die

---

340 Vgl. Einzelfälle Rn. 172 f.
341 BGH, NJW 1969, 653; OLG Düsseldorf, BauR 1995, 131.
342 OLG Hamm, BauR 1991, 368; OLG Hamm, OLGR 1992, 291.
343 BGH, NJW 1971, 752; OLG Düsseldorf, BauR 1984, 201.
344 OLG Braunschweig, BauR 1991, 355.
345 OLG Hamm, OLGR Hamm 1992, 291; LG Tübingen, BauR 1990, 497 f.
346 BGH, BauR 1991, 79.

Fehlerhaftigkeit aber erkennen können, trifft ihn zumindest ein Haftungsanteil[347].

➢ *Haftung des Architekten gegenüber dem Bauherrn für Fehler des Sonderfachmanns* – Bis auf den Ausnahmefall der Beauftragung des Architekten mit der Generalplanung werden die Sonderfachleute vom Bauherrn beauftragt, so daß Gesamtschuldnerschaft i. S. d. § 426 BGB besteht. Im Verhältnis des Architekten zum Sonderfachmann besteht die Besonderheit, daß der Architekt zur Überprüfung der Leistungen des Sonderfachmanns in aller Regel nicht die erforderlichen Spezialkenntnisse hat, weshalb der Bauherr gerade zusätzlich zum Architekten noch Sonderfachleute einschaltet. Mangels der erforderlichen Spezialkenntnisse trifft den Architekten auch keine besondere Prüfungspflicht[348]. Die fehlenden Spezialkenntnisse entbinden den Architekten aber nicht von der allgemeinen Verpflichtung, die vom Sonderfachmann erstellten Berechnungen und Unterlagen einzusehen und zu überprüfen, ob der Sonderfachmann von den gegebenen tatsächlichen Verhältnissen und den technischen Vorgaben ausgegangen ist[349]. Stellt der Architekt hierbei Fehler fest, hat er seine Bedenken dem Bauherrn gegenüber sofort mitzuteilen, damit Schaden verhindert wird. Ist der Architekt seiner allgemeinen Pflicht zur Einblicknahme und Überprüfung der Berechnung des Sonderfachmanns nachgekommen, konnte die fehlerhafte Planung des Sonderfachmanns dennoch nicht von ihm erkannt werden, scheidet die Haftung des Architekten aus[350]. Entscheidend ist stets, ob dem Architekten die Überprüfung der Leistungen des Sonderfachmanns überhaupt möglich und zumutbar war und ob sich ihm hierbei Bedenken aufdrängen mußten[351].

➢ Im *Innenverhältnis des Architekten zum Sonderfachmann* ist dieser für seine fehlerhafte Leistung in der Regel allein verantwortlich und dem Architekten gegenüber voll ausgleichspflichtig[352]. So hat beispielsweise der Statiker die Konstruktionsart und die Stärken aller tragenden Teile im Rahmen der Architektenpläne verbindlich festzulegen und rechnerisch

---

347 OLG Hamm, BauR 1992, 78; weitere Beispiele bei Wussow, NJW 1974, 9, 15.
348 BGH, BauR 1971, 265, 267; Werner/Pastor, Rn. 1999; vgl. auch Rn. 171 f.
349 BGH, BauR 1970, 62; OLG Koblenz, NJW-RR 1997, 595; LG Stuttgart, BauR 1997, 137; OLG Frankfurt, ZMR 1994, 321; OLG Frankfurt, NJW-RR 1990, 1496.
350 BGH, BauR 1971, 265, 267; BGH, BauR 1976, 138 f.; OLG Köln, BauR 1994, 801.
351 BGH, VersR 1964, 830 f.; OLG Köln, BauR 1988, 241, 244 m. w. N.
352 OLG Köln, BauR 1988, 241 – Statiker.

nachzuweisen, um die Standsicherheit der baulichen Anlage zu gewährleisten[353]. Dabei haftet er auch für die Einhaltung des von ihm angegebenen Stahlbedarfs[354]. Demgegenüber ist die Untersuchung der Baugrundverhältnisse als Voraussetzung für die Erstellung einer richtigen Statik in aller Regel Sache des Architekten, nicht des Statikers[355]. Bei begründeten Zweifeln muß der Statiker dem Architekten daher einen deutlichen Hinweis erteilen; andernfalls ist er für den Schaden mitverantwortlich[356].

➤ *Haftung des Architekten gegenüber dem Bauherrn für Fehler des Schnittstellenkoordinators* – Gerade bei größeren Bauvorhaben werden in der Regel mehrere Sonderfachleute eingeschaltet. Oftmals entscheidet sich der Bauherr aus den verschiedensten Gründen dazu, bestimmte Leistungsphasen ein und desselben Fachgebiets (z. B. Tragswerksplanung) von dem einen Sonderfachmann erbringen zu lassen und die weiteren Leistungen von einem anderen Sonderfachmann. Gerade in solchen Fällen besteht das große Risiko, daß später die Verantwortlichkeiten der Sonderfachleute nicht mehr festzustellen sind, weil nicht aufgeklärt werden kann, ob in der Schnittstelle der Leistungen des einen und des anderen Sonderfachmanns tatsächlich alle Daten weitergegeben wurden. Zwar ist es grundsätzlich Aufgabe des Architekten, im Rahmen seiner Koordinierungspflicht dafür Sorge zu tragen, daß der eine Sonderfachmann die erforderlichen Daten und Pläne des anderen Sonderfachmanns erhält. Es sind aber Fallgestaltungen denkbar, in denen dies dem Architekten, der die Fachbereiche der Sonderfachleute eben gerade nicht beherrscht, gar nicht möglich ist. Oftmals entscheiden sich daher Bauherren, wegen der Schnittstellenproblematik einen sogenannten Schnittstellenkoordinator einzuschalten. Geschieht dies, ist der Schnittstellenkoordinator in bezug auf die Koordination im Bereich der Schnittstellen gegenüber dem Architekten Sonderfachmann. In aller Regel scheidet damit die Haftung des Architekten wegen eines Fehlers bei der Koordination im Bereich der Schnittstelle aus. Es gilt insoweit das, was oben zur Haftung des Architekten gegenüber dem Bauherrn für Fehler des Sonderfachmanns gesagt wurde.

➤ *Haftung des Architekten gegenüber dem Bauherrn für Fehler des Projektsteuerers* – Der Projektsteuerer nimmt Bauherrenaufgaben wahr, weshalb er im Verhältnis zu den übrigen Baubeteiligten als dessen Erfüllungsgehilfe anzusehen ist. Dies

---

353 OLG Stuttgart, BauR 1973, 64.
354 BGH, WM 1972, 424.
355 BGH, VersR 1967, 260; OLG Celle, BauR 1983, 483.
356 BGH, BauR 1971, 265, 268; OLG Stuttgart, BauR 1973, 124.

bedeutet, daß der Bauherr sich das Mitverschulden des Projektsteuerers gegenüber dem Architekten, den Sonderfachleuten und den ausführenden Unternehmen anrechnen lassen muß[357]. Vor allem bei Planungs- und Koordinationsverschulden des Projektsteuerers ist ein solches Mitverschulden des Bauherrn von Bedeutung.

➢ *Haftungsbegünstigung eines gesamtschuldnerisch haftenden Baubeteiligten* – Rechtliche Schwierigkeiten in bezug auf den Gesamtschuldnerausgleich treten auf, wenn der Bauherr gegenüber dem Architekten und den ausführenden Firmen unterschiedlich haftungsbefreiende oder haftungserleichternde Abreden trifft. Es stellt sich dann die Frage, wie sich solche Abreden mit einem der Gesamtschuldner auf den Ausgleichsanspruch des anderen, nicht begünstigten Gesamtschuldners auswirken. Folgende Tatbestände kommen häufig in Architektenverträgen vor:

- Der Architekt haftet gegenüber dem Bauherrn nur *subsidiär* (Subsidiaritätsklausel).
- Die Haftung des Architekten beschränkt sich auf den *Ersatz* des *unmittelbaren Schadens* am Bauwerk.
- Die Haftung des Architekten beschränkt sich auf Schäden, die der Architekt dem Grunde und der Höhe nach durch Versicherung seiner gesetzlichen Haftpflicht gedeckt hat oder innerhalb der von der Versicherungsaufsichtsbehörde genehmigten allgemeinen Versicherungsbedingungen bei einem deutschen Versicherer zu tarifmäßigen, nicht auf außergewöhnliche Verhältnisse abgestellten Prämien und Prämienzuschläge hätte decken können.
- Die Haftung des Architekten ist in bezug auf Schäden, die nicht versicherbar sind, bis zur Höhe des Honorars für die Leistungsphase beschränkt, in der die fehlerhafte Leistung, die den Schaden verursachte, erfolgte.
- Der Architekt hat in all diesen Fällen gegenüber gesamtschuldnerisch haftenden Baubeteiligten, wie dem ausführenden Unternehmen, Haftungsvorteile durch die Absprache mit dem Bauherrn (der BGH spricht in diesem Zusammenhang von einem gestörten oder hinkenden Gesamtschuldnerausgleich[358]). Nach der Rechtsprechung des BGH sollen solche Absprachen zwischen Bauherr und Architekt bzw. zwischen Bauherr und Bauunternehmen den Ausgleichsanspruch des zahlenden Gesamtschuldners nach § 426 Abs. 1 BGB nicht berühren[359]. Diesen Grundsatz hat

---

[357] Locher/Koeble/Frik, § 31 HOAI, Rn. 17.
[358] BGH, VersR 1973, 836.
[359] BGH, BauR 1972, 246.

der BGH ausdrücklich auf folgende Fallgestaltung angewandt: Verjährungseintritt bei einem Gesamtschuldner[360], nachträglicher Erlaß gegenüber einem Gesamtschuldner[361], Vergleiche mit einem Gesamtschuldner[362], im voraus getroffene Abreden über den Haftungsverzicht oder eine Haftungsbeschränkung[363]. Solche Abreden entfalten also nur Wirkungen im Verhältnis der Vertragsparteien, die die Abrede getroffen haben. Im Innenverhältnis der Gesamtschuldner wirken sie sich dagegen nicht aus.

- Anders ist die Sachlage natürlich zu beurteilen, wenn die Gesamtschuldner untereinander selbst Haftungsbegrenzungen ausgehandelt haben[364].

1.1.6 Ausgleichsansprüche der Baubeteiligten

165 Häufig ist ein Baumangel nicht nur einem Baubeteiligten zuzurechnen, sondern gleich von mehreren Baubeteiligten zu vertreten. Die verantwortlichen Baubeteiligten haften dem Bauherrn dann als Gesamtschuldner i. S. d. § 421 BGB. Dem Bauherrn steht es bei Gesamtschuldnerschaft völlig frei, wen er in Anspruch nimmt. Er ist auch nicht etwa aus dem Gesichtspunkt der Schadenminderungspflicht (§ 254 Abs. 2 Satz 1 BGB) verpflichtet, zunächst den Unternehmer auf Nachbesserung in Anspruch zu nehmen, bevor er gegen den Architekten auf Zahlung von Schadenersatz vorgeht[365].

166 Der in Anspruch genommene Gesamtschuldner kann nach Befriedigung des Gläubigers den anderen Baubeteiligten – gegebenenfalls im Wege der Rückgriffsklage nach § 426 BGB – in Anspruch nehmen; er kann aber auch schon vorher von dem oder den anderen Gesamtschuldnern im Wege der Freistellung die Beteiligung an der Befriedigung des Bauherrn fordern und das auch gegebenenfalls mit Hilfe einer Freistellungsklage erzwingen. Dazu muß allerdings die Forderung des Bauherrn fällig sein[366].

erforderlich: inhaltliche Gleichheit der Haftungsverhältnisse

167 Die Haftungsverhältnisse der Gesamtschuldner gegenüber dem Bauherrn können durchaus unterschiedlich sein; Voraussetzung ist lediglich, daß sie »hart an der Grenze zur inhaltlichen Gleichheit« liegen[367]. So kann der Bauherr den Architekten auf Schadenersatz wegen Nichterfüllung in Anspruch nehmen und den Unternehmer wegen

---

360 BGH, WM 1971, 101.
361 BGHZ 47, 376, 379.
362 BGH, Schäfer/Finnern, Z 3.01 Bl. 325.
363 BGH, NJW 1972, 942.
364 OLG Hamm, BauR 1990, 638; OLG Düsseldorf, ZfBR 1983, 92.
365 Werner/Pastor, Rn. 1966.
366 BGH, NJW 1986, 978.
367 BGH, BauR 1971, 60.

desselben Mangels auf Nachbesserung nach § 633 BGB bzw. §§ 4 Nr. 7, 13 Nr. 5 VOB/B. Im Ergebnis kann der Bauherr sich bei einer Gesamtschuldnerhaftung mehrerer Baubeteiligter aussuchen, ob er es vorzieht, Schadenersatz wegen des Mangels zu beanspruchen (dann muß er gegen den Architekten oder den Sonderfachmann vorgehen), oder ob er sich für die Nachbesserung entscheidet (dann muß er gegen den Unternehmer vorgehen).

Geht der Bauherr nur gegen den Architekten oder Sonderfachmann vor, verliert der Unternehmer im Ergebnis sein Nachbesserungsrecht, weil der Architekt in dem anschließenden Ausgleichsprozeß nach § 426 BGB von dem Unternehmer Zahlung in Höhe der auf den Unternehmer entfallenden Quote verlangen kann; der Anspruch nach § 426 BGB richtet sich auf Zahlung.

168

Der Ausgleichsanspruch nach § 426 Abs. 1 BGB verjährt in 30 Jahren[368]. Das hat zur Folge, daß der Ausgleichsanspruch zwischen Gesamtschuldnern auch dann besteht, wenn die kurze Verjährungsfrist des § 638 BGB und des § 13 Nr. 4 VOB/B abgelaufen ist, also der Bauherr den Unternehmer wegen Verjährung nicht mehr in Anspruch nehmen könnte[369]. Eine Abtretung des Ausgleichsanspruchs zugunsten des Bauherrn mit dem Ziel der Umgehung der kurzen Verjährung nach §§ 638 BGB, 13 Nr. 4 VOB/B ist allerdings nicht möglich. Das folgt aus einer analogen Anwendung des § 399 BGB[370].

169

Verjährung

Die Beweislast für die Voraussetzungen des Ausgleichsanspruchs trägt derjenige, der den Ausgleichsanspruch gegen den anderen Gesamtschuldner verfolgt[371].

170

Gesamtschuldnerschaft kommt in folgenden Konstellationen in Betracht:

171

> *Architekt und Sonderfachmann* – Der Sonderfachmann plant fehlerhaft und der Architekt, der zwar nicht die erforderlichen Spezialkenntnisse besitzt, verabsäumt es, in die Unterlagen des Sonderfachmanns Einblick zu nehmen zwecks Feststellung, ob dieser von den gegebenen tatsächlichen Verhältnissen und den technischen Vorgaben ausgegangen ist oder er übersieht einen offenkundigen Fehler des Sonderfachmanns.

> *Architekt und Unternehmer* – Plant der Architekt mangelhaft und arbeitet der Unternehmer in Kenntnis dieses Mangels oder in schuldhafter Unkenntnis nach der Architektenplanung, so ist eine gesamtschuldnerische Haftung gegeben (§ 4

---

368 BGH, BauR 1972, 246.
369 BGH, BauR 1972, 246.
370 Werner/Pastor, Rn. 1989.
371 BGH, VersR 1965, 804.

Nr. 3 VOB/B[372], der beim BGB-Bauvertrag analog heranzuziehen ist). Hier ist allerdings eine Besonderheit zu berücksichtigen:

Nimmt der Bauherr nur den Architekten wegen des Mangels auf Schadenersatz in Anspruch, kann sich dieser in dem Ausgleichsprozeß nach § 426 BGB später zwar an den Unternehmer halten; er ist aber dem Bauherrn gegenüber in voller Höhe zum Schadenersatz verpflichtet. Wird hingegen der Unternehmer vom Bauherrn auf Schadenersatz in Anspruch genommen, entsteht das Problem der Ausgleichspflicht nach § 426 BGB nicht. Denn der Unternehmer kann dem Bauherrn gegenüber einwenden, daß dieser sich das Mitverschulden seines Erfüllungsgehilfen, also des Architekten, nach §§ 254, 278 anrechnen lassen muß. Das heißt, der Unternehmer kann von vornherein nur mit einem Teil des Schadens zur Verantwortung gezogen werden; seine Schadenersatzpflicht ist also um die Haftungsquote reduziert, die dem Architekten zuzuweisen ist. Zu einem Ausgleichsprozeß zwischen Unternehmer und Architekt nach § 426 BGB kann es also gar nicht kommen[373]. Statt dessen muß sich der Bauherr wegen seines weiteren Schadens an den Architekten halten.

Werden beide – also Architekt und Unternehmer – von dem Bauherrn in ein und demselben Verfahren als Gesamtschuldner verklagt, muß das Gericht im Urteil eine Quote bilden.

➢ *Architekt, Unternehmer und Sonderfachmann* – Gesamtschuldnerschaft ist denkbar, wenn der verursachte Mangel aus dem Verantwortungsbereich aller drei Beteiligter stammt[374]. Solches ist beispielsweise denkbar, wenn der Statiker offenkundig mangelhaft geplant hat, der Architekt dies gleichwohl nicht erkennt, obwohl er es hätte erkennen können und auch der Unternehmer dies erkennt, aber dem Bauherrn keinen Hinweis erteilt. Für die wechselseitigen Ansprüche gilt das Vorgesagte.

➢ *Planender und bauleitender Architekt* – Gerade bei Großbauvorhaben ist es heute durchaus gängige Praxis, daß Bauherren z. B. nach vorangegangenem Wettbewerb ein junges, kreatives Architekturbüro mit den reinen Planungsleistungen bis zur Ausführungsplanung beauftragen, aber darauf drängen, daß für die Objektüberwachung und die Objektbetreuung ein erfahrenes, eventuell am Wettbewerb gar nicht beteiligtes renommiertes Büro eingeschaltet wird. Geht das junge, kreative Büro mit dem erfahrenen Büro eine Zweckgemeinschaft in

---

372 BGH, BauR 1991, 79.
373 OLG Bremen, BauR 1988, 744.
374 BGH, BauR 1989, 97.

Form einer Arbeitsgemeinschaft ein zur Abwicklung des Architektenauftrages, so haften beide Büros nach außen hin gesamtschuldnerisch für alle in Auftrag gegebenen Architektenleistungen.

Erteilt der Bauherr dagegen dem planenden und dem bauleitenden Architekten jeweils separate Verträge, kommt eine gesamtschuldnerische Haftung nur ausnahmsweise dann in Betracht, wenn der bauleitende Architekt einen Planungsfehler bei der Objektüberwachung nicht erkennt, obwohl er ihn erkennen könnte und erkennen müßte.

> *Architekt und vom Architekten nachbeauftragte Fachingenieure* – In dieser Konstellation kommt eine gesamtschuldnerische Haftung nicht in Betracht, weil die Haftung des nachbeauftragten Fachingenieurs sich nur im Verhältnis zum Architekten auswirkt. Der Bauherr kann mangels eines vertraglichen Vertragsverhältnisses dagegen nicht gegen den vom Architekten nachbeauftragten Fachingenieur vorgehen.

Oftmals ist es schwierig, im Rahmen der Ausgleichsklage eine quotenmäßige Haftungsverteilung zwischen den Gesamtschuldnern vorzunehmen. Die Rechtsprechung hat in folgenden Fällen wegen besonders schwerwiegender Pflichtverletzung die Alleinverantwortlichkeit eines der Gesamtschuldner festgestellt: **172**

> Erkennt der Unternehmer, daß der ihm vom Architekten vorgelegte Plan fehlerhaft ist oder daß das vom Architekten erstellte Leistungsverzeichnis Mängel enthält, und erkennt er weiter, daß die mangelhafte Planung bzw. der Fehler des Leistungsverzeichnisses zu einem Mangel des Bauwerks führen muß, ohne dem Bauherrn einen Hinweis erteilt zu haben, so trägt er im Innenverhältnis Architekt/Unternehmer die alleinige, zumindest aber die überwiegende Schadenersatzverpflichtung[375].

> Im Verhältnis Architekt/Statiker ist im Innenverhältnis der Statiker für Mängel der Statik, die zu einem Baumangel führen, in der Regel voll verantwortlich[376]. Gleiches gilt für den Schnittstellenkoordinator.

> Das gilt auch im Verhältnis des Architekten zu anderen Sonderfachleuten. So haftet beispielsweise der Architekt grundsätzlich nicht für die Richtigkeit eines hydrologischen Gutachtens. Der Bodengutachter trägt vielmehr die Alleinverantwortlichkeit[377].

---

375 BGH, BauR 1991, 79.
376 OLG Köln, BauR 1988, 241.
377 BGH, BauR 1998, 812; auch OLG Köln, NJW-RR 1998, 1476.

173 In folgenden Fällen ist die Rechtsprechung zu einer Quotelung der Haftung gekommen:

- Bei einem Schalungsbrand in der Nähe eines Abgasrohres hat das OLG Düsseldorf[443] eine hälftige Schadenteilung vorgenommen zwischen dem Unternehmer wegen eines Ausführungsmangels und dem Architekten wegen eines Planungsmangels.

- Bei einer fehlenden Dehnungsfuge hat das LG Stuttgart[378] den Schaden zwischen dem Bauunternehmer, dem Architekten und dem Statiker quotenmäßig wie folgt geteilt: Statiker 70 %, Architekt 15 %, Unternehmer 15 %. Das Landgericht stellte fest, daß der Statiker in erster Linie verantwortlich sei, weil es zu seinem Aufgabenbereich zähle, die Dehnungsfugen zu zeichnen.

  Die Verantwortlichkeit des Architekten ergebe sich daraus, daß es kein spezielles Fachwissen erfordert habe, festzustellen, daß Dehnfugen anzubringen waren; vielmehr gehöre dies zum Allgemeinwissen eines Architekten, weshalb fest stehe, daß diesem bei einer Sichtprüfung der vom Statiker gefertigten Unterlagen das Fehlen der Dehnfugen hätte auffallen müssen.

- Der Rohbauunternehmer hafte ebenfalls, weil er Bedenken hätte anmelden müssen; es zähle zu den elementaren Kenntnissen eines Rohbauunternehmers, daß große Flächen nur unter bestimmten – im konkreten Fall nicht vorliegenden – Voraussetzungen fugenlos verlegt werden könnten. Der Rohbauunternehmer habe daher unbedingt dem Bauherrn einen Hinweis erteilen müssen.

- Da der Bauherr in dem entschiedenen Fall nur den Statiker und den Bauunternehmer verklagt hatte, wurde die Klage in Höhe der dem Architekten anzulastenden Quote von 15% abgewiesen, weil der Bauherr sich das Mitverschulden des Architekten nach § 254 BGB zurechnen lassen mußte.

- Bei einer eingestürzten Spundwand wurde vom OLG Stuttgart[379] zwischen Bodengutachter, Statiker und Architekt die Haftung wie folgt gequotelt: Bodengutachter 40 %, Statiker 40 %, Architekt 20 %. Das OLG begründete die Haftungsverteilung damit, der Bodengutachter sei gerade mit der Untersuchung der Bodenverhältnisse beauftragt gewesen, weshalb sich seine Haftung von selbst verstehe und mit 40 % geschätzt werde.

---

378 LG Stuttgart, BauR 1997, 137.
379 OLG Stuttgart, BauR 1996, 748.

Der Statiker hafte ebenfalls mit 40 %, weil diesem die Fehlerhaftigkeit des Bodengutachtens aufgrund nachgewiesener Kenntnisse der örtlichen Gegebenheiten ebenfalls hätte auffallen müssen.

Auch den Architekten treffe eine Verantwortlichkeit, weil er unter Verstoß gegen die Koordinierungspflicht den Zeitabschnitt zwischen Durchführung der Probebohrung zu kurz vorgegeben habe, was zu einer gewissen Hektik geführt habe und damit – nach Ansicht des vom Gericht eingeschalteten Sachverständigen – zur falschen Einschätzung der Bodenverhältnisse beigetragen habe. Die Verantwortlichkeit des Architekten sei allerdings deutlich geringer einzustufen, als die des Bodengutachters und des Statikers, nämlich nur mit 20 %.

1.1.7 Vorteilsausgleichung

»Vorteilsausgleichung« bedeutet, daß ein durch das schadenstiftende Ereignis verursachter Vorteil mit dem Schadenersatzanspruch auszugleichen ist. Die Vorteilsausgleichung stellt damit einen Faktor der Schadenberechnung dar[380]. Der Gesichtspunkt der Vorteilsausgleichung ist allerdings nicht auf Schadenersatzansprüche beschränkt, sondern gilt auch für Wandelungs-, Minderungs-, Nachbesserungs- und Kostenerstattungsansprüche[381]. Allerdings sind nur solche Vorteile als anrechenbar in Betracht zu ziehen, die gerade mit dem geltend gemachten Nachteil in einem qualifizierten Zusammenhang stehen; hierbei spielen vor allem der zeitliche Zusammenhang sowie der Gesichtspunkt einer Wertung nach Risikosphären eine entscheidungserhebliche Rolle[382].

Faktor der Schadensberechnung 174

Unter anderem sind folgende Gesichtspunkte bei der Vorteilsausgleichung von Bedeutung:

175

> ➤ Das schädigende Ereignis muß den Vorteil adäquat verursacht haben[383], wobei das Kriterium der Adäquanz sachfremd und ungeeignet sein kann[384].
>
> ➤ Aus der Sicht des Geschädigten muß die Anrechnung des Vorteils zumutbar sein[385], die Vorteilsausgleichung muß also dem Zweck des Schadenersatzes entsprechen und darf den

---

380 BGH, BauR 1997, 335; OLG Koblenz, BauR 1997, 1054.
381 BGH, BauR 1984, 510.
382 BGH, NJW 1980, 2187; BGH, ZfBR 1982, 63 f.
383 BGHZ 49, 61; BGHZ 81, 275.
384 BGH, NJW 1979, 760.
385 BGH, BauR 1994, 776, 779; BGH, BauR 1997, 335.

Schädiger nicht unbillig entlasten[386]. Eine unbillige Entlastung liegt beispielsweise vor, wenn die Vorteilsausgleichung dem Architekten zugute käme, obgleich er trotz ständiger Mängelrügen seinen Gewährleistungspflichten nicht nachkommt[387].

➢ Der Bauherr darf dadurch, daß der Vertragszweck nicht sogleich, sondern erst später im Rahmen der Gewährleistung erreicht wird, keine Besserstellung erfahren[388].

➢ Zwischen allen nachteiligen und allen vorteilhaften Vermögensänderungen muß ein innerer, qualifizierter Zusammenhang bestehen, der sowohl den Vorteil, als auch den Nachteil gewissermaßen zu einer Rechtseinheit verbindet[389].

➢ Der geschädigte Bauherr muß ersparte Aufwendungen in Abzug bringen[390]. Auch der Gesichtspunkt »Abzug neu für alt« ist insoweit zu beachten[391]. Der Meinungsstreit, ob bei älteren Sachen der Abzug »neu für alt« aus dem Gesichtspunkt des Vorteilsausgleichs gerechtfertigt ist[392] oder ob darin vielmehr ein Problem der Bemessung des Schadenersatzes nach § 251 Abs. 1 BGB zu erblicken ist[393], kann dahinstehen; beide Meinungen führen zum gleichen Ergebnis. Je mehr die Gewährleistung durch den Architekten hinausgezögert wird, desto weniger kann er einen Abzug wegen Vorteilsausgleichs »neu für alt« einwenden[394].

➢ In der Regel besteht der Schadenersatzanspruch in einer Geldforderung. Ist der auszugleichende Vorteil ebenfalls in einem Geldwert zu berücksichtigen, findet eine einfache Abrechnung im Wege der Vorteilsausgleichung statt[395]. Schwieriger ist es, wenn der Schadenersatzanspruch auf Naturalherstellung gerichtet ist. In solchen Fällen muß der Vorteil irgendwie bei der Ersatzleistung ausgeglichen werden, z. B. durch Zug-um-Zug-Herausgabe des Vorteils[396] oder durch Stellung einer Sicherheitsleistung durch den Besteller[397] bzw. durch eine doppelte Zug-um-Zug-Verurteilung im Prozeß.

---

386 BGH, BauR 1997, 335; auch OLG Hamm, BauR 1998, 345, 347.
387 OLG Düsseldorf, BauR 1974, 413.
388 BGH, BauR 1984, 510, 513.
389 BGH, NJW 1980, 2187.
390 BGH, BauR 1971, 60, 62.
391 BGH, NJW 1997, 2879 f.
392 So BGH, BauR 1971, 61.
393 So Staudinger-Weber, Vorbemerkung vor § 249 BGB Anm. 103; offengelassen: OLG Düsseldorf, BauR 1974, 413.
394 KG, BauR 1978, 410 f.; Staudinger-Peters, § 633 BGB, Rn. 117.
395 BGH, NJW 1962, 1909.
396 BGHZ 27, 248.
397 BGH, BauR 1984, 395.

Ein durch Herstellung erzielter Mehrwert ist im Zweifel in Geld auszugleichen.

Von Interesse sind noch folgende Einzelprobleme: **176**

> *Zeitpunkt der Berechnung* – Während für die Berechnung des Schadens grundsätzlich der Zeitpunkt der letzten mündlichen Verhandlung maßgeblich ist[398], kommt es für die Ermittlung der Sowieso-Kosten auf den Zeitpunkt und damit auf den Preisstand an, zu dem die Planungsleistung ordnungsgemäß hätte erbracht werden müssen[399].
>
> Bei einer Gebäudeverkehrswertminderung ist wie bei der Berechnung des Minderwertes und der Höhe der Nachbesserungskosten auf den Zeitpunkt abzustellen, in dem die vertragsgemäße Erfüllung geschuldet war[400].
>
> *Steuervorteile* – Diese sind ebenfalls grundsätzlich im Rahmen des Vorteilsausgleichs zu berücksichtigen. Allerdings muß tatsächlich auch eine Steuerersparnis zum Zeitpunkt der letzten mündlichen Verhandlung festgestellt werden. Dem Geschädigten ist nicht zumutbar, sich auf etwaige Berechnungsunsicherheiten einzulassen[401].
>
> *Beweislast* – Daß dem Geschädigten durch das Schadenereignis auch Vorteile erwachsen sind, muß der Schädiger beweisen[402] und zwar auch dann, wenn behauptet wird, daß infolge der Vorteilsausgleichung im Ergebnis kein Schaden entstanden sei. Für die Entstehung des Schadens ist dagegen der Geschädigte voll beweispflichtig.
>
> *Bausummenüberschreitung* – Zu den speziellen Problemen des Vorteilsausgleichs bei einer Bausummenüberschreitung siehe Rn. 343 f.

1.2 Gewährleistung für Mangelfolgeschäden

1.2.1 Abgrenzung zum Bauwerksmangel

Die Abgrenzung zwischen Bauwerksmängeln und Mangelfolgeschäden ist fließend. Taugliche abstrakte Kriterien gibt es nicht[403]. Die **177**

---

398 BGH, BauR 1997, 335.
399 BGH, BauR 1993, 722 f.
400 BGH, BauR 1995, 540 – für Minderwert Nachbesserungskosten.
401 BGH, BauR 1994, 776, 779.
402 BGH, BauR 1992, 758.
403 BGHZ 37, 341, 343; BGH, NJW 1991, 2418.

Rechtsprechung ist vielmehr kasuistisch. In jedem Einzelfall muß der enge und unmittelbare Zusammenhang zwischen Baumangel und Schaden geprüft werden[404]. Zu der Problematik, wie dieser enge Zusammenhang zu ermitteln ist, hat der BGH[405] auf die Notwendigkeit einer die Eigenart des jeweiligen Sachverhalts berücksichtigenden Begründung und Wertung verwiesen; wie auch sonst bei Generalklauseln kann sich im Verlauf der Rechtsprechung eine Typenbildung nach Tatbestandsgruppen ergeben. Entscheidend sei eine an dem Leistungsobjekt sowie der Schadenart orientierte *Güter- und Interessenabwägung*, die das Verjährungsrisiko für Mangelfolgeschäden angemessen zwischen Besteller und Werkunternehmer verteilt[406]. Die Schwäche der vom BGH entwickelten Formel liegt darin, daß sie zu viel Ermessensspielraum in der jeweiligen Entscheidung läßt und das Prozeßrisiko damit im Hinblick auf eine mögliche Verjährung des Schadenersatzanspruches nicht unbeträchtlich ist.

Güter- und Interessenabwägung

178 Im allgemeinen läßt sich aber folgende Abgrenzung vornehmen:

Nicht nur um einen Mangelschaden, der dem hergestellten Werk »unmittelbar« anhaftet, sondern um einem dem Besteller aus pVV – und § 823 BGB – zu ersetzenden Schaden handelt es sich, wenn andere Rechtsgüter des Auftraggebers im Zusammenhang mit dem Hinzutreten eines weiteren Ereignisses verletzt werden. Das ist in folgenden Fällen gegeben:

> ➢ Bei Aufwendungen wegen eindringenden Wassers aufgrund mangelhafter Bauleistungen (a. A. aber OLG München, BauR 1990, 736: § 635 BGB findet Anwendung bezüglich der Kosten der Beseitigung des durch auslaufendes Öl verunreinigten Erdreichs).
>
> ➢ Bei Schäden aufgrund eines Diebstahls, der durch eine mangelhafte Überwachungsanlage ermöglicht wurde (OLG Hamm, OLGR 1992, 98).
>
> ➢ Bei Schäden, die nur gelegentlich bei der Ausführung der vertraglichen Leistung entstehen. Das ist beispielsweise der Fall, wenn der Architekt dem Bauherrn die Baustelle zeigt, dieser in einen nicht abgedeckten Treppenschacht[407] stürzt und sich hierbei verletzt oder in den aufgrund eines Planungsfehlers mangelhaft isolierten Wohnräumen Möbel und Teppiche[408] verschimmeln.

---

404 BGH, BauR 1976, 354; BauR 1979, 321; BauR 1981, 482; OLG Düsseldorf, BauR 1975, 68.
405 BauR 1982, 489.
406 BGH, NJW 1976, 1502 f.
407 Schmalzl, Die Haftung des Architekten, Rn. 80.
408 Schmalzl, Die Haftung des Architekten, Rn. 80.

➢ Bei Brandschäden aufgrund mangelhafter Werkleistung an einem Haus, das nicht Gegenstand der Bauleistung war[409].

1.2.2 Voraussetzungen und Rechtsfolgen

So schwierig die Abgrenzung zwischen Bauwerksmängeln und Mangelfolgeschäden ist, um so bedeutsamer sind die Unterschiede in den Rechtsfolgen. Handelt es sich bei dem vom Architekten verursachten Schaden um einen entfernten Mangelfolgeschaden, so ergibt sich die Haftung aus positiver Vertragsverletzung des Architektenvertrages. Bei Ansprüchen aus positiver Vertragsverletzung (pVV) gilt nicht die kurze Verjährung des § 638 BGB und es müssen auch nicht die strengen Voraussetzungen des § 634 BGB beachtet werden (Aufforderung zur Nachbesserung unter Fristsetzung mit Ablehnungsandrohung). Besonders wichtig ist zudem, daß die Schadenersatzansprüche aus positiver Vertragsverletzung im Gegensatz zu den Ansprüchen aus § 635 BGB unter die allgemeine Haftpflicht- und Bauwesenversicherung fallen[410]. Da § 634 BGB nicht gilt, braucht der Bauherr dem Architekten keine Nachbesserungsmöglichkeit einzuräumen; auf der anderen Seite hat der Architekt aber auch kein Nachbesserungsrecht.

179 *positive Vertragsverletzung*

Voraussetzung für den Anspruch aus positiver Vertragsverletzung ist ein ursächlicher Zusammenhang zwischen dem Werkmangel und dem Schaden, ferner ein Verschulden des Architekten, wobei zum Verschulden die gleichen Voraussetzungen wie bei § 635 BGB gelten. Der Bauherr hat die haftungsbegründende Handlung des Architekten darzulegen und zu beweisen, die den Mangelfolgeschaden verursacht hat[411].

180

---

409 BGH, BauR 1982, 469.
410 BGH, NJW 1983, 1780; Eiselt/Trapp, NJW 1984, 899 f.
411 OLG Düsseldorf, OLGR 1998, 317 – zur Bausummenüberschreitung.

2 Haftung als Sachwalter

2.1 Voraussetzungen

Wegen des besonderen Vertrauens, das der Bauherr dem Architekten schon im Hinblick auf seine weitreichenden Funktionen entgegenbringen muß, wird der Architekt im Schrifttum und in der Rechtsprechung als Sachwalter des Bauherrn bezeichnet[412]. Je nach dem Umfang der übernommenen Vertragspflichten erwachsen dem Architekten weit gefächerte Beratungspflichten. Stets hat er dafür Sorge zu tragen, daß dem Bauherrn keine vermeidbaren wirtschaftlichen Nachteile entstehen. Je nach Auftragsumfang erstrecken sich die Beratungspflichten aber auch auf Finanzierungs- und Steuerfragen, auf Besonderheiten des sozialen Wohnungsbaus, auf die Geltendmachung von Mängelrügen gegenüber dem Bauunternehmer etc. Eine allgemeine Verpflichtung des Architekten, in jeder Hinsicht die Vermögensinteressen des Bauherrn wahrzunehmen und alle Möglichkeiten einer kostengünstigen Durchführung des Bauvorhabens auszuschöpfen, besteht allerdings nicht; der Architekt ist weder Vermögens- noch Steuerberater des Bauherrn[413]. Die Sachwalterfunktion bedeutet ferner nicht, daß der Architekt für das Bauvorhaben objektiv die bestmögliche Lösung liefern müsse[414]. Vielmehr erfüllt der Architekt seine Aufgabe schon dadurch, daß er einen nach vernünftiger Auffassung durchführbaren Plan fertig, der den wirtschaftlichen Vorstellungen des Bauherrn entspricht.

181

Der Bauherr kann keineswegs beliebig in die Planung des Architekten hineinfunken und von vornherein seinen privaten Geschmack, sei er noch so geschmackvoll, durchsetzen: Es entspricht dem Wesen des Architektenvertrages, daß der Architekt in der künstlerischen Gestaltung seiner Pläne grundsätzlich frei ist. Der Bauherr muß das respektieren. Er muß daher das Architektenwerk nach dem genehmigten Entwurf ausführen lassen. Allerdings kann der Bauherr diese grundsätzliche Gestaltungsfreiheit des Architekten vertraglich einengen; läßt sich der Architekt darauf ein, ist er auch an die Vorgabe des Bauherrn gebunden und muß sie umsetzen. Auch hat die künstlerische Gestaltungsfreiheit des Architekten, die diesem grundsätzlich zusteht, Grenzen. Der künstlerische Freiraum des Architekten gewährt ihm nicht das Recht, ästhetische Gestaltungsmöglichkeiten oder modische Entwicklungen, die weder in den vom Bauherrn ge-

182
künstlerische Gestaltungsfreiheit

---

412 Vgl. BGH, BauR 1978, 235; Schmalzl, Rn. 5 m. w. N.
413 BGH, BauR 1975, 434.
414 BGH, BauR 1973, 120.

2 Haftung als Sachwalter

nehmigten Entwürfen vorgesehen sind und auch nicht mit dem Bauherrn abgesprochen wurden, ohne dessen Erlaubnis auszuführen. Enthalten beispielsweise die vom Bauherrn genehmigten Entwürfe keine Angaben über die Farbgestaltung des Außenanstrichs und gibt es auch keine Vereinbarung (z. B. im Architektenvertrag), derzufolge der Architekt in allen Fragen der künstlerischen Gestaltung entscheidet, so ist der Bauherr befugt, den Außenanstrich nach seinen Wünschen zu wählen[415]. Ganz allgemein kann man sagen, daß der Architekt dem Bauherrn grundsätzlich nicht eine Form oder Gestaltung aufzwingen darf, die dieser ausdrücklich oder erkennbar nicht haben will. In jedem Einzelfall ist aber zu prüfen, ob der Architekt nicht ausnahmsweise doch seine Vorstellungen durchsetzen kann. Das ist beispielsweise der Fall, wenn der Bauherr nachweislich den Architekten beauftragt hat, weil dieser für eine bestimmte Stilrichtung steht. Wer einen Bauhaus-Architekten für die Planung auswählt, darf trotz aller Einschränkungen keinen Jugendstil erwarten. Dem Architekten

künstlerischer Freiraum ist kraft seines Berufes ein künstlerischer Freiraum zuzugestehen; dem widerspricht es, wenn der Bauherr von ihm fordert, daß der Architekt sklavisch seine Vorstellungen umsetzt[416].

2.2 Typische Pflichten des Architekten als Sachwalter

2.2.1 Auswahl der Sonderfachleute und Bauhandwerker

183 Mit seiner Beratung hinsichtlich der Auswahl der einzuschaltenden Sonderfachleute und Bauhandwerker hat der Architekt dem in der Regel unerfahrenen Auftraggeber alle sachdienlichen Entscheidungshilfen zur Verfügung zu stellen. Im Rahmen des Möglichen muß der Architekt Angaben zur Person und zur Leistungsfähigkeit der Sonderfachleute bzw. der Bauhandwerker sowie zum voraussichtlichen Umfang der von diesen zu erbringenden Leistungen und der hierfür aufgrund von Erfahrungswerten zu erwartenden Honorar- und Vergütungsansprüchen machen[417]. Zur Bereitstellung der erforderlichen Vertragsunterlagen ist der Architekt dagegen nicht verpflichtet[418]; es genügt, wenn der Architekt den Bauherrn auf die gängigen Vertragsmuster für Vertragsabschlüsse mit Sonderfachleuten und Bauhandwerkern hinweist[419].

---

415 BGH, BauR 1971, 135.
416 BGH, BauR 1975, 363; Herding/Schmalzl, S. 309 f. m. w. N.
417 Vgl. Locher/Koeble/Frik, § 15 Rn. 8; siehe auch Rn. 85.
418 Zu weitgehend: Hesse/Korbion/Mantscheff/Vygen, § 15 HOAI Rn. 34.
419 So zutreffend: Löffelmann/Fleischmann, Rn. 74.

2.2 Typische Pflichten des Architekten als Sachwalter

Insbesondere bei der Auswahl der Bauhandwerker ist es eine besonders verantwortungsvolle Aufgabe des Architekten, eingehende Angebote zu prüfen und zu werten, weil er mit seinem Urteil häufig den Ausschlag für die anschließenden Vertragsabschlüsse gibt. Nicht nur bei öffentlichen, sondern auch bei privaten Auftraggebern hat sich die Prüfung der Angebote an den Kriterien des § 23 VOB/A, die Wertung an denen des § 25 VOB/A zu orientieren, weil diese Vorschriften die Grundsätze für die sachgerechte Leistungserbringung dieser Sachwalterpflicht enthalten[420]. Wesentliche Bedeutung kommt der Aussage des § 25 VOB/A zu, daß nicht nur auf den Preis abzustellen oder besonders hervorzuheben ist, sondern »zunächst die Eignung des Bieters nach erforderlicher Fachkunde, Leistungsfähigkeit, Zuverlässigkeit, ausreichenden technischen und wirtschaftlichen Mitteln« zu prüfen ist. Erst die Gesamtbetrachtung von Preis und Qualität kann zeigen, welches Angebot für den Auftraggeber das günstigste ist.

184
wichtige Rolle: §§ 23, 25 VOB/A für Prüfung und Wertung

2.2.2 Belehrung über das Risiko bei der Verwendung neuartiger, nicht erprobter Baustoffe und Baukonstruktionen

Der Architekt darf in seiner Planung nur eine Konstruktion vorsehen, bei der er völlig sicher ist, daß sie den zu erstellenden Anforderungen genügt[421]; er hat grundsätzlich auch das beim Bau verwendete Material auf dessen Brauchbarkeit zu überprüfen und gegebenenfalls Bedenken gegenüber dem Bauherrn anzumelden. Allerdings ist die Verwendung von in der Praxis noch nicht bewährten Baustoffen nicht von vornherein ausgeschlossen; erforderlich ist nur, daß der Architekt das den Umständen nach ihm Zumutbare unternimmt, um zu klären, daß das ihm angebotene Material die für den Bau unerläßlichen Eigenschaften besitzt[422]. Entsprechendes gilt, wenn der planende Architekt feststellt, daß für eine spezielle Planung weder DIN-Normen noch technische Regeln oder Literatur existieren, die seine Planung in technischer Hinsicht stützen; auch hier muß der Architekt seinen Auftraggeber darüber aufklären, daß er außerhalb bautechnisch gesicherter Erkenntnisse plant[423]. Die Belehrungspflicht des Architekten hat aber Grenzen: Weist der Architekt den Bauherrn nachdrücklich auf die in einer bestimmten (meist kostengünstigeren) Konstruktion liegenden Risiken hin, besteht der Bauherr dann aber gleichwohl auf dieser

185

Risiken: Beratungspflicht

---

420 Ebenso: Hesse/Korbion/Mantscheff/Vygen, § 15 HOAI Rn. 140; Löffelmann/Fleischmann, Rn. 359.
421 OLG Hamm, BauR 1997, 886.
422 BGH, BauR 1976, 66; siehe auch Rn. 16 f., 263 f.
423 OLG Saarbrücken, NJW-RR 1998, 93.

Ausführung des Bauvorhabens, sind die nachteiligen Folgen nicht auf den Architekten abzuwälzen[424].

2.2.3 Vorverhandlungen mit Behörden über die Genehmigungsfähigkeit

186
Bauvoranfrage
In Vorverhandlungen mit Behörden muß der Architekt schon in einem sehr frühen Planungsstadium in Erfahrung bringen, ob das in Aussicht genommene Bauvorhaben zumindest eine Genehmigungschance hat. Weisen die Vorverhandlungen mit den Behörden auf erhebliche Genehmigungsrisiken hin, ist der Architekt verpflichtet, den Bauherrn auf die Zweckmäßigkeit einer Bauvoranfrage hinzuweisen. Gegenstand einer Bauvoranfrage können Einzelfragen bauplanungs- und/oder bauordnungsrechtlicher Art sein. Anders als eine bloße Meinungsäußerung der Behörde – wie sie bei normaler Vorverhandlung mit der Behörde zu erzielen ist – hat der Bauvorbescheid bindende Wirkung; z. B. ist eine im Bauvorbescheid erteilte Ausnahme oder Befreiung für das Baugenehmigungsverfahren ebenso bindend wie eine Aussage über Art und Weise der Bebauung. Klärt der Architekt den Bauherrn nicht über die Möglichkeit und eventuell die Erforderlichkeit der Bauvoranfrage auf und wird später keine Baugenehmigung erteilt, so sind seine Planungsleistungen mit Wirkung ab der theoretisch möglichen Bauvoranfrage nicht nur für den Bauherrn unbrauchbar, sondern er kann auch Schadenersatz von dem Architekten verlangen (z. B. wegen angefallener Finanzierungskosten, der Kosten eingeschalteter Fachingenieure etc.)[425].

2.2.4 Beratungspflicht hinsichtlich der Kosten

187
Kostenrahmen abstecken
Schon im Rahmen der Vorplanung ist der Architekt verpflichtet, den Kostenrahmen abzuklären, also zu hinterfragen, welche wirtschaftlichen Möglichkeiten der Bauherr hat bzw. in welchem Umfang er wirtschaftliche Mittel für das Bauvorhaben einsetzen will. Geschieht das nicht und plant der Architekt im Zuge der weiteren Planungsleistungen an den wirtschaftlichen Mitteln, die dem Bauherrn zur Verfügung stehen, vorbei, kann er seinen Honoraranspruch verlieren[426]. Die Beratungspflicht erfaßt aber auch die Verpflichtung des Architekten, auf drohende Kostenüberschreitung durch Sonderwünsche des Bauherrn hinzuweisen[427]. Die Hinweis- und Warnpflicht des Architekten entfällt allerdings, wenn sich die Verteuerung für den Bau-

---

424 BGH, BauR 1981, 76.
425 OLG Düsseldorf, BauR 1986, 469.
426 OLG Hamm, BauR 1987, 464.
427 Werner/Pastor, Rn. 1794.

herrn erkennbar bereits aus den Gesamtumständen ergibt[428]. Ist eine im Einzelfall gebotene Aufklärung durch Hinweise oder Warnungen unterblieben, haftet der Architekt. Etwas anderes gilt nur ausnahmsweise dann, wenn er dartun und beweisen kann, daß der Bauherr trotz einer entsprechenden Aufklärung weitergebaut und nicht auf die Sonder- und Änderungswünsche verzichtet hätte[429].

2.2.5 Berücksichtigung steuerlicher Fragen bei der Planung

Zwar ist der Architekt grundsätzlich nicht verpflichtet, zur Erlangung oder Erhaltung von Steuervorteilen ohne besonderen Auftrag zu beraten[430]. Andererseits kann der Architekt durchaus verpflichtet sein, auch steuerliche Aspekte bei seiner Planung zu berücksichtigen. Das gilt immer dann, wenn der Architekt weiß, daß der Bauherr eine steuerliche Vergünstigung in Anspruch nehmen will, welche nur bei Einhaltung bestimmter Baumaßnahmen gewährt wird. In einem solchen Fall muß der Architekt in seiner Planung und bei der Bauausführung dafür sorgen und darauf achten, daß die Voraussetzungen für die steuerlichen Vergünstigungen gegeben sind[431].

188

2.2.6 Berücksichtigung der vom Bauherrn vorgesehenen Nutzung in technischer und rechtlicher Hinsicht

Es ist eine Sachwalterpflicht des Architekten, in seiner Planung die vom Bauherrn gewünschte Nutzung in technischer und rechtlicher Hinsicht zu gewährleisten. Umfaßt der Architektenauftrag die Vorgabe, eine Garage zu planen, so muß diese z. B. der Fläche nach auch als Garage nutzbar sein[432]. Ist eine vom Bauherrn gewünschte Nutzung aus rechtlicher Sicht nicht möglich, muß der Architekt – wenn dies für ihn erkennbar war – auch insoweit beraten. Auch wenn der Architekt kein »Bauanwalt« ist, obliegt ihm durchaus auch eine rechtsbesorgende Tätigkeit. Er muß die einschlägigen öffentlich-rechtlichen Bestimmungen, die Grundzüge des Werkvertragsrechts des BGB- und des VOB-Rechts ebenso kennen wie die einschlägigen nachbarrechtlichen Bestimmungen[433].

189

auch geschuldet: rechtsbesorgende Tätigkeit in gewissem Umfang

---

428 OLG Köln, NJW-RR 1993, 986.
429 So z. B. Locher, Rn. 280; Werner/Rastor, Rn. 1794; ausführlich Rn. 339 f.
430 BGH, NJW 1973, 237.
431 BGH, BauR 1972, 120; OLG Köln, BauR 1993, 756; OLG Düsseldorf, BauR 1990, 493.
432 BGH, NJW 1962, 1764; auch BGH, MDR 1971, 1271 – Nutzung eines Gebäudes als Lagerhalle.
433 Vgl. Locher/Koeble/Frik, Einl. 77 f; ausführlich Rn. 265 f.

2.2.7 Berücksichtigung von Nachbarrechtsverhältnissen

190 Auch insoweit ist darauf hinzuweisen, daß der Architekt durchaus eine rechtsbesorgende Tätigkeit schuldet. Er muß die einschlägigen öffentlich-rechtlichen Bestimmungen kennen und daher auch auf Nachbarrechtsverhältnisse und die öffentlich-rechtlichen Auswirkungen (z. B. Abstandsflächen) hinweisen. Bei komplizierten Rechtsfragen genügt es aber sicher, wenn der Architekt dem Bauherrn den Rat erteilt, einen Fachmann (Rechtsanwalt) aufzusuchen[434].

2.2.8 Beratung des Bauherrn vor und nach der Abnahme

191 Der Architekt ist vor der Abnahme zur Prüfung der Leistungen auf
Stichproben Mangelhaftigkeit bzw. der gelieferten Baustoffe auf Fehlerhaftigkeit verpflichtet[435]. Letzteres bedeutet nicht, daß der mit der Objektüberwachung beauftragte Architekt jede Materialanlieferung überprüfen muß. Vor allem bei ihm als zuverlässig und sachkundig bekannten Bauunternehmen bzw. Lieferanten kann sich der Architekt auf Stichproben beschränken.

192 So muß er beispielsweise zerkratzte Thermopane-Scheiben zurückweisen oder schadhafte Natursteinplatten beanstanden. Er muß jedoch nicht von einer renommierten Firma gelieferte Kleber ohne besondere Veranlassung überprüfen oder die Feuchte des Holzes, das für eine Dachkonstruktion verwendet wird, mit Geräten untersuchen, die nur Spezialinstituten zur Verfügung stehen[436].

193 Neben der tatsächlichen Verpflichtung zur Abnahme trägt der Architekt Pflichten auch in bezug auf die rechtsgeschäftliche Abnahme[437]. Der Architekt muß den Bauherrn zunächst darüber beraten, wann die Abnahmewirkung nach den Vereinbarungen mit den am Bau Beteiligten im konkreten Fall eintritt. Ferner muß er den Bauherrn über die Folgen der Abnahme aufklären. Er hat dem Bauherrn mitzuteilen, daß dieser bereits vor der Abnahme aufgetretene und bekannte Mängel bei der Abnahme vorbehalten muß.

194 Gleiches gilt hinsichtlich einer etwa verwirkten Vertragsstrafe. Der Architekt ist zwar nicht verpflichtet, die Vertragsstrafe selbst vorzubehalten; so weit reicht seine normale Vollmacht auch nicht aus. Er muß dem Bauherrn jedoch mitteilen, daß der Vertragsstrafevorbehalt

---

434 Ausführlich: Rn. 265 f.
435 BGH, Schäfer/Finnern, Z 3.01 Bl. 156.
436 Vgl. Locher/Koeble/Frik, § 15 Rn. 218; vgl. auch Rn. 76 f.
437 Vgl. Koeble, DAB 1990, 83.

bei der Abnahme erklärt werden muß, anderenfalls Vertragsstrafenansprüche verwirkt sind[438].

Nach erfolgter Abnahme kann sich der Architekt schadenersatzpflichtig machen, wenn er den Bauherrn bei mangelhaften und nicht fristgerecht nachgebesserten Leistungen nicht auf die Voraussetzungen einer Ersatzvornahme hinweist (beim BGB-Bauvertrag z. B. Fristsetzung mit Ablehnungsandrohung, § 634 BGB). 195

Auch muß er den Bauherrn über dessen Zurückbehaltungsrecht hinsichtlich der Vergütung bei dem Vorliegen von Mängeln nach der Abnahme hinweisen[439]. 196

2.2.9 Maßnahmen zur Durchsetzung von Mängelbeseitigungsansprüchen

Der Architekt hat nicht nur die Auftraggeberrechte gegenüber den Bauunternehmern im Rahmen der ihm übertragenen Objektüberwachung zu wahren; ihm obliegt auch die objektive Klärung der Mängelursachen, selbst wenn hierzu eigene Planungs- oder Aufsichtsfehler gehören[440]. Er schuldet die unverzügliche und umfassende Aufklärung der Ursachen sichtbar gewordener Baumängel sowie die sachkundige Unterrichtung des Bauherrn vom Ergebnis der Untersuchung und von der sich daraus ergebenden Rechtslage[441]. 197

Der Architekt ist darüber hinaus verpflichtet, den betreffenden am Bau Beteiligten, der den Mangel verursacht hat, zur Mängelbeseitigung aufzufordern. Wird diese Aufforderung nicht beachtet, so muß der Architekt Rücksprache mit seinem Auftraggeber halten und ihn umfassend über die technischen Gegebenheiten und Möglichkeiten unterrichten. 198

Ende der Pflicht: mit fortschreitender Beratung und schriftlicher Aufforderung zur Nachbesserung

Es ist jedoch nicht Aufgabe des Architekten, die rechtlichen Möglichkeiten vorzuschlagen oder gar selbst rechtsgeschäftliche Erklärungen gegenüber den am Bau Beteiligten abzugeben, etwa eine Fristsetzung mit Ablehnungsandrohung vorzunehmen oder Kündigungserklärungen auszusprechen[442]. 199

Ebensowenig darf der Architekt Aufträge an andere Handwerker bzw. Unternehmer erteilen. Das muß der Architekt vielmehr mit dem Bauherrn abstimmen. 200

---

438 BGH, BauR 1979, 345.
439 Vgl. Löffelmann/Fleischmann, Rn. 584 f.
440 BGH, BauR 1986, 112.
441 BGH, BauR 1985, 97.
442 Vgl. dazu Locher/Koeble/Frik, § 15 Rn. 214.

201 Bezüglich einer erforderlichen Ersatzvornahme durch ein Drittunternehmen endet die Pflicht des Architekten in der sachgerechten Vorbereitung der Ersatzvornahme, beispielsweise durch Anfertigung eines Leistungsverzeichnisses.

2.2.10 Rechnungsprüfung: Abschlagsrechnungen, Schlußrechnungen, Nachträge

202 Es ist Sachwalterpflicht des Architekten, à-Konto- und Schlußrechnungen des Unternehmers insbesondere darauf zu überprüfen, ob die eingesetzten Preise mit den vereinbarten übereinstimmen, die eingesetzten Mengen mit den ausgeführten bzw. denen des Aufmaßes im Einklang stehen, zusätzlich berechnete Leistungen nicht bereits vom Hauptauftrag erfaßt sind[443] und Sonderkonditionen wie Rabatte, Skonti usw. berücksichtigt wurden[444].

203 Zum Streit zwischen Bauherrn und Architekten kommt es oftmals im Zusammenhang mit der Frage, welche Prüfungspflichten der Architekt bei Nachträgen des Unternehmers schuldet; Bauherrn verlangen vom Architekten, daß er entscheidet, ob Nachträge berechtigt sind oder nicht. Das geschieht indes zu Unrecht: Bei Nachträgen gilt hinsichtlich der Prüfungspflichten im Prinzip das gleiche wie zum Umfang der Prüfungspflicht bei Abschlags- und Schlußrechnungen. Das heißt, der Architekt braucht Nachträge nur fachtechnisch und rechnerisch zu überprüfen. Im Rahmen der fachtechnischen Überprüfung muß er durch Vergleich des Auftragsleistungsverzeichnisses mit den Positionen des Nachtrags abgleichen, ob die im Nachtrag aufgeführten Leistungen bereits vom Auftrag umfaßt sind; ferner muß der Architekt die im Nachtrag angebotenen oder mit dem Nachtrag abgerechneten Preise dahingehend überprüfen, ob sie den Grundlagen der Preisermittlung für die vertragliche Leistung und den besonderen Kosten der geforderten Leistung entsprechen. Schwierige Auslegungsfragen oder komplizierte rechtliche Wertungen zum Auftragsumfang, wie sie bei Vereinbarung eines Pauschalpreisvertrages auftreten können, schuldet der Architekt dagegen nicht. Er ist nicht Rechtsberater des Bauherrn[445]. Allerdings wird in diesen Fällen vom Architekten zu verlangen sein, daß er die Grenzen seiner eigenen Erkenntnisfähigkeit erkennt und den Bauherrn auf die Notwendigkeit der Einschaltung eines Rechtsanwalts hinweist[446].

nicht geschuldet: rechtliche Wertungen bei schwierigen Auslegungsfragen

Hinweis auf Grenzen der Erkenntnisfähigkeit

---

443 BGH, BauR 1982, 185; BauR 1981, 482.
444 Vgl. Werner/Pastor, Rn. 1509.
445 Zum Pauschalpreisvertrag vgl. auch Leinemann, Rn. 34, 101, 108, 164, und ausführlich Putzier, Rn. 2 ff., 17 ff.
446 Rn. 271 ff.

Vor einer Inanspruchnahme des Architekten wegen fehlerhafter Rechnungsprüfung ist grundsätzlich eine Aufforderung zur Mängelbeseitigung unter Fristsetzung erforderlich[447], weil es sich insoweit um eine Verletzung einer vertraglichen Hauptpflicht handelt und der Mangel – jedenfalls wenn er vom Bauherrn entdeckt wird – nachbesserungsfähig ist. Etwas anderes gilt natürlich, wenn der Bauherr den Mangel nicht entdeckt und auszahlt, bevor sich die Rechnung als unzutreffend erweist.

204
Voraussetzung: Fristsetzung mit Ablehnungsandrohung

---

447 OLG Düsseldorf, BauR 1973, 255.

3 Haftung gegenüber Dritten

3.1 Vertrag mit Schutzwirkung zugunsten Dritter

In der Rechtsprechung und Lehre ist heute anerkannt, daß auch dritte, an einem Vertrag nicht unmittelbar beteiligte Personen, in den Schutzbereich des Vertrages einbezogen werden können[448]. Der Schuldner ist dem Dritten in einem solchen Fall zwar nicht zur Leistung, wohl aber unter Umständen zum Schadenersatz verpflichtet. Der geschädigte Dritte kann seine Schadenersatzansprüche aus dem Gesichtspunkt der positiven Vertragsverletzung geltend machen. Das hat gegenüber dem deliktischen Anspruch nach § 823 BGB den Vorteil, daß der Schädiger sich nicht exkulpieren kann (§ 831 BGB), sondern die günstigen Normen (§§ 278, 282 BGB) Anwendung finden.   **205**

Auch hinsichtlich der Verjährung ist die Rechtsposition des geschädigten Dritten erheblich besser. Bei der Haftung nach Delikt gilt eine Verjährungsfrist von drei Jahren (§ 832 BGB), wohingegen auf einen Vertrag mit Schutzwirkung zugunsten Dritter uneingeschränkt die 30jährige Verjährungsfrist nach § 195 BGB Anwendung findet[449].   **206**

Ein Vertrag mit Schutzwirkung zugunsten Dritter wird angenommen, wenn die Auslegung des Vertrages zwischen dem Schuldner und dem Gläubiger ergibt, daß nach Sinn und Zweck und nach Treu und Glauben der Gläubiger den Dritten in die ihm dem Schuldner gegenüber obliegende Schutzpflicht einbeziehen wollte, weil er für dessen »Wohl und Wehe« verantwortlich ist und wenn dieses Interesse des Gläubigers dem Schuldner erkennbar oder gar bekannt war[450]. Diese Voraussetzungen liegen in der Regel vor, wenn sich aus den Umständen des Falles konkrete Anhaltspunkte für einen auf den Schutz des Dritten gerichteten Parteiwillen ergeben; denn es steht den Parteien frei, ausdrücklich oder stillschweigend den Schutzbereich des Vertrages auch auf Dritte zu erstrecken[451].   **207** *Voraussetzungen*

Der klassische Fall der Haftung des Architekten aus dem Gesichtspunkt des Vertrages mit Schutzwirkung für Dritte ist der Gutachterauftrag. Der Gutachterauftrag hat Schutzwirkung für diejenigen Dritten, die für den Architekten erkennbar mit dem Gutachten ge-   **208** *Gutachterauftrag*

---

448 BGHZ 49, 450, 453; Werner/Pastor, Rn. 1742.
449 OLG Düsseldorf, Schäfer/Finnern, Z 5.1 Bl. 31.
450 BGH, NJW 1971, 1931 f.; BGH, VersR 1975, 522; BGH, NJW 1959, 1676; BGH, NJW 1964, 33; BGH, NJW 1965, 1757 und 1955; BGH, NJW-RR 1986, 484; BGH, NJW 1996, 2927.
451 BGH, BauR 1985, 571 f.

schäftlich in Kontakt kommen und es zur Grundlage eigener Entscheidungen machen könnten[452]. Mangels gegenteiliger Erklärungen des Bauherrn muß der Architekt damit rechnen, daß ein Verkehrswertgutachten auch als Finanzierungsgrundlage verwendet, zu diesem Zweck Kreditinstituten vorgelegt und von diesen zur Grundlage einer Darlehensgewährung gemacht wird[453]. Kreditinstitute sind selbst dann in den Schutzbereich eines Verkehrswertgutachtens einbezogen, wenn das Gutachten vor einem Grundstückskauf eingeholt wurde und zunächst für die Kaufentscheidung von Bedeutung sein sollte[454]. Unerheblich ist, ob das später eingeschaltete Kreditinstitut dem Architekten bekannt oder vom Bauherrn im Zeitpunkt der Beauftragung des Gutachtens überhaupt schon ausgewählt war[455].

209 Erweist sich im nachhinein die Bewertung des Grundstücks durch den Architekten als überhöht und entsteht dem Kreditgeber hierdurch ein wirtschaftlicher Schaden, z. B. bei einer Zwangsversteigerung nicht alle zur Kreditsicherung eingetragenen Grundpfandrechte realisieren zu können, hat der Architekt den Schaden auszugleichen.

210
Mitverschulden
Allerdings muß sich das Kreditinstitut ein Mitverschulden des Bauherrn an der Fehlerhaftigkeit des Gutachtens z. B. wegen unrichtiger Angaben gegenüber dem Architekten nach dem Rechtsgedanken der §§ 334, 846 BGB anrechnen lassen[456]. Die Anrechnung eines Mitverschuldens beschränkt sich aber auf den vertraglichen Ersatzanspruch (Vertrag mit Schutzwirkung zugunsten Dritter) und gilt nicht für Ansprüche aus Delikt[457].

211 Zu dem geschützten Personenkreis bei fehlerhaftem Wertgutachten zählen u. a.:

- ➢ der Kreditgeber (BGH, BauR 1998, 189; BGH, ZfBR 1982, 159; BGH, BauR 1984, 189; BGH, ZfBR 1985, 121)

- ➢ der Käufer (BGH, ZfBR 1995, 75)

- ➢ der Bürge (BGH, BauR 1998, 189; auch OLG Hamm, OLGR 1992, 323)

- ➢ Erwerber im Bauherrenmodell (LG Kaiserslautern, Schäfer/Finnern/Hochstein, Nr. 4 zu § 328 BGB – zur Haftung des Architekten, der als Sachverständiger mit der Zwischen- und Schlußabnahme der Wohnung beauftragt wird).

---

452 OLG Frankfurt, NJW-RR 1989, 337 f.; BGH, NJW 1987, 1758 f.; OLG Hamm, NJW-RR 1989, 600.
453 OLG Frankfurt, NJW-RR 1989, 337 f.
454 OLG Frankfurt, NJW-RR 1989, 337 f.
455 OLG Frankfurt, NJW-RR 1989, 338.
456 BGH, NJW 1965, 1757.
457 BGH, NJW 1985, 1077.

3.2 Ansprüche aus unerlaubter Handlung

3.2.1 Voraussetzungen

Nicht nur gegenüber dem Bauherrn, sondern auch gegenüber Dritten 212
haftet der Architekt aus § 823 Abs. 1 BGB, wenn infolge der Planung
von dem Bauwerk ausgehende Gefahren zu einer Schädigung geführt
haben. Der BGH hat hierzu in seiner Grundsatzentscheidung vom
28.10.1986[458] ausgeführt:

> »Denn nach ständiger Rechtsprechung ist derjenige, der eine *Gefahrenlage*
> Gefahrenlage schafft und in der Lage ist, ihr abzuhelfen, grundsätzlich auch verpflichtet, die nötigen Vorkehrungen zu treffen,
> um eine Schädigung anderer möglichst zu verhindern. Deshalb
> kann ein Architekt aus unerlaubter Handlung für Körper und
> Sachschäden einzustehen haben, die auf seinem Planungs- oder
> Aufsichtsfehler beruhen, wie z. B. für Schäden durch das Herabstürzen einer mangelhaft erstellten Dachkonstruktion oder Decke; gleiches gilt für Schäden durch ungesicherte Glaswände oder
> für die Folgen eines Sturzes auf einer fehlerhaft konstruierten
> Wendeltreppe. In diesen Fällen findet die deliktische Haftung
> des Architekten ihre innere Rechtfertigung in dem von ihm mit
> verursachten gefahrbringenden Zustand des von dem Bauherrn
> dem Verkehr zugänglich gemachten Gebäudes, das heißt in dem
> Umstand, daß sich infolge mangelhafter Architektenleistungen
> unmittelbar aus dem Bauwerk selbst Gefahren für die Schutzgüter dritter Personen ergeben haben.«

Nach diesen Grundsätzen hat der BGH[459] einem Mieter, der in einem
Einkaufszentrum ein Möbelgeschäft eingerichtet hatte, einen deliktischen Schadenersatzanspruch zugebilligt für Schäden, die an Ausstellungsstücken entstanden waren, weil infolge eines Planungsfehlers
bei starken Niederschlägen Regenwasser in die Räume eingedrungen
war.

Ferner haftet der Architekt Dritten gegenüber aus § 823 Abs. 1 BGB, 213
wenn er im Rahmen seiner Objektüberwachung die allgemeinen Verkehrssicherungspflichten verletzt und dies zur Schädigung Dritter *Verkehrssicherungs-*
führt. *pflicht*

Zudem können Grundstücksnachbarn einen Schadenersatzanspruch 214
gegen den Architekten nach § 823 Abs. 2 BGB i. V. m. § 909 BGB

---

458 BGH, BauR 1987, 118.
459 BauR 1987, 116 f.

haben. Das kann z. B. bei unzulässigen Vertiefungen, die der Architekt plant oder überwacht, der Fall sein[460].

Grundsätzlich müssen folgende Haftungsvoraussetzungen gegeben sein:

> Der Architekt muß durch seine Planung oder die Objektüberwachung ursächlich die Verletzung eines Schutzgesetzes nach § 823 Abs. 2 BGB begangen haben.

> Der Geschädigte muß Dritter sein. Das ist der Fall, wenn er nicht in einem Vertragsverhältnis zu dem Architekten steht.

> Der Architekt muß gerade eine dem Dritten gegenüber bestehende Verkehrssicherungspflicht verletzt haben. In der Rechtsprechung und der Literatur[461] wird die Verkehrssicherungspflicht des Architekten nicht einheitlich behandelt. Dies beruht vor allem darauf, daß der Architekt weder auf der Baustelle den Verkehr eröffnet noch dort die unmittelbare (tatsächliche) Verfügungsgewalt hat. Die HOAI trifft keine Regelungen zur Verkehrssicherungspflicht – sie ist lediglich Honorarordnung.

215 Einig ist man sich darin, daß der Architekt in der Regel nicht verkehrssicherungspflichtig ist, wenn ihm nur die Planbearbeitung und die Oberleitung übertragen wurde[462].
bei Planung

216 Es gibt jedoch Ausnahmen.

> Auch der nur planende Architekt kann beispielsweise verkehrssicherungspflichtig werden, wenn er auf der Baustelle für Dritte gefährliche Maßnahmen anordnet[463].

> Darüber hinaus ist ein Architekt verkehrssicherungspflichtig, wenn von seiner Planung erkennbar Gefahren ausgehen, er gleichwohl diesen nicht vorbeugt oder sie abwehrt[464].

> Automatisch wächst dem Architekten eine Verkehrssicherungspflicht zu, wenn er als verantwortlicher Bauleiter i. S. d. Landesbauordnung tätig wird[465].
bei Objektüberwachung als verantwortlicher Bauleiter

> Auch der mit der Objektüberwachung nach § 15 HOAI betraute Architekt ist verpflichtet, die konkret erkannten Ge-

---

460 BGH, BauR 1987, 717.
461 Vgl. Schmalzl, NJW 1977, 2041 f.; Schmalzl, Haftung, Rn. 96 f.; Siegburg, S. 14 f.
462 Werner/Pastor, Rn. 1859.
463 Zutreffend: Schmalzl, BauR 1981, 505, 508.
464 OLG Frankfurt, BauR 1997, 330, 332.
465 BGH, BauR 1984, 77; OLG Karlsruhe, BauR 1997, 675; OLG Köln, MDR 1994, 687.

fahren auf der Baustelle zu beseitigen[466]. Diese Pflicht endet für den Architekten erst, wenn er seine Pflicht aus der Leistungsphase 9 auf der Baustelle wahrgenommen hat[467].

Das gilt vor allem auch im Verhältnis zu Dritten[468]. Prinzipiell trifft den Architekten nicht nur gegenüber dem Bauherrn, sondern auch gegenüber dritten Personen, die bestimmungsgemäß mit dem Bauwerk in Berührung kommen, deliktisch die Verkehrssicherungspflicht, etwaigen Gefahren, die von dem Bauwerk für Gesundheit und Eigentum ausgehen, vorzubeugen und sie gegebenenfalls abzuwehren. Denn nach ständiger Rechtsprechung ist derjenige, der eine Gefahrenlage schafft und in der Lage ist, ihr abzuhelfen, grundsätzlich auch verpflichtet, die nötigen Vorkehrungen zu treffen, um die Schädigung anderer möglichst zu verhindern[469]. 217

Die allgemeine Rechtspflicht, im Verkehr Rücksicht auf die Gefährdung anderer zu nehmen, beruht auf dem Gedanken, daß jeder, der Gefahrenquellen schafft, die notwendigen Vorkehrungen zum Schutze Dritter zu treffen hat. Sie besteht neben den Verpflichtungen, die vielfach durch vertragliche Schutzpflichten oder Schutzgesetze auferlegt werden. Da eine Verkehrssicherung, die jeden Unfall ausschließt, nicht erreichbar ist, muß nicht für alle denkbaren entfernten Möglichkeiten eines Schadeneintritts Vorsorge getroffen werden. Vielmehr sind nur diejenigen Maßnahmen zu treffen, die nach den Sicherheitserwartungen des jeweiligen Verkehrs[470] und unter Berücksichtigung des wirtschaftlich Zumutbaren geeignet sind, Gefahren von Dritten abzuwenden, die bei bestimmungsgemäßer oder bei nicht ganz fern liegender bestimmungswidriger Benutzung drohen[471]. Haftungsbegründend wird eine Gefahr erst, wenn sich die naheliegende Möglichkeit ergibt, daß Rechtsgüter anderer verletzt werden können[472]. 218

In erster Linie ist allerdings der Unternehmer verkehrssicherungspflichtig: Er hat für die Sicherheit der Baustelle zu sorgen, die Unfallverhütungsvorschriften wenden sich nur an ihn[473]. 219

Selbst verkehrssicherungspflichtig wird der mit der örtlichen Bauaufsicht beauftragte Architekt indessen, wenn Anhaltspunkte dafür vorliegen, daß der Unternehmer in dieser Hinsicht nicht genügend sachkundig oder zuverlässig ist, wenn er Gefahrenquellen erkannt hat 220

---

466 BGH, BauR 1984, 77; OLG Nürnberg, ZfBR 1996, 43 = BauR 1996, 135; OLG Hamm, BauR 1992, 658, 660; OLG Frankfurt, BauR 1998, 152; OLG Düsseldorf, BauR 1996, 731.
467 Neuenfeld, BauR 1981, 436, 445.
468 BGH, BauR 1987, 116 f.
469 BGH, NJW 1985, 1773 f.; BauR 1987, 116 f.
470 BGH, NJW 1985, 1076.
471 BGH, NJW 1978, 1629.
472 BGH, VersR 1975, 812.
473 BGH, VersR 1956, 31; BGH, VersR 1956, 358, 360.

oder wenn er diese bei gewissenhafter Beobachtung der ihm obliegenden Sorgfalt hätte erkennen können. Der mit der Objektüberwachung beauftragte Architekt muß also gewisse Gefahren bemerken; er darf seine Augen nicht verschließen, um auf diese Weise jeglichem Haftungsrisiko aus dem Wege zu gehen. Diese Wahrnehmungspflicht des Architekten besteht jedoch nur, wo es um die Einhaltung der für die Herstellung des Bauwerks maßgeblichen technischen Regeln und behördlichen Vorschriften geht. Dazu können auch Unfallverhütungsvorschriften gehören, nämlich insoweit, als sie der Sache nach zu den Regeln der Baukunst zählen[474].

221 Die Verkehrssicherungspflicht wird gesetzlich beispielsweise durch § 909 BGB konkretisiert. Der BGH hat dazu im Urteil vom 10.07.1987[475] ausgeführt:

unzulässige Vertiefungen

»Das Verbot der unzulässigen Vertiefung richtet sich nicht nur an den Eigentümer oder Benutzer des vertieften Grundstückes. § 909 BGB gilt vielmehr für jeden, der ein Grundstück vertieft oder daran mitwirkt, somit auch für den vom Bauherrn mit der Bauplanung und Bauleitung beauftragten Architekten. Aufgrund seiner Fachkenntnisse trägt dieser in besonderem Maße Verantwortung dafür, daß die nachbarrechtlichen Verpflichtungen aus § 909 BGB eingehalten werden. ... Nach der Rechtsprechung des Senats erfordert eine Vertiefung i. S. v. § 909 BGB nicht die Herausnahme von Bodensubstanz;

... wesentlich ist nur, ob auf das Grundstück so eingewirkt wird, daß hierdurch der Boden des Nachbargrundstücks in der Senkrechten den Halt verliert oder daß die unteren Bodenschichten im waagerechten Verlauf beeinträchtigt werden. ... Die Veränderung des Bodenniveaus auf dem Nachbargrundstück durch Pressung des Untergrundes infolge des Eigengewichts eines Neubaus reicht für eine Vertiefung i. S. v. § 909 BGB aus.«

222 *Ein Verschulden des Architekten* liegt vor, wenn ihm gemäß § 276 BGB entweder Vorsatz oder Fahrlässigkeit vorzuwerfen ist. Vorsatz ist das Wissen und Wollen des rechtswidrigen Erfolgs. In der Praxis wird man dem Architekten allerdings regelmäßig nur Fahrlässigkeit vorzuwerfen haben. Nach § 276 BGB handelt fahrlässig, wer die im Verkehr erforderliche Sorgfalt außer acht läßt.

---

474 BGH, VersR 1962, 358, 360.
475 NJW 1987, 2808 f. = BauR 1987, 717.

3.2.2 Darlegungs- und Beweislast

Der geschädigte Dritte muß den Planungsfehler und dessen Ursächlichkeit für den Schaden und ebenso die Verletzung der Objektüberwachungspflicht und deren Ursächlichkeit für den Schaden darlegen und beweisen[476].   223

Für den Beweis der Kausalität kann eine Beweiserleichterung nach den Grundsätzen des Anscheinsbeweises eingreifen: Steht ein Sachverhalt fest, der nach der Lebenserfahrung auf einen bestimmten Geschehensablauf hinweist (typischer Geschehensablauf), ist von diesem auszugehen, solange der Architekt nicht Tatsachen behauptet und beweist, aus denen sich die ernsthafte Möglichkeit eines anderen Geschehensablaufs ergibt [477]. So spricht ein Beweis des ersten Anscheins für die Ursächlichkeit eines festgestellten Fehlers für eine zutage getretene Mangelerscheinung, z. B. für die Verwendung von Teerpappe als Grund für Parkettverfärbungen, weil Teerpappe bekanntermaßen das Risiko von Verfärbungen in sich birgt[478], oder für die Ursächlichkeit mangelhafter Isolierungen für Feuchtigkeitsschäden in diesem Bereich. Die Grundsätze des Anscheinsbeweises sind aber nur anzuwenden, wenn der Dritte darlegen und beweisen konnte, daß ein Planungsfehler vorliegt. Beruht hingegen der Mangel des Bauwerkes lediglich auf einer Pflichtverletzung im Rahmen der Objektüberwachung, muß der geschädigte Dritte den Vollbeweis erbringen. Denn Ausführungsfehler sind nicht typischerweise auch Aufsichtsfehler[479].   224   *typischer Geschehensablauf*

Hat der Dritte die objektiven Haftungsvoraussetzungen dargelegt, muß er bei dem deliktischen Schadensersatzanspruch auch das Verschulden beweisen[480].   225

---

476 Für alle: Werner/Pastor, Rn. 1839 f.
477 Palandt-Heinrichs, 56. Auflage, Vorbemerkung § 249 Rn. 164.
478 BGH, BauR 1975, 346.
479 Bindhardt/Jagenburg, § 4 Rn. 15.
480 Bei Schadensersatzansprüchen nach § 635 BGB muß hingegen der Architekt analog § 282 BGB das vermutete Verschulden widerlegen; OLG München, NJW-RR 88, 348 m. w. N.

4 Verjährungsfristen

4.1 Verjährungsfrist für werkvertragliche Gewährleistungspflichten

4.1.1 Dauer der Verjährungsfrist

Sofern zwischen Bauherrn und Architekten keine Absprachen über die Verjährung von Ansprüchen getroffen werden, verjähren die Gewährleistungsansprüche des Bauherrn gegen den Architekten gemäß § 638 BGB. Danach sind verschiedene Fälle zu unterscheiden:

> ➤ Wirkt sich der Mangel des Architektenwerks in dem Bauwerk selbst aus, beträgt die Verjährungsfrist fünf Jahre[481].
>
> ➤ Dagegen gilt die Verjährungsfrist von einem Jahr bei mangelhaften Plänen, die ausschließlich Arbeiten am Grundstück dienten[482].
>
> ➤ Ist dem planenden und/oder bauleitenden Architekten ein arglistiges Verhalten oder ein Organisationsverschulden vorzuwerfen, beträgt die Verjährungsfrist 30 Jahre.

226

Die Rechtsprechung des BGH zum Organisationsverschulden[483] läuft darauf hinaus, den Unternehmer bzw. Architekten, der die Werkleistung ohne Mitarbeiter alleine ausführt, haftungsmäßig nicht schlechter zu stellen, als den arbeitsteilig organisierten Unternehmer, also z. B. das Architekturbüro mit mehreren Architekten[484]. Der arbeitsteilig operierende Architekt muß in jedem Fall für die fehlende oder unzureichende Organisation seines Betriebes einstehen, die bewirkt, daß ein schwerer Mangel nicht entdeckt wird. Der BGH hat in seiner Entscheidung vom 12.03.1992[485] betont, daß sich der Unternehmer seiner vertraglichen Offenbarungspflicht bei Ablieferung des fertigen Werkes nicht dadurch entziehen kann, daß er sich unwissend hält oder sich keiner Gehilfen bei der Pflicht bedient, Mängel zu offenba-

227
Organisationsverschulden

---

481 BGH, NJW 1960, 1198; auch Koeble, Festschrift für Locher, S. 117 f. m. w. N.
482 BGH, BauR 1993, 219.
483 BGH, BauR 1992, 500; auch OLG Celle, NJW-RR 1995, 1486 – mangelhafte Aufsicht durch Architekten; OLG Köln, BauR 1995, 107; OLG Oldenburg, BauR 1995, 105; OLG Stuttgart, BauR 1997, 317.
484 OLG Celle, NJW-RR 1995, 1486 – mangelhafte Aufsicht durch den Architekten.
485 BGH, BauR 1992, 500.

ren. Nach diesem Urteil muß der Unternehmer deshalb immer die organisatorischen Voraussetzungen dafür schaffen, daß sachgerecht überprüft werden kann, ob das Bauwerk bei Ablieferung mangelfrei ist. Nimmt er diese Überprüfung nicht selbst vor, so muß jedenfalls der von ihm eingesetzte Erfüllungsgehilfe etwaige Mängel erkennen können. Erkennt der Erfüllungsgehilfe des Unternehmers schwere Mängel bei der Übergabe des Werkes nicht, obwohl er sie hätte erkennen können, oder hat der Unternehmer überhaupt keine Mitarbeiter zur Überwachung und Prüfung des Werkes eingesetzt, so haftet er so, als hätte er die Mängel bei Übergabe verschwiegen.

228 Dem Bauherrn kommt eine Beweislasterleichterung insofern zugute, als er lediglich darlegen und beweisen muß, daß ein schwerer Mangel vorliegt. Die Schwere des Mangels indiziert, daß der Unternehmer den Herstellungsprozeß nicht ordnungsgemäß organisiert hat[486]. Es ist Sache des Unternehmers, vorzutragen und zu beweisen, wie er seinen Betrieb im einzelnen organisiert hatte, um das Werk zu überwachen und vor der Ablieferung zu überprüfen[487].

229 Diese Grundsätze gelten in vollem Umfang auch für den Architekten, der »Unternehmer« der Planung ist.

4.1.2 Beginn der Verjährungsfrist

230 Maßgebender Zeitpunkt für den Beginn der Verjährung ist die Ab-
Abnahme nahme. Da eine körperliche Abnahme (Entgegennahme) des Architektenwerks grundsätzlich nicht in Betracht kommt, setzt die Abnahme nach herrschender Meinung jedenfalls die Vollendung der Architektenleistungen voraus[488]. Wann die Architektenleistung vollendet ist, ist immer eine Frage des Einzelfalles. Das Architektenwerk kann als abgenommen gelten, wenn das Bauwerk errichtet, der Bauherr die Rechnungsprüfung und die endgültige Kostenfeststellung des Architekten sowie dessen Schlußabrechnung entgegengenommen hat[489].

231 Die für den Beginn der Verjährungsfrist bedeutsame Abnahme des Architektenwerks kann aber noch nicht ohne weiteres in dem Bezug des zu errichtenden Hauses gesehen werden[490]. Den Willen des Bauherrn, das Bauwerk schon vor der Erledigung aller vom Architekten geschuldeten Leistungen abzunehmen, muß der Architekt nachweisen.

---

486 BGH, BauR 1992, 500.
487 Vgl. auch OLG Celle, NJW-RR 1995, 1486.
488 BGH, NJW 1964, 657; BauR 1971, 60, 61; BauR 1972, 251.
489 BGH, BauR 1972, 251.
490 OLG Hamm, MDR 1974, 313.

4.1 Verjährungsfrist für werkvertragliche Gewährleistungspflichten

Der Architekt ist nach der Rechtsprechung des BGH[491] verpflichtet, nach dem Auftauchen von Baumängeln den Ursachen entschieden und ohne Rücksicht auf mögliche eigene Haftungen nachzugehen und dem Bauherrn rechtzeitig ein zutreffendes Bild der tatsächlichen und rechtlichen Möglichkeiten der Schadenbehebung zu verschaffen. Dabei hat der Architekt seinen Auftraggeber gegebenenfalls auf die Möglichkeiten eines Anspruchs gegen ihn selbst ausdrücklich hinzuweisen[492]. Die Verletzung dieser Vertragspflicht begründet im Einzelfall einen Schadenersatzanspruch dahin, daß die Verjährung der gegen den Architekten gerichteten Gewährleistungs- und Schadensatzansprüche als nicht eingetreten gilt.

232
Hinweispflicht bei eigenen Vertragsverletzungen

Bei einem Vollarchitekturvertrag sind erst dann alle Leistungen erbracht, wenn auch die Leistungsphase 9 fertiggestellt ist. In der Praxis bedeutet dies für den Architekten, daß seine Haftung noch gar nicht einsetzt, obgleich die im Rahmen der Leistungsphase 8 durchzuführenden Abnahmen längst erfolgt sind. Die damit verbundenen Nachteile für den Architekten – seine Gewährleistung ist trotz Abnahme aller Werkleistungen eventuell noch Jahre in der Schwebe – werden von der Rechtsprechung ausdrücklich hingenommen[493]. Das OLG Köln[494] weist in diesem Zusammenhang darauf hin, daß es der Architekt selbst in der Hand habe, durch Vereinbarung einer Teilabnahmeverpflichtung des Bauherrn nach Baufertigstellung oder durch Abschluß eines gesonderten Objektbetreuungsvertrages die Verlängerung der Gewährleistungspflicht zu umgehen.

233
Zeitpunkt der Vertragserfüllung bei Beauftragung mit der Leistungsphase 9

Nimmt der Bauherr die Architektenleistungen erklärtermaßen nicht ab, beginnt die Verjährung von dem Zeitpunkt an zu laufen, zu dem der Bauherr dies erklärt[495]. Im Fall der Kündigung des Architektenauftrages beginnt die Verjährungsfrist mit Zugang der Kündigung zu laufen[496].

234

4.1.3 Verjährungsbeginn bei Vereinbarung von Subsidiaritätsklauseln

Häufig finden sich in Architektenverträgen sogenannte Subsidiaritätsklauseln in bezug auf die Haftung.

235

Soweit Subsidiaritätsklauseln in Architekten-Formularverträgen oder in dem Architektenvertrag beigefügten Allgemeinen Geschäftsbedin-

236

---

491 BGH, BauR 1985, 232; BauR 1978, 235.
492 BGH, BauR 1996, 418.
493 BGH, BauR 1994, 392; OLG Düsseldorf, OLGR 1992, 285, 287; OLG Hamm, OLGR 1995, 171 f.
494 BauR 1992, 803.
495 BGH, NJW 1971, 1840 f.
496 BGH, NJW 1971, 1840 f.; auch Werner/Pastor, Rn. 2401.

gungen verwandt werden, ist § 11 Nr. 10a AGB-G zu berücksichtigen: Danach ist es unzulässig, die Haftung des Architekten von einer vorherigen gerichtlichen Inanspruchnahme eines Dritten abhängig zu machen[497]. In Individualverträgen sind Subsidiaritätsklauseln in bezug auf die Haftung des Architekten im Verhältnis zum Unternehmer allerdings in den Grenzen von § 138 BGB wirksam[498].

237 Unbedenklich – auch in Formularverträgen – ist hingegen eine Subsidiaritätsklausel dahin gehend, daß der Bauherr verpflichtet ist, seine Forderung zunächst außergerichtlich gegenüber dem Unternehmer geltend zu machen[499].

238 Liegt eine wirksame Vereinbarung einer subsidiären Haftung des Architekten vor, beginnt die Verjährungsfrist für etwaige Gewährleistungsansprüche des Bauherrn gegen den Architekten mit dem Zeitpunkt des Fehlschlagens der Schadloshaltung, da der Anspruch gegen den Architekten – da subsidiär – insoweit aufschiebend bedingt ist und die Bedingung eintritt, wenn das Unvermögen des ausführenden Unternehmens feststeht[500].

239 Verstößt eine Subsidiaritätsklausel gegen § 11 Nr. 10a AGB-G, so gilt dies auch für den kaufmännischen Verkehr, solange nicht ausdrücklich eine subsidiäre Eigenhaftung des Verwenders vorgesehen ist[501].

4.1.4 Sonderfall: Teilabnahme

240 Eine formularmäßige Teilabnahme sieht beispielsweise § 7.5 des Einheits-Architektenvertrages 1994[502] vor. In der Klausel heißt es im 2. Absatz:

> »Die Verjährung beginnt mit der Abnahme der nach diesem Vertrag zu erbringenden Leistungen, spätestens mit Abnahme der in Leistungsphase 8 (Objektüberwachung) zu erbringenden Leistungen (Teilabnahme). Für Leistungen, die danach noch zu erbringen sind, beginnt die Verjährung mit Abnahme der letzten Leistung.«

---

497 BGH, Schäfer/Finnern/Hochstein, Nr. 24 zu § 675 BGB; Kaiser, BauR 1977, 313, 318.
498 BGH, BauR 1971, 270; Bindhardt, BauR 1970, 202; vgl. ausführlich Rn. 354 f.
499 Werner/Pastor, Rn. 2267.
500 BGH, BauR 1987, 343; BGH, BauR 1981, 469.
501 So auch Staudinger-Schlosser, Rn. 39; a. A.: Werner/Pastor, Rn. 2269 m. w. N.
502 Abgedruckt in: DAB 1994, 1635 – zwischenzeitlich von der Bundesarchitektenkammer zurückgezogen.

4.2 Verjährungsfrist für Ansprüche aus Vertragsverletzung

Die Vereinbarung einer Teilabnahme in Formularverträgen verstößt 241
gegen das AGB-Gesetz. Da § 15 Abs. 2 Nr. 9 HOAI – also die Objektbetreuung – im Rahmen des Architektenauftrages eine wesentliche Architektenleistung betrifft[503], bedeutet die formularmäßige Vereinbarung einer Teilabnahme eine mittelbare Fristverkürzung i. S. d. § 11 Nr. 10f AGB-G. Denn der gesetzliche Fristbeginn findet im Normalfall erst nach Erbringung der Leistungen der Leistungsphase 9 statt; erst hiernach kann das Architektenwerk abgenommen werden.

Eine solche Vorverlegung des Fristbeginns ist aber aufgrund einer Individualabsprache möglich und auch wirksam[504]. 242

4.1.5 Verkürzung der Verjährungsfrist

Wird zwischen Bauherr und Architekt in einem Formularvertrag keine zeitliche Begrenzung der Gewährleistungsfrist vereinbart, so verstößt das gegen § 11 Nr. 10f AGB-G[505]. Das gilt auch für den kaufmännischen Verkehr. 243

Eine Verkürzung der Verjährungsfrist läßt sich ebensowenig über die 244
Vereinbarung der VOB auf das Verhältnis zwischen Architekt und *Vereinbarung der*
Bauherrn herbeiführen. Die VOB kann nämlich in einem Architekten- oder Ingenieurvertrag nicht wirksam vereinbart werden; die *Architektenvertrag*
Ausnahmeregelung des § 23 Abs. 2 Nr. 5 AGB-G greift nicht[506]. In Individualverträgen ist eine Verkürzung der Gewährleistungsfrist hingegen in den Grenzen des § 138 BGB möglich[507].

4.2 Verjährungsfrist für Ansprüche aus positiver Vertrags-Beratungspflichtverletzung

Der Architekt haftet 30 Jahre für Mangelfolgeschäden, soweit der 245
Bauherr einen Anspruch aus positiver Vertragsverletzung hat.

Bei Beratungs- und Hinweispflichten handelt es sich um sogenannte 246
Nebenpflichten. Bei Nebenpflichten ergeben sich die Schadenersatzansprüche des Bauherrn aus positiver Vertragsverletzung mit der Folge, daß die Schadenersatzansprüche nach 30 Jahren verjähren. Ob allerdings im Einzelfall die Haftung aus Nebenpflichtverletzung tat-

---

503 OLG Stuttgart, BauR 1995, 414 f.
504 BGH, BauR 1994, 392; auch OLG Köln, NJW 1992, 1173; OLG Düsseldorf, OLGR 1992, 255, 288.
505 BGH, BauR 1987, 113; OLG Hamm, BauR 1995, 579.
506 BGH, BauR 1987, 702 = DB 1988, 41.
507 Vgl. Werner/Pastor, Rn. 2239.

sächlich nach positiver Vertragsverletzung zu beurteilen ist oder nach Gewährleistungsrecht (§ 635 BGB), ist eine im Einzelfall schwierig zu beantwortende Frage (vgl. dazu Rn. 33).

4.3 Verjährungsfrist für Ansprüche aus Delikt

247 Die Ansprüche gegen den Architekten nach § 823 BGB verjähren nach § 852 BGB in drei Jahren von dem Zeitpunkt an, zu dem der Verletzte von dem Schaden und der Person des Ersatzpflichtigen Kenntnis erlangt, spätestens in 30 Jahren von der Begehung der Handlung an.

248 Zur Kenntnis der Person des Ersatzpflichtigen gehört auch die
Kenntnis Kenntnis von Tatsachen, die auf ein schuldhaftes Verhalten des Schädigers hinweisen, der den Schaden verursacht haben kann, wobei jedoch Kenntnis von Einzelheiten des schädigenden Verhaltens nicht erforderlich ist. Die Kenntnis muß aber so weit gehen, daß der Geschädigte in der Lage ist, eine Schadenersatzklage erfolgversprechend, wenn auch nicht risikolos zu begründen[508]. Vermutet der Bauherr, daß mehrere Baubeteiligte – u. a. auch der Architekt – schadensersatzpflichtig sind, so liegt Kenntnis von der Person auch dann vor, wenn er irrtümlich einen anderen Beteiligten für den eigentlich Verantwortlichen hält[509].

249 Die Kenntnis vom Schaden ist nicht gleichbedeutend mit der Kenntnis vom Umfang des Schadens. Erforderlich ist, daß der Geschädigte Kenntnis vom Eintritt irgendeines Schadens hat[510]; unnötig ist dagegen die volle Übersehbarkeit von Umfang und Höhe[511]. Es genügt, wenn der geschädigte Bauherr zur Erhebung der Feststellungsklage in der Lage ist[512].

250 Bei späteren, fortdauernden oder sich wiederholenden Schadensfolgen
fortdauernde oder ist zu unterscheiden: Sind sie durch eine Dauerhandlung, die abge-
sich wiederholende schlossen ist, verursacht, beginnt die Verjährungsfrist auch für nach-
Schadenfolgen träglich auftretende Schadensfolgen (Verschlimmerung), die im Zeitpunkt der Kenntnis vom Gesamtschaden als möglich vorausehbar waren, mit diesem Zeitpunkt[513]. Solche Schadensfolgen, die nicht vorausehbar waren, sind von der Kenntnis des Gesamtschadens nicht erfaßt; für sie läuft eine besondere Verjährung vom Tag ihrer Kennt-

---

508 BGH, NJW 1988, 1146.
509 BGH, NJW-RR 1990, 222.
510 BGH, VersR 1990, 277.
511 BGH, NJW 1960, 380.
512 BGH, WM 60, 885.
513 BGH, WM 78, 331.

nis und der Kenntnis ihres ursächlichen Zusammenhangs mit der unerlaubten Handlung[514].

4.4 Verjährungsfrist für Ausgleichsansprüche unter Gesamtschuldnern

Der Ausgleichsanspruch gemäß § 426 Abs. 1 BGB ist ein selbständiger Anspruch. Er verjährt in 30 Jahren[515]. Die kurze Verjährungsfrist des § 638 BGB kommt nicht zur Anwendung, da sie den Anspruch des geschädigten Gläubigers betreffen. Ein Anspruch zwischen Gesamtschuldnern besteht daher auch, wenn z. B. Gewährleistungsansprüche gegen *einen* Gesamtschuldner verjährt sind[516]. **251**

Ein Sonderproblem besteht, wenn der Anspruch des Bauherrn teilweise gegen die Baubeteiligten, z. B. gegen den Architekten, verjährt ist und der Bauherr sich daher von einem anderen Baubeteiligten den Ausgleichsanspruch abtreten läßt und über die Abtretung gegen den Architekten vorgehen will. Im Ergebnis ist das nicht möglich: Denn die Abtretung des Ausgleichsanspruchs aus § 426 Abs. 1 BGB durch einen Baubeteiligten kann nicht zu dem Ergebnis führen, daß der Architekt, der dem Bauherrn wegen Verjährungseintritts nicht mehr unmittelbar haftet, dennoch in Anspruch genommen werden kann. Dem steht der Rechtsgedanke aus § 399 BGB entgegen[517]. **252** *Abtretung*

---

514 BGH, VersR 68, 1163.
515 BGH, BauR 1971, 60; BGH, BauR 1972, 246.
516 BGH, BauR 1972, 246.
517 So auch Werner/Pastor, Rn. 1989.

5 Besondere Haftungsrisiken des Architekten

5.1 Haftung des Architekten für die Genehmigungsfähigkeit der Planung

5.1.1 Umfang der Pflichten

Der Architekt schuldet eine dauerhaft genehmigungsfähige Planung[518]. Die rechtswidrige Erteilung einer Baugenehmigung befreit den Architekten nicht; vielmehr haftet er auch in diesem Fall bei späterer Aufhebung[519]. Die Verpflichtung des Architekten gegenüber dem Bauherrn zur Herstellung einer genehmigungsfähigen Planung bedeutet, daß die Genehmigungsplanung sowohl den anerkannten Regeln der Technik entsprechen muß, als auch den geltenden bauordnungsrechtlichen und bauplanungsrechtlichen Vorschriften[520]. Wird die Baugenehmigung nicht erteilt, ist die Planung grundsätzlich mangelhaft. 253

5.1.1.1 Baugenehmigung wird zu Recht versagt

Wird die Baugenehmigung zu Recht versagt, ist die Haftung des Architekten an sich offenkundig. Es gibt dennoch Ausnahmefälle, die nachfolgend dargestellt werden. 254

5.1.1.1.1 Bauherr hat Kenntnis vom Genehmigungsrisiko

Zum einen sind Fälle denkbar, in denen Architekt und Bauherr in Kenntnis der Genehmigungsproblematik von vornherein vereinbaren, daß der Architektenauftrag nur den Versuch zur Erlangung einer Baugenehmigung beinhaltet. 255

Auch im Rahmen eines solchen Auftragsverhältnisses kann der Architekt nicht ohne weiteres alle Architektenleistungen bis zur Baugenehmigung erbringen, um dann durch den Bescheid des Bauaufsichtsamtes zu erfahren, daß seine Planung nicht genehmigungsfähig ist. Er muß den Bauherrn vielmehr bereits bei Auftragserteilung auf 256

---

518 BGH, BauR 1999, 1195; OLG Düsseldorf, BauR 1986, 469; OLG München, BauR 1992, 434.
519 BGH, LM Nr. 51 zu § 839 BGB; VersR 1983, 980 f.
520 OLG Düsseldorf, BauR 1996, 287.

Bauvoranfrage die Möglichkeit der Bauvoranfrage hinweisen[521]. Das ergibt sich schon aus dem allgemeinen Grundsatz, daß der Architekt nur diejenigen Leistungen erbringen darf, die nach dem Stand der Planung und des Bauvorhabens erforderlich sind[522].

257 Ein Hinweis auf die Möglichkeit der Bauvoranfrage ist dagegen entbehrlich, wenn dem Bauherrn die Planungsrisiken bekannt sind und er aus Zeit- oder Kostengründen das Risiko auf sich nimmt, die Genehmigungsfähigkeit erst im Rahmen des Baugesuchs zu erproben[523]. In der Praxis kommt es durchaus nicht selten vor, daß ein Bauherr auf die Bauvoranfrage verzichtet.

258 Die Bauvoranfrage verursacht nicht unerhebliche zusätzliche Kosten[524]. Auch führt das Einreichen einer Bauvoranfrage zu einer Verlängerung der Planungszeit, was beispielsweise bei Steuervergünstigungen, die nur bei Einreichen eines Bauantrages binnen bestimmter Frist gewahrt werden können, unerwünscht sein kann. Nicht zuletzt kann der Verzicht auf die Bauvoranfrage aber auch in der Sache selbst Vorteile bringen; im Einzelfall ist es durchaus denkbar, daß das spätere Baugesuch im Gegensatz zur Bauvoranfrage zu einem günstigeren Resultat führt, insbesondere wenn es um Befreiungen oder die Ausschöpfung behördlicher Beurteilungsspielräume geht[525].

259 Ferner ist zu berücksichtigen, daß ein Vorbescheid nicht alle im Zusammenhang mit einem Bauantrag denkbaren Fragen lösen kann. Vielmehr lassen sich nur einzelne Fragen, die für die Genehmigungsfähigkeit eines Bauvorhabens von Bedeutung sind, im Vorgriff auf die spätere Baugenehmigung klären. Der Vorbescheid wird deshalb auch als »Ausschnitt aus dem feststellenden Teil der Baugenehmigung« verstanden[526]. Mit einem Bauvorbescheid lassen sich letztlich nur grundsätzliche Fragen klären, z. B. ob ein Grundstück überhaupt bebaubar ist, die Baugrenze, eine vorgeschriebene Bauhöhe oder die Grund-/Geschoßflächenzahl überschritten werden darf. Weniger bedeutsame Fragen des Bauplanungs- und Bauordnungsrechts können dagegen mit einer Bauvoranfrage nicht geklärt werden.

---

521 OLG Düsseldorf, BauR 1996, 287; OLG Köln, BauR 1993, 358.
522 So darf der Architekt mit der Vorplanung z. B. erst dann beginnen, wenn etwaige ihm bekannte Bedenken hinsichtlich des Baugrunds im Rahmen der Grundlagenermittlung wie etwa durch ein Bodengutachten ausgeräumt sind (OLG Hamm, BauR 1997, 1069) oder Probleme hinsichtlich notwendiger Einwilligungen von Nachbarn oder der Finanzierung des Bauvorhabens geklärt sind (vgl. Werner/Pastor, Rn. 791).
523 OLG Köln, BauR 1993, 358; OLG Stuttgart, BauR 1997, 681.
524 Es handelt sich um eine besondere Leistung, für die dem Architekten unter den Voraussetzungen des § 5 HOAI zusätzliches Honorar zusteht; zudem ist eine Verwaltungsgebühr zu entrichten.
525 Vgl. dazu OLG Köln, BauR 1993, 358; OLG Stuttgart, BauR 1997, 681.
526 Vgl. Maser, BauR 1994, 180 ff.

— 5.1 Haftung des Architekten für die Genehmigungsfähigkeit der Planung

260 Eine positiv entschiedene Bauvoranfrage entfaltet für die später beantragte Baugenehmigung auch nur insoweit Bindungswirkung, als die Fragen im Bauvorbescheid bestandskräftig entschieden sind; Fragen, die zwar gestellt, aber nicht entschieden wurden, bleiben ein Genehmigungsproblem[527].

Im Ergebnis bedeutet dies, daß trotz eines positiven Bauvorbescheids keine absolute Planungssicherheit gegeben ist.

261 Völlig ungeeignet ist die früher übliche Methode, daß der Architekt zweifelhafte Rechtsfragen im Gespräch mit der Behörde abklärt. Der BGH hat entschieden, daß selbst der Hinweis des zuständigen Sachbearbeiters auf die unterschriftsreife, schon im Entwurf vorliegende Baugenehmigung noch kein ausreichendes Vertrauen auf die Erteilung einer positiven Entscheidung rechtfertige, weil sich schon aus dem Hinweis auf die fehlende Unterschrift ergebe, daß der eigentlich Zuständige sich zur Genehmigungsfähigkeit des Projektes noch nicht geäußert habe[528].

mündliche Absprachen zur Genehmigungsfähigkeit

262 Der Architekt ist allerdings beweispflichtig dafür, daß sein Auftraggeber bewußt die Risiken der Genehmigungsfähigkeit in Kauf genommen hat und auch dafür, daß er bewußt auf die Bauvoranfrage verzichtet hat[529]. Nur in Ausnahmefällen kann dies angenommen werden[530].

5.1.1.1.2 Bauherr verlangt die Planung nicht erprobter Baustoffe und Techniken

263 Eine Haftung des Architekten scheidet ferner aus, wenn der Bauherr trotz Aufklärung durch den Architekten den Einsatz nicht erprobter Baustoffe und Techniken fordert und dies zur Versagung der Baugenehmigung führt. Erforderlich ist aber, daß der Architekt den Bauherrn über die Risiken vor allem auch in bezug auf die Erteilung der Baugenehmigung hingewiesen hat. Der Architekt muß den Bauherrn durch Beratung in die Lage versetzen, zwischen der Sicherheit des Bewährten und dem Risiko einer neuen Bauweise abzuwägen.

264 Der Architekt ist im Streitfall darlegungs- und beweispflichtig dafür, daß er ausreichend beraten und gegebenenfalls vor dem Einsatz der nicht erprobten Technologie oder des nicht erprobten Baustoffes gewarnt hat[531].

---

527 Vgl. Maser, BauR 1994, 184.
528 BGH, ZfBR 1992, 131.
529 OLG Düsseldorf, BauR 1986, 469.
530 BGH, BauR 1999, 1195.
531 Vgl. dazu oben Rn. 16 f., 185.

5.1.1.1.3 Schwierige Rechtsfragen im Zusammenhang mit der Genehmigungsfähigkeit

265 Grundsätzlich entlastet den Architekten des weiteren, falls die Beurteilung der Genehmigungsfähigkeit des Bauvorhabens rechtlich sehr kompliziert war.

266 Der BGH setzt voraus, daß der Architekt ein »im Bauwesen und Baurecht erfahrener Berater und Treuhänder des Bauherrn« ist[532]. Aufgrund seiner beruflichen Ausbildung und Praxis muß der Architekt die zur Lösung der übernommenen Planungs- und Bauaufgabe erforderlichen Kenntnisse und Fähigkeiten besitzen[533]. Die Klärung schwieriger Rechtsfragen kann von dem Architekten allerdings nicht erwartet werden, da er einem Rechtsberater des Bauherrn nicht gleichgestellt werden darf[534].

267 Diese Thesen bereiten in der Praxis ganz erhebliche Schwierigkeiten: Was muß ein Durchschnittsarchitekt nun tatsächlich wissen?

Grundprinzipien Planungs-/ Bauordnungsrecht

268 Sicherlich müssen ihm die Grundprinzipien des Planungsrechts (BauGB, BauNVO, BauGB-MaßnahmenG, Investitionserleichterungs- und WohnbaulandG) und vor allem das Bauordnungsrecht des Landes vertraut sein. Auch muß er einen Bebauungsplan lesen und die unterschiedlichen Genehmigungserfordernisse nach Planungsrecht sowie nach Bauordnungsrecht beurteilen können. Mehr ist aber nicht zu fordern. Insbesondere ist vom Architekten nicht zu verlangen, daß er schwierige Abgrenzungsprobleme, wie sie beispielsweise § 34 BauGB (z. B. Rücksichtnahmegebot, Nachbarschutz etc.), beurteilen kann. Die Rechtsprechung des Bundesgerichtshofes ist insoweit allerdings nicht eindeutig:

auch schwierige Rechtsfragen?

269 In ständiger Rechtsprechung vertritt der 3. Zivilsenat (Amtshaftungssenat) die Auffassung[535], daß der Architekt zwar die zur Lösung seiner Aufgabe, nämlich der Erstellung einer genehmigungsfähigen Planung, notwendigen Kenntnisse auf dem Gebiet des Bauplanungs- und des Bauordnungsrechts besitzen muß, von ihm indes die Beantwortung schwieriger Rechtsfragen nicht verlangt werden dürfe, da er einem Rechtsberater des Bauherrn nicht gleichgestellt sei.

270 Der 7. Zivilsenat sieht dies sehr viel enger: Mit Urteil vom 25.03. 1999[536] hat der 7. Senat bezüglich eines Vorhabens i. S. d. § 34 BauGB herausgestellt, daß allein die Unsicherheit der Beurteilung der bauplanungsrechtlichen Chancen eines Vorhabens bei der Genehmigung, die aus den in § 34 Abs. 1 BauGB verwendeten Rechtsbegriffen resultiert,

---

532 BGH, Schäfer/Finnern, Z 3.00, Bl. 52.
533 BGH, NJW 1980, 2576.
534 BGH, NVwZ 1992, 911; NJW 1985, 1692 f.; vgl. auch Rn. 203.
535 BGH, VersR 1992, 698–700; BGH, NJW 1995, 1692.
536 BGH, BauR 1999, 1195.

– 5.1 Haftung des Architekten für die Genehmigungsfähigkeit der Planung

es nicht rechtfertige, den Architekten im Verhältnis zum Bauherrn von vornherein von seiner eingegangenen vertraglichen Pflicht zur Erbringung einer genehmigungsfähigen Planung freizustellen; vielmehr müsse ein Architekt, der für ein Vorhaben i. S. d. § 34 BauGB eine genehmigungsfähige Planung verspreche, seine Planung so erstellen, daß sie als zulässig i. S. d. § 34 Abs. 1 BauGB beurteilt werden könne, also innerhalb eines etwaigen Beurteilungsspielraums liege. Erst dann sei seine vertragliche Pflicht erfüllt.

Stellt sich für den Architekten das Problem, daß von ihm Wissen abverlangt wird, welches er nicht besitzt, schuldet er dem Bauherrn zumindest einen entsprechenden Hinweis. Das setzt aber voraus, daß er die Grenzen seiner Erkenntnisfähigkeit tatsächlich erkennt. Gelingt dies und empfiehlt der Architekt dem Bauherrn die Einschaltung eines Fachmannes (z. B. Rechtsanwaltes), läßt der Bauherr aber dennoch weiter planen, so übernimmt er bewußt das Risiko der Genehmigungsfähigkeit und kann daher dem Architekten später die fehlende Genehmigungsfähigkeit nicht mehr ohne weiteres entgegenhalten. 271 *notwendig: Hinweis auf die Grenzen eigener Erkenntnisfähigkeit*

In den Bereich dieser Informationspflicht fällt vor allem auch die Pflicht des Architekten, den Bauherrn bei einer riskanten Planung auf die Möglichkeit der Bauvoranfrage hinzuweisen[537]. Versäumt der Architekt diesen Hinweis, verliert er automatisch seine Honoraransprüche für die Leistungen, die er nach der Leistungsphase 2 noch erbracht hat. 272

5.1.1.2 Baugenehmigung wird erteilt, aber dann wieder zurückgenommen

Diese Fallgruppe ist letztlich ein Unterfall der versagten Baugenehmigung. Kann der Architekt nicht nachweisen, daß der Bauherr Kenntnis von dem Genehmigungsrisiko hatte, haftet er für die nachträglich versagte Baugenehmigung. 273

Wegen des Verweisungsprivilegs des § 839 BGB kommt der Behörde in einem solchen Fall zugute, daß der Bauherr zunächst den Architekten auf Schadenersatz in Anspruch nehmen muß[538]. Die zivilrechtliche Verantwortung des Architekten wird durch das Hinzutreten eines Fehlverhaltens der Behörde nicht aufgehoben. Es ist nicht ungewöhnlich, daß ein Schaden erst durch das rechtswidrige oder auch rechtmäßige Dazwischentreten eines Dritten eintritt[539]. 274

---

537 BGH, Streitpunkt 01 Bl. 493; OLG Köln, BauR 1993, 358.
538 BGH, VersR 1983, 980; OLG München, BauR 1993, 534 – Nichtannahmebeschluß des BGH vom 14.11.1991 – II ZR 25/91.
539 OLG München, BauR 1993, 534.

5.1.1.3 Baugenehmigung wird zu Unrecht versagt

275 Versagt die Behörde zu Unrecht die Baugenehmigung, stellt sich die Frage, ob der Architekt einen Anspruch gegen den Bauherrn auf Ausnutzung der gegebenen Rechtsmittel hat oder ob sich der Bauherr gegenüber dem Architekten auf den Standpunkt stellen kann, das Architektenwerk sei mangels erzielten Werkerfolges (Baugenehmigung) mangelhaft:

276 Für die Beantwortung der Frage wird man zwischen offensichtlich rechtswidrigen Behördenentscheidungen und zweifelhaften Behördenentscheidungen einen Unterschied treffen müssen.

277
offensichlich rechtswidrig
Ist die Rechtswidrigkeit der negativen Behördenentscheidung offensichtlich, ist man sich im Schrifttum darin einig, daß der Bauherr versuchen muß, die Erteilung der Baugenehmigung unter Ausnutzung der ihm gegebenen Rechtsmittel zu erstreiten. Unterläßt der Bauherr dies, kann er sich auf die Mangelhaftigkeit des Architektenwerkes nicht berufen[540].

278
Anspruch auf Ausnutzung von Rechtsmitteln?
Fraglich ist dagegen, ob der Architekt gegen den Bauherrn auch dann einen Anspruch darauf hat, daß dieser die Baugenehmigung durch Einlegung von Rechtsmitteln erstreitet, wenn nicht ohne weiteres feststellbar ist, ob die Entscheidung der Baugenehmigungsbehörde zutreffend ist oder nicht. Eine solche Situation ergibt sich beispielsweise bei schwierigen tatsächlichen Fragen oder bei Rechtsfragen, die in der Literatur und der Rechtsprechung kontrovers beurteilt werden.

279 Teilweise wird vertreten, der Architekt habe in einem solchen Fall keinen Anspruch auf Ausnutzung der Rechtsmittel durch den Bauherrn[541]. Zur Begründung wird darauf hingewiesen, daß der Architekt eine zweifelsfreie genehmigungsfähige Planung schulde; er müsse stets den sicheren Weg gehen und sei verpflichtet, den Bauherrn auf etwaige Bedenken der Genehmigungsbehörde – seien sie auch unbegründet – rechtzeitig hinzuweisen. Der Bauherr habe daher einen Schadenersatzanspruch gegen den Architekten, ohne daß dieser verlangen könne, daß der Bauherr zunächst alle Rechtsmittel zur Erlangung der Baugenehmigung ausschöpfe.

280 Nach anderer Auffassung[542] ist zu differenzieren: Hat der Architekt gegen seine Aufklärungspflicht verstoßen, das heißt, hat er den Bauherrn nicht rechtzeitig über die Bedenken der Behörde gegen die Genehmigungsfähigkeit informiert und hätte der Bauherr noch die Möglichkeit gehabt, den Bedenken der Behörde gegebenenfalls durch eine Planänderung Rechnung zu tragen, könne der Architekt später

---

540 Bindhardt/Jagenburg, § 6, Rn. 76, 78; Maser, BauR 1994, 180 ff.
541 Locher, Rn. 250 ff.; Bindhardt/Jagenburg, § 6, Rn. 77, 78; Wussow, BauR 1970, 65 ff., 71.
542 Maser, BauR 1994, 180, 185.

5.1 Haftung des Architekten für die Genehmigungsfähigkeit der Planung

nicht verlangen, daß der Bauherr alle Rechtsmittel ausnutzt, um die verweigerte Genehmigung zu erhalten. In allen übrigen Fällen einer zweifelhaften Behördenentscheidung sei es hingegen nicht nachvollziehbar, warum der Architekt das Risiko einer negativen Behördenentscheidung allein trage.

Der BGH hat sich zu dieser Problematik bisher noch nicht geäußert.

Die zuletzt genannte Auffassung ist zutreffend. Der Architekt schuldet eine genehmigungsfähige Planung. Entscheidend ist also, ob die Planung objektiv genehmigungsfähig ist oder nicht. Der Architekt haftet nur dann, wenn seine Planung tatsächlich mangelhaft ist, wobei die Mangelfreiheit, das heißt die Genehmigungsfähigkeit der Planung bis zur Abnahme vom Architekten, zu beweisen ist. Gelingt ihm dieser Beweis, weil das Gericht im Haftungsprozeß, in dem inzidenter auch die öffentlich-rechtliche Frage der Genehmigungsfähigkeit zu prüfen ist, zu dem Ergebnis gelangt, daß die Planung genehmigungsfähig war, so kann der Architekt nicht in Anspruch genommen werden. Daran ändern auch wirtschaftliche Überlegungen nichts. Es mag zwar sein, daß es aus der Sicht eines Bauherrn wirtschaftlich sinnvoller ist, eine Umplanung durch den Architekten vornehmen zu lassen, als einen eventuell langjährigen Verwaltungsrechtsstreit wegen der Frage der Genehmigungsfähigkeit zu führen. Auf der anderen Seite dürfen solche wirtschaftlichen Gesichtspunkte des Bauherrn nicht zu einer Verwässerung des Mangelbegriffs führen. Entweder ist das Architektenwerk genehmigungsfähig oder nicht. Der Architekt hat einen Anspruch auf Klärung dieser Frage. Im übrigen ist es dem Bauherrn freigestellt, dem Architekten zur Vermeidung eines Verwaltungsrechtsstreits eine Umplanung in Auftrag zu geben; diese Umplanung löst dann allerdings grundsätzlich einen zusätzlichen Honoraranspruch aus (vgl. § 20 HOAI).

281

Vereinzelt wird vertreten[543], der Architekt habe eine »zweifelsfreie« genehmigungsfähige Planung zu erbringen. Das steht aber im Widerspruch zu der Rechtsprechung des BGH[544], der darauf hinweist, daß der Architekt zwar Treuhänder des Bauherrn, aber kein Rechtsberater sei und schwierige Rechtsfragen nicht von ihm, sondern von der Genehmigungsbehörde zu entscheiden sind, die auch das Risiko etwaiger falscher Beurteilungen trage.

282

Hat hiernach der Architekt seine Informationspflicht in dem oben ausgeführten Sinne erfüllt, so ist es Sache des Bauherrn zu entscheiden, ob er sein Recht »erkämpfen will« oder ob er sich aus wirtschaftlichen Gründen zu einer Umplanung entscheidet. Der Architekt schuldet nur die Genehmigungsfähigkeit, nicht den Erhalt der Baugenehmigung. Daher trägt nur der Bauherr, nicht der Architekt das Ri-

283

geschuldet: Genehmigungsfähigkeit, nicht Erhalt der Baugenehmigung

---

543 BauR 1970, 65 ff., 71.
544 BGH, NJW 1985, 1992, 1993.

siko einer unrechtmäßigen Genehmigungsverweigerung[545]. Entscheidet sich der Bauherr für eine Umplanung, obwohl die ursprüngliche Planung genehmigungsfähig gewesen wäre, scheiden Schadenersatzansprüche gegen den Architekten aus. Im Gegenteil: Der Architekt hat grundsätzlich einen Anspruch auf zusätzliche Vergütung für die Umplanung, allerdings unter den Voraussetzungen des § 20 HOAI (mehrere Vor- und Entwurfsplanungen nach grundsätzlich verschiedenen Anforderungen).

284 Geht der Bauherr gegen den Bescheid der Baubehörde vor, unterliegt aber in dem Rechtsstreit, weil die Verweigerung der Baugenehmigung sich als rechtmäßig erweist, so steht dem Bauherrn ein Schadenersatzanspruch gegen den Architekten zu, der insbesondere auch den Schaden infolge der Bauzeitverzögerung umfaßt.

285 Die Schadenersatzansprüche des Bauherrn im Fall der Realisierung des Mangels im Bauwerk ergeben sich aus §§ 634, 635 BGB; denn die Planung ist mangelhaft, wenn ihr die Genehmigungsfähigkeit fehlt[546]. Bei Realisierung des Bauwerks ist die mangelhafte Architektenleistung bereits in das Bauwerk eingeflossen und daher in der Regel nicht mehr nachbesserungsfähig (§ 634 Abs. 2 BGB). Der Bauherr kann also grundsätzlich ohne Aufforderung zur Nachbesserung Schadenersatz nach § 635 BGB fordern.

286 Der Bauherr kann von dem Architekten verlangen, so gestellt zu werden, als wenn eine korrekte, also genehmigungsfähige Planung vorgelegen hätte[547]. Das bedeutet, daß der Architekt dem Bauherrn zunächst einmal hinsichtlich der nutzlosen Aufwendungen Ersatz leisten muß. »Nutzlos« sind beispielsweise alle Planungskosten, vor allem die Planungskosten von Sonderfachleuten. Ferner hat der Architekt eventuell eingetretene Zinsschäden für verlängerte Grundstücksvorhaltung und eventuell höhere Baukosten infolge gestiegener Baupreise zu bezahlen. Ferner ist denkbar der Anspruch auf Mietausfall, falls der Bauherr bereits Mietverträge mit Nutzern abgeschlossen hatte, was heute nicht selten ist[548]. Als weitere Schadenposten kommen in Betracht:

> die Kosten teilweise erstellter Bauvorhaben

> die Abbruchkosten

---

545 So auch Löffelmann/Fleischmann, Rn. 213.
546 OLG München, BauR 1992, 534 – Revision wurde nicht zugelassen; OLG Düsseldorf, BauR 1996, 287; OLG Düsseldorf, BauR 1986, 469, 470; BGH, NVwZ 1992, 911.
547 OLG Düsseldorf, BauR 1996, 287.
548 Professionelle Bauherren schließen schon vor Baubeginn mit Nutzern langfristige Verträge, weil auf der Grundlage dieser Verträge die Finanzierung des Bauvorhabens meist ohne Mühe zu bewerkstelligen ist. Diese Vorgehensweise kommt in der Praxis sehr häufig vor, wenn es um Immobilien an interessanten Standorten geht.

– 5.1 Haftung des Architekten für die Genehmigungsfähigkeit der Planung

> Zahlungen an Baubeteiligte für die Aufhebung von Werkverträgen

> eventueller Mindererlös für das Grundstück

Auf den Honoraranspruch des Architekten wirkt sich die fehlende Genehmigungsfähigkeit selbstverständlich ebenfalls aus. Der Architekt verliert seinen Honoraranspruch, soweit die Planung für den Bauherrn unbrauchbar ist. Das wird regelmäßig in bezug auf die Leistungsphase 1 und 2 nicht der Fall sein. Der Architekt kann insoweit argumentieren, daß er bei pflichtgemäßer Beratung dem Bauherrn empfohlen hätte, eine Bauvoranfrage wegen der Risiken in bezug auf die Genehmigungsfähigkeit zu stellen. Wäre das geschehen und hätte die Genehmigungsbehörde schon mit einem Vorbescheid das Bauvorhaben als nicht genehmigungsfähig eingestuft, könnte der Architekt die Leistungsphasen 1 und 2 abrechnen. Da der Bauherr von dem Architekten nur verlangen kann, so gestellt zu werden, wie wenn der Architekt korrekt geplant hätte, ist es also nur folgerichtig, dem Architekten auch bei insgesamt nicht genehmigungsfähiger Planung den Honoraranspruch für die Leistungsphase 1 und 2 grundsätzlich zu belassen[549].

287 *Auswirkung auf Honoraranspruch*

5.1.2 Art und Umfang der Haftung

5.1.2.1 Rechte des Bauherrn vor Baubeginn

Der Architekt schuldet eine genehmigungsfähige Planung. Für diesen Werkerfolg haftet er.

288

Vor Baubeginn, also vor Realisierung des Architektenwerks im Bauwerk, kann der Bauherr je nachdem, ob die Nachbesserung möglich ist, Wandelung, Minderung oder Schadenersatz verlangen. Streitig ist, ob bei Unmöglichkeit der Nachbesserung die Ansprüche des Bauherrn aus § 325 BGB folgen oder aber nur über Werkvertragsrecht, also nach § 635 BGB, zu regeln sind. Gegen die Anwendbarkeit des § 325 BGB in Fällen fehlender Genehmigungsfähigkeit spricht, daß eine Baugenehmigung und damit die Frage der Genehmigungsfähigkeit nicht unmittelbar in die zivilrechtlichen Verhältnisse der Parteien eingreift; die Nichterteilung der Baugenehmigung hat keinen unmittelbaren Einfluß auf die zivilrechtliche Durchführbarkeit des Architektenvertrages.

289

---

[549] Vgl. OLG Düsseldorf, BauR 1996, 287; OLG Düsseldorf, BauR 1986, 469; LG Essen, MDR 1969, 220.

290 Soweit ersichtlich, wendet die Rechtsprechung in Fällen der fehlenden Genehmigungsfähigkeit durchweg § 635 BGB als Anspruchsgrundlage an. Grundsätzlich kann der Bauherr hiernach erst dann Schadenersatz oder die Minderung der Vergütung beanspruchen, wenn dem Architekten nach § 634 Abs. 1 BGB die Möglichkeit der Nachbesserung unter Fristsetzung eingeräumt wurde. Eine Aufforderung zur Nachbesserung soll aber regelmäßig für den Bauherrn nicht zumutbar sein, wenn Änderungen praktisch ein anderes Gebäude zur Folge haben[550].

Voraussetzung: Fristsetzung mit Ablehnungsandrohung

291 Verweigert der Architekt die Nachbesserung oder ist sie erfolglos, so löst dies gleich mehrere Folgen aus:

➢ Der Architekt muß nach § 635 BGB dem Bauherrn Schadenersatz leisten. Hierzu zählt beispielsweise der Zinsschaden für verlängerte Grundstücksvorhaltung, unnötige Planungskosten anderer fachlich Beteiligter (Sonderfachleute), höhere Baukosten infolge gestiegener Baupreise durch die mit der fehlenden Genehmigungsfähigkeit verbundene Bauzeitverzögerung etc.

Macht der Bauherr den sogenannten großen Schadenersatz geltend, kann er zusätzlich die Architektenleistungen insgesamt zurückweisen, was zum Wegfall des Honoraranspruchs führt; der Bauherr ist so zu stellen, als wäre der Vertrag nicht zustande gekommen[551].

Der Bauherr kann aber auch den sogenannten kleinen Schadenersatz geltend machen, was im Ergebnis bedeutet, daß er unter weiterer Ausnutzung der Planung des Architekten die Nachbesserung auf Kosten des Architekten durch einen anderen Architekten durchführen läßt. In diesem Fall behält der Architekt grundsätzlich seinen Honoraranspruch, allerdings gemindert um die Nachbesserungskosten.

➢ Ferner kann der Bauherr dem Architekten den Vertrag aus wichtigem Grund kündigen; das bietet sich an, wenn dem Architekten über die Leistungsphase 4 (Genehmigungsplanung) hinaus noch weitere Leistungen in Auftrag gegeben waren.

Die Kündigung aus wichtigem Grund hat zur Folge, daß dem Architekten nach § 649 Satz 2 BGB für die noch nicht erbrachten Leistungen kein Honorar zusteht[552]. Allerdings ist der Bauherr für das Vorliegen des wichtigen Grundes beweispflichtig[553]. Nach einer Kündigung aus wichtigem Grund behält der Architekt grundsätzlich seinen Honoraranspruch für

---

550 OLG Düsseldorf, BauR 1986, 469; OLG München, BauR 1992, 534.
551 Werner/Pastor, Rn. 1680.
552 OLG Düsseldorf, BauR 1986, 472.
553 BGH, BauR 1990, 634.

5.1 Haftung des Architekten für die Genehmigungsfähigkeit der Planung

die erbrachten Leistungen[554]. Macht der insoweit darlegungs- und beweispflichtige Bauherr allerdings mit Erfolg geltend, daß die Planung für ihn wertlos ist, entfällt auch der Honoraranspruch für die erbrachten Leistungen.

Macht der Bauherr dagegen von der Möglichkeit Gebrauch, die Nachbesserung durch einen anderen Architekten durchzuführen, mindert sich der Honoraranspruch des Architekten für die erbrachten Leistungen um die Kosten der Nachbesserung.

5.1.2.2 Rechte des Architekten vor Baubeginn

Der Architekt hat grundsätzlich das Recht zur Erfüllung bzw. Nachbesserung der nicht genehmigungsfähigen Planung. Der Bauherr muß ihn unter Fristsetzung zur Nachbesserung auffordern. Dieses Nachbesserungsrecht besteht jedenfalls in den Fällen, in denen eine Nachbesserung ohne grundlegende Änderung der Planung möglich ist[555]. Die Grenzen des Nachbesserungsrechts liegen in der Zumutbarkeit von Änderungen für den Auftraggeber[556]. Ein Nachbesserungsrecht ist daher abzulehnen, wenn Änderungen praktisch ein anderes Gebäude zur Folge hätten[557]; solches muß der Bauherr nicht hinnehmen.

292
Nachbesserungsrecht

5.1.2.3 Rechte des Bauherrn und Architekten nach Baubeginn

In seltenen Fällen wird mit der Ausführung des Bauvorhabens bereits begonnen, obgleich die Baugenehmigung noch nicht vorliegt, möglicherweise aber schon eine Abrißverfügung erteilt oder vorab die Genehmigung erteilt wurde, die Baugrube auszuheben. Stellt sich in diesen Fällen dann später heraus, daß die Planung des Architekten nicht genehmigungsfähig ist und eine Nachbesserung für den Bauherrn nicht zumutbar, hat der Architekt nicht nur eventuell an ihn gezahlte Honorare – zumindest für die Leistungsphase 3 und 4 – zurückzuzahlen. Außerdem ist er dem Bauherrn schadenersatzpflichtig für die bereits aufgewandten Kosten, gegebenenfalls auch für die Kosten der Wiederherstellung des ursprünglichen Zustandes.

293

Ein Nachbesserungsanspruch des Architekten scheidet aus.

Ist dem Bauherrn hingegen die Nachbesserung zumutbar, weil z. B. die Planung nicht wesentlich verändert werden muß, muß er dem Architekten die Möglichkeit der Nachbesserung einräumen. Einen eventuell bereits eingetretenen Schaden muß der Architekt ersetzen.

294

---

554 OLG Hamm, NJW-RR 1986, 764.
555 OLG München, BauR 1991, 650 ff.
556 OLG Düsseldorf, BauR 1986, 469.
557 OLG München, BauR 1992, 534.

5.1.3 Rechtsprechung des Amtshaftungssenates des BGH zur Haftung des Architekten bei schwierigen Rechtsfragen und zur Subsidiarität der Amtshaftung

295 Der 3. Senat des BGH (Amtshaftungssenat) hat zuletzt in seiner Entscheidung vom 25.10.1994[558] hervorgehoben, daß der Architekt zwar die zur Lösung seiner Aufgabe, nämlich der Erstellung einer genehmigungsfähigen Planung, notwendigen Kenntnisse auf dem Gebiet des Bauplanungs- und des Bauordnungsrechts besitzen muß, von ihm aber die Beantwortung schwieriger Rechtsfragen nicht verlangt werden darf, da er einem Rechtsberater des Bauherrn nicht gleichgestellt ist[559].

296 Die Rechtsprechung des 3. Senates steht damit im Widerspruch zur Rechtsprechung des 7. Senates, der den Architekten nicht ohne weiteres von seiner eingegangenen vertraglichen Pflicht zur Erbringung einer genehmigungsfähigen Planung freistellt, nur weil die planungsrechtliche Situation schwierig zu beurteilen ist[560]. Zum Subsidiaritätsprinzip nach § 839 BGB vertritt der 3. Senat die Auffassung[561], daß dieses Prinzip auch bei Amtshaftungsansprüchen des Bauherrn wegen rechtswidrig erteilter oder nicht erteilter Baugenehmigung gilt. Konkret muß der Bauherr in dem Verfahren gegen die Stadt dartun und unter Beweis stellen, daß ausnahmsweise sich ein Schadenersatzanspruch gegen den Architekten nicht durchsetzen läßt. Dazu muß aufgezeigt werden, daß keine Pflichtwidrigkeit des Architekten vorliegt, beispielsweise weil es sich bezüglich der Genehmigungsfähigkeit um so schwierige Rechtsfragen handelte, deren Beantwortung der Architekt nicht schuldete.

widersprüchliche Rechtsprechung: 3. und 7. Zivilsenat

5.2 Haftung des Architekten wegen Bausummenüberschreitung

5.2.1 Derzeitiger Stand der Rechtsentwicklung

297 Der Rechtsprechung fehlt eine Systematisierung der denkbaren Arten von Bausummenüberschreitungen. Eine exakte Zuordnung zu einzelnen Anspruchsgrundlagen ist ebenfalls nicht ersichtlich. Einzelfallentscheidungen des Bundesgerichtshofes werden teilweise in unzulässi-

---

558 NJW 1995, 1692.
559 Vgl. auch BGH, VersR 1992, 698.
560 BGH, BauR 1999, 1195.
561 BGH, NVwZ 1993, 602.

ger Weise generalisiert. Ein gutes Beispiel dafür ist die Diskussion um Toleranzrahmen[562].

So wird im Schrifttum die Meinung vertreten, Prozesse wegen Baukostenüberschreitungen und/oder fehlerhafter Kostenermittlung durch den Architekten würden für den Bauherrn hohe Prozeßrisiken beinhalten[563]. In diesem Zusammenhang wird auch von dem stumpfen Damokles-Schwert des Schadenersatzanspruchs des Bauherrn gegen den Architekten gesprochen[564]. Das Institut der Vorteilsausgleichung soll in aller Regel dazu führen, daß der Bauherr dem Grunde nach bestehende Schadenersatzansprüche gegenüber dem Architekten nicht durchsetzen könne. 298

Diese Sicht der Dinge ist viel zu pauschal und daher falsch. Dies soll nachfolgend aufgezeigt werden. Dazu wird der Versuch einer systematischen Darstellung aller denkbaren Fälle einer Haftung des Architekten wegen Bausummenüberschreitung unternommen. 299

5.2.2 Formen der Bausummenüberschreitung

5.2.2.1 Überschreitung einer Bausummengarantie

Gibt ein Architekt ein Garantieversprechen hinsichtlich der Baukosten ab, wobei das Wort »Garantie« nicht gebraucht werden muß[565], haftet er für die Erfüllung seiner vertraglichen Zusage. Dabei ist unerheblich, ob den Architekten ein Verschulden an der Überschreitung trifft oder nicht. Da es sich insoweit um einen Erfüllungs- und keinen Schadenersatzanspruch handelt, kommen auch die Grundsätze über die Vorteilsausgleichung nicht zum Zuge[566]. Ob ein Garantievertrag vorliegt, ist Auslegungsfrage[567]. Verspricht der Architekt gegenüber dem Bauherrn, für die Einhaltung einer bestimmten Bausumme einzustehen, kann seine Erklärung einen unterschiedlichen Inhalt haben, der stets im Einzelfall festzustellen ist[568]. Ein echter Garantievertrag wird aufgrund der damit für den Architekten verbundenen Risiken nur in seltenen Ausnahmefällen gegeben sein[569]. Zur Annahme eines Garantievertrages bedarf es einer klaren und unmißverständlichen Vereinbarung der Vertragsparteien[570]. Inhaltlich muß sich eine Bau- 300

Garantieversprechen

---

562 Vgl. Hartmann, BauR 1995, 151 m. w. N.
563 Vgl. Miegel, BauR 1997, 923 m. w. N.
564 Werner, S. 36, 52.
565 Vgl. Locher/Koeble/Frik, Einl. 71.
566 Werner/Pastor, Rn. 1777.
567 BGH, VersR 1971, 1041 f.
568 BGH, NJW 1960, 1567; OLG Düsseldorf, BauR 1996, 293, 295; OLG Celle, OLGR 1998, 1030.
569 OLG Hamm, BauR 1993, 628.
570 OLG Celle, OLGR 1998, 1030; OLG Düsseldorf, BauR 1996, 293.

kostengarantie immer auf ein bestimmtes Bauvorhaben mit einem bestimmten Bauvolumen beziehen[571]. Wegen der erheblichen Folgen, die sich aus einer Baukostengarantie ergeben können, spricht die Nichterwähnung einer solchen Garantieverpflichtung im Architektenvertrag entscheidend gegen deren Vereinbarung[572]. Auch die Erklärung des Architekten, für das Bauvorhaben werde ein bestimmter DM-Betrag ausreichen, oder mit dem Betrag könne das Bauvorhaben mit Sicherheit erstellt werden, reicht für die Annahme einer Garantie nicht aus[573].

301
Voraussetzungen
Erforderlich ist vielmehr die ausdrückliche Zusicherung des Architekten,

> daß die Baukosten einen bestimmten Betrag nicht überschreiten werden und

> bei Überschreitung der Höchstgrenze der Mehrbetrag vom Architekten übernommen wird[574].

302 Die bloße Angabe eines Kostenlimits oder -rahmens genügt ebenfalls nicht[575]. Es muß also zum Ausdruck kommen, daß der Architekt persönlich einstehen will, und es muß der Umfang der Bauleistung feststehen[576].

303 Zu unterscheiden ist zwischen einer totalen Garantie und einer beschränkten Garantie:

> Bei der *totalen* Bausummengarantie verpflichtet sich der Architekt zur Einhaltung der genannten Bausumme selbst bei atypischen Geschehensabläufen. Er trägt also sogar das mögliche Preissteigerungsrisiko während der Durchführung der Baumaßnahme.

> Bei der *beschränkten* Bausummengarantie garantiert der Architekt die Bausumme für typische Geschehensabläufe.

304 Dem Bauherrn steht in einem solchen Fall kein Schadenersatzanspruch, sondern ein Erfüllungsanspruch gegen den die Garantie leistenden Architekten zu[577]. Bei grundlegender Änderung des Plans kann es zum Wegfall der Garantie kommen[578].

---

571 OLG Düsseldorf, BauR 1995, 411 f.
572 OLG Düsseldorf, BauR 1996, 293, 295.
573 Werner/Pastor, Rn. 1778.
574 BGH, BauR 1997, 225.
575 BGH, BauR 1991, 366.
576 OLG Düsseldorf, BauR 1993, 356.
577 BGH, BauR 1987, 225 – auch zur Beweislast.
578 OLG Düsseldorf, BauR 1995, 411.

5.2 Haftung des Architekten wegen Bausummenüberschreitung

Da der Architekt bei einem echten Garantievertrag für die Überschreitung der Baukosten haftet, kann er sein Honorar auch nur von der vereinbarten Bausumme berechnen, nicht dagegen von den tatsächlichen Baukosten[579].

305
Honorarbemessungsgrundlage ist nur die vereinbarte Bausumme

Die Haftung des Architekten für die Überschreitung garantierter Baukosten entfällt allerdings auch bei Vorliegen eines echten Garantievertrages, wenn der Bauherr die Überschreitung der Baukosten anerkennt; dies kann etwa durch die Unterschrift unter sämtlichen Bauvorlagen, insbesondere der Neuberechnung der Baukosten, erfolgen[580]. In gleicher Weise wird eine Baukostengarantie gegenstandslos, wenn die ursprüngliche Planung einvernehmlich geändert und in erweitertem Umfange ausgeführt wird[581].

306

Bei einer Baukostengarantie haftet der Architekt uneingeschränkt und in voller Höhe für die Kostenüberschreitung. Sollte das Bauwerk beispielsweise nur 1,0 Mio. DM kosten und kostet es tatsächlich 1,5 Mio. DM, so hat der Architekt in Höhe der Kostenüberschreitung von 500.000,00 DM einzustehen. Der Gesichtspunkt der Vorteilsausgleichung findet nicht statt.

307

Wird die Überschreitung der garantierten Baukosten frühzeitig, also noch in der Planungsphase festgestellt, kann der Bauherr den Architektenvertrag aus wichtigem Grund kündigen. Da die Planung in aller Regel für den Bauherrn unbrauchbar sein wird, steht dem Architekten kein Honorar zu. Ist die Planung dagegen ausnahmsweise brauchbar und läßt der Bauherr auf der Grundlage der Planung von einem anderen Architekten weiterplanen, steht dem Architekten, der die Garantieerklärung abgegeben hat, jedenfalls nur ein auf der Grundlage der Garantiesumme ermitteltes Honorar zu.

308
Kündigung aus wichtigem Grund

5.2.2.2 Überschreiten eines vereinbarten Kostenlimits

5.2.2.2.1 Umfang der Pflichten

Die Abgrenzung zwischen einer Bausummengarantie und der Vereinbarung eines Baukostenlimits – also einer festen Kostenobergrenze – kann im Einzelfall schwierig sein, weil auch die Vereinbarung eines Kostenlimits einen garantieähnlichen, weil erfolgsbezogenen Aspekt hat[582]. In jedem Fall ist der Bauherr darlegungs- und beweispflichtig dafür, daß er mit dem Architekten einen Baukostenbetrag verbindlich vereinbart hat[583]. Ein solches Kostenlimit kann mündlich und auch

309
auch mündliche Vereinbarungen sind wirksam

---

579 BGH, DB 1970, 1685.
580 LG Dortmund, BauR 1971, 277.
581 OLG Düsseldorf, BauR 1995, 411.
582 Werner/Pastor, Rn. 1786.
583 OLG Düsseldorf, OLGR 1998, 317; BGH, BauR 1997, 494.

schriftlich vereinbart werden. Die Bezeichnung »Baukostenlimit« ist nicht erforderlich. Es muß sich aber aus dem Gesamtzusammenhang eindeutig und unmißverständlich ergeben, daß Baukosten in einer bestimmten Höhe verbindlich einzuhalten sind.

310 In folgenden Fällen wird die wirksame Vereinbarung eines Baukostenlimits bejaht:

> ➤ Im Architektenvertrag heißt es, daß dem Bauherrn »verfügbare Mittel für den Hausbau von DM X« zustehen[584].
>
> ➤ Der Architekt unterbreitet dem Bauherrn ein Honorarangebot, in dem die Baukosten im einzelnen angegeben sind; auf dieser Grundlage erteilt der Bauherr dem Architekten den Auftrag zur Durchführung der Objektplanung[585].
>
> ➤ Der Bauherr erteilt dem Architekten den Auftrag, ein Haus mit einer bestimmten Wohnfläche zu einem maximalen Preis von DM X im Sinne einer Kostenobergrenze zu planen[586].
>
> ➤ Die gemeinsame Kostenvorstellung manifestiert sich in der Korrespondenz zwischen dem Architekten und dem Bauherrn[587].
>
> ➤ Der Bauherr stimmt einer Vorplanung des Architekten mit entsprechender Kostenschätzung zu; auf dieser Basis – also auch auf der Grundlage der Kostenschätzung – wird dann der Architektenauftrag abgeschlossen[588].

311 Für die Annahme eines Baukostenlimits ist es dagegen *nicht* ausreichend,

> ➤ wenn der Architekt im Bauantrag eine bestimmte Bausumme nennt und der Bauherr diesen Bauantrag gegenzeichnet. Die Unterschrift des Bauherrn besagt schon deshalb nichts, weil die Unterschrift des Bauherrn unter dem Bauantrag Voraussetzung für die Bearbeitung durch die Behörde ist und die im Bauantrag genannte Bausumme andere Zwecke verfolgt, als ein Baukostenlimit. Häufig wird gerade die Bausumme im Bauantrag auch wegen der Genehmigungsgebühren niedrig gehalten[589].
>
> ➤ wenn im Bauvertrag lediglich ein Circabetrag hinsichtlich der Baukosten genannt wird. Es handelt sich auch insoweit nur

---

584 Vgl. Werner/Pastor, Rn. 1786.
585 Werner/Pastor, Rn. 1781.
586 OLG Düsseldorf, BauR 1988, 237.
587 OLG Naumburg, BauR 1996, 889; BGH, BauR 1994, 268.
588 So auch Werner/Pastor, Rn. 1781.
589 Vgl. BGH, BauR 1997, 494.

um einen Kostenrahmen und nicht um ein verbindlich vereinbartes Baukostenlimit.

5.2.2.2.2 Art und Umfang der Haftung

5.2.2.2.3 Rechte des Auftraggebers vor der Realisierung des Bauvorhabens

Nach der älteren Rechtsprechung des Bundesgerichtshofs begründet die Zusicherung einer bestimmten Bausumme keinen Erfüllungsanspruch auf Einhaltung der versprochenen Baukosten[590]. Auch die Kostenlimitentscheidung des BGH vom 16.12.1993[591] vermittelt noch den Eindruck, dem Architekten stehe selbst bei Vereinbarung eines Kostenlimits ein Toleranzrahmen zur Verfügung. 312

In neuerer Rechtsprechung hat der BGH sich dann eindeutig geäußert: Die Vereinbarung eines Kostenlimits bzw. Kostenrahmens ist Grundlage für einen Erfüllungsanspruch[592] mit der Folge, daß der Architekt verpflichtet ist, die vereinbarte Bausumme einzuhalten; ein Toleranzrahmen steht ihm nicht zur Verfügung. 313 *kein Toleranzrahmen, aber Erfüllungsanspruch des Bauherrn*

Zu weiterer Klarheit konnte sich der BGH bisher allerdings nicht durchringen. Insbesondere bleibt nach wie vor offen, ob bei Überschreitung eines verbindlich vereinbarten Baukostenlimits die Vorschriften über die Unmöglichkeit (§§ 324, 325 BGB) Anwendung finden oder diese Fälle, gleich ob die Baukostenüberschreitung vor oder nach der Realisierung des Bauvorhabens auffällt, nur über Werkvertragsrecht (§§ 634, 635 BGB) zu regeln sind: 314

Wohl überwiegend wird generell, also sowohl für den Zeitraum vor der Realisierung des Bauvorhabens als auch nach der Realisierung des Bauvorhabens, Werkvertragsrecht herangezogen[593]. Der Bauherr müsse vor der Geltendmachung der Rechte nach § 635 BGB dem Architekten nach § 634 Abs. 1 BGB eine Frist zur Nachbesserung (mit Ablehnungsandrohung) setzen; dem Architekten sei also stets die Gelegenheit zu geben, durch neue planerische Bemühungen die Baukosten auf den vorgegebenen oder ins Auge gefaßten Betrag zu senken. Das OLG Düsseldorf hat hervorgehoben, daß die Überschreitung eines vereinbarten Kostenlimits noch keinen so schwerwiegenden Mangel darstelle, daß die Nachbesserungsaufforderung durch den Bauherrn entbehrlich werde[594]. Für die Unmöglichkeit der Nachbesserung sei vielmehr der Bauherr stets darlegungs- und beweispflichtig. 315

---

590 BGH, WM 1970, 1139; OLG Stuttgart, BauR 1977, 424.
591 BGH, BauR 1994, 268.
592 BGH, BauR 1997, 494; auch Brandenburgisches OLG, BauR 1999, 1202.
593 OLG Düsseldorf, BauR 1988, 237; OLG Hamm, BauR 1995, 413; OLG Düsseldorf, BauR 1994, 133; Werner/Pastor, Rn. 1791 m. w. N.
594 OLG Düsseldorf, BauR 1994, 133.

Im Schrifttum[595] wird darauf hingewiesen, daß Kosteneinsparungen durch verschiedene Maßnahmen erreicht werden können, nämlich durch Umplanungen, Einholung anderer Kostenangebote und vor allem durch Verzicht auf eine aufwendige Ausstattung.

316
Nichterfüllung: Überschreiten des Baukostenlimits

Die Lösung über Werkvertragsrecht ist aber nicht systematisch. Ist das Bauvorhaben noch nicht realisiert, sondern befindet es sich in der Planung, dann wird bei Überschreitung des vereinbarten Kostenlimits der Vertrag nicht erfüllt. Es liegt ein Fall der nachträglichen Unmöglichkeit vor. Der Architekt kann das Baukostenlimit ohne Veränderung der Planung nicht mehr erreichen. Das hat der Architekt in der Regel auch zu vertreten (§ 276 BGB). Weist er nach, z. B. durch Einholung eines zweiten Kostenangebotes, daß die vorgegebenen Kosten doch eingehalten werden können, liegt keine Kostenüberschreitung vor[596].

317 Liegt der Ausnahmefall vor, daß die Überschreitung des Baukostenlimits von dem Bauherrn zu vertreten ist, was der Architekt nach § 282 BGB zu beweisen hat, findet § 324 BGB Anwendung mit der Folge, daß der Architekt den Anspruch auf sein Honorar behält, er sich jedoch die ersparten Aufwendungen anrechnen lassen muß (§ 324 Abs. 1 BGB).

318 Liegt dieser Ausnahmefall nicht vor, kann der Bauherr nach § 325 BGB bei Nichteinhaltung des Baukostenlimits ohne weiteres Schadenersatz wegen Nichterfüllung vom Architekten fordern oder vom Vertrag zurücktreten.

319
kein Nachbesserungsrecht

Das Recht der Nachbesserung steht dem Architekten *nicht* zu[597]. Vor allem kann er vom Bauherrn nicht verlangen, daß dieser in dem Interesse, das Baukostenlimit doch noch zu erzielen, Eingriffe in die Planung duldet.

320
Schadenersatz wegen Nichterfüllung nach der Abnahme

Fraglich kann nur sein, ob dem Bauherrn die Rechte nach § 325 BGB auch noch nach der Abnahme des Architektenwerks, aber vor der Realisierung des Bauvorhabens zustehen. Das ist im Ergebnis zu bejahen. Zwar findet grundsätzlich § 325 BGB nur bis zur Abnahme Anwendung[598]. Für die Anwendung des § 325 BGB ist aber ausnahmsweise auch noch nach der Abnahme Raum, wenn die Mängelbeseitigung unmöglich ist; in diesem Fall ist nämlich kein Grund ersichtlich, der einen Verzicht auf die Anwendung des § 325 BGB rechtfertigen könnte[599].

---

595 Werner/Pastor, Rn. 1791.
596 A. A.: Werner/Pastor, Rn. 1791.
597 A. A.: OLG Düsseldorf, BauR 1988, 237; OLG Hamm, BauR 1995, 413; OLG Düsseldorf, BauR 1994, 133; Werner/Pastor, Rn. 1791 m. w. N.
598 BGH, NJW 1974, 551.
599 Vgl. Emmerich, in: MünchKomm, BGB, § 325 Rn. 9.

5.2 Haftung des Architekten wegen Bausummenüberschreitung

Neben den Rechten aus § 325 BGB steht dem Bauherrn auch die Möglichkeit der Kündigung aus wichtigem Grund wegen Überschreitung des vereinbarten Kostenlimits zu. Da die Planung für den Bauherrn nicht brauchbar ist, steht dem Architekten auch für die erbrachten Leistungen kein Honorar zu. Folgt man dagegen der Meinung, die die Überschreitung eines vereinbarten Baukostenlimits über Werkvertragsrecht löst, so steht dem Bauherrn zwar ebenfalls die Möglichkeit der Kündigung aus wichtigem Grund zu. Zuvor muß er dem Architekten aber die Möglichkeit der Nachbesserung einräumen, es sei denn, es liegen die Voraussetzungen des § 634 Abs. 2 BGB[600] vor.

321
Kündigung aus wichtigem Grund

5.2.2.2.4 Rechte des Auftraggebers nach der Realisierung des Bauvorhabens

Hat der Architekt die Überschreitung des vereinbarten Kostenlimits zu vertreten, so ist er nach § 635 BGB schadenersatzpflichtig[601]. Einer Aufforderung zur Nachbesserung nach § 634 Abs. 1 BGB bedarf es nicht mehr, weil sich der Mangel im Bauvorhaben realisiert hat.

322

Kann dem Architekten dagegen ausnahmsweise kein Verschulden zur Last gelegt werden, steht dem Bauherrn nach § 634 Abs. 1 BGB ein Anspruch auf Minderung des Honorars zu. Der Bestimmung einer Frist zur Nachbesserung bedarf es nicht, weil diese wegen Realisierung des Mangels im Bauvorhaben unmöglich ist (§ 634 Abs. 2 BGB).

323

5.2.2.3 Überschreitung eines nicht vereinbarten Kostenlimits

Ist zwischen Bauherr und Architekt kein Kostenlimit vereinbart worden, wird eine Pflichtverletzung und damit Schadensersatzpflicht des Architekten angenommen, wenn er entweder gegen seine allgemeine Pflicht, wirtschaftlich zu planen, verstößt, das Bauwerk entgegen einer ersten fehlerhaften Kostenaussage später erheblich teurer wird[602], oder der Architekt es versäumt, den Bauherrn auf Mehrkosten bedingt durch Sonder- und Änderungswünsche hinzuweisen.

324

5.2.2.3.1 Allgemeine Pflicht zur wirtschaftlichen Planung

Es gehört zu den wichtigen Aufgaben des Architekten, die Kosten des Bauvorhabens im Planungsverfahren richtig zu ermitteln und diese Kostenermittlung dann auch im Rahmen der Bauausführung so um-

325
beachten: wirtschaftliche Belange des Bauherrn

---

600 OLG Düsseldorf, BauR 1988, 237; OLG Hamm, BauR 1987, 464; Werner/Pastor, Rn. 1792.
601 Brandenburgisches OLG, BauR 1999, 1202.
602 BGH, WM 1970, 1139.

zusetzen, daß es nicht zu unvertretbar hohen Kostenüberschreitungen kommt. Dabei hat der Architekt stets die wirtschaftlichen Belange des Auftraggebers zu beachten. Er muß den Kosten eine erhöhte Aufmerksamkeit widmen, zumal dann, wenn es sich bei dem Bauvorhaben erkennbar um ein Renditeobjekt handelt[603]. Der Architekt bewegt sich auch ohne ausdrückliche Vereinbarung eines Kostenrahmens oder eines Kostenlimits nicht in einem wirtschaftlich freien Raum. Vielmehr gehört es zu seinen Sachwalterpflichten, schon zu Beginn der Planung den Kostenrahmen abzustecken[604]. Der Architekt muß das Bauvorhaben auf die wirtschaftlichen Interessen des Bauherrn ausrichten, auch wenn er nach der Rechtsprechung des BGH[605] nicht ohne weiteres verpflichtet ist, in jeder Hinsicht die Vermögensinteressen des Bauherrn wahrzunehmen und unter Berücksichtigung aller Umstände so kostengünstig wie möglich zu bauen.

326 Neben dieser allgemeinen Pflicht, auf Kosten zu achten, hat der Architekt im Rahmen der Objektplanung die vertragliche Pflicht, vier Kostenermittlungen nach DIN 276 zu erstellen, um auf diese Weise den Auftraggeber – je nach Stand des Bauvorhabens – über die Baukosten zu unterrichten und ihm die Möglichkeit von Korrekturen zu eröffnen (vgl. auch Rn. 14).

327 Vom Architekten wird neben den vier Kostenermittlungen nach DIN 276, also der Kostenschätzung, der Kostenberechnung, dem Kostenanschlag und der Kostenfeststellung nach der 5. Änderungsverordnung in § 15 HOAI verlangt, als Grundleistung die Kostenkontrolle zu erbringen; der Architekt hat hiernach in folgenden Leistungsphasen Kostenkontrollen durchzuführen:

Leistungsphase 3 (Entwurfsplanung)	Kostenkontrolle durch Vergleich der Kostenberechnung mit der Kostenschätzung
Leistungsphase 7 (Mitwirkung bei der Vergabe)	Kostenkontrolle durch Vergleich des Kostenanschlags mit der Kostenberechnung
Leistungsphase 8 (Objektüberwachung)	Kostenkontrolle durch Überprüfung der Leistungsabrechnungen der bauausführenden Unternehmen im Vergleich zu den Vertragsparteien und dem Kostenanschlag

328 Durch die Aufnahme dieser neuen Grundleistung »Kostenkontrolle« *Kostenkontrolle* wird die Verpflichtung des Architekten, die Kostenentwicklung während des Planungsablaufs kontinuierlich zu kontrollieren, die Planung und Bauausführung nach den Kosten auszurichten, die wirtschaftli-

---

603 OLG Naumburg, BauR 1996, 889; BGH, BauR 1975, 434 und BauR 1984, 420.
604 BGH, BauR 1991, 366.
605 BGH, BauR 1996, 570 f.

5.2 Haftung des Architekten wegen Bausummenüberschreitung

chen Belange des Auftraggebers also stets im Auge zu behalten, auch durch den Wortlaut der Verordnung deutlich.

Allerdings braucht der Architekt immer nur die zum Zeitpunkt der Kostenermittlung realistischen Kosten zu ermitteln[606]. Aus diesem Grund ist den Absprachen zwischen den Baubeteiligten, insbesondere also den Planungvorgaben des Bauherrn (z. B. Ausbaustandards, Raumprogramm etc.), ein besonderes Gewicht beizumessen[607]. Diese Planvorgaben muß der Architekt im Zweifel aber schon zum Zeitpunkt der Grundlagenermittlung (Analyse der Grundlagen und Abstimmung der Zielvorstellungen) abklären[608]. Das wird häufig nicht von dem Architekten bedacht und führt regelmäßig zu einer Pflichtverletzung, weil der Bauherr dann später einwenden kann, daß der Architekt ins Blaue hinein geplant hat. Eine anfängliche Kostenvorgabe wird allerdings abgelöst durch die erste dem Bauherrn überreichte, höhere Baukosten ausweisende Kostenermittlung (nach dem Leistungsbild des § 15 HOAI die Kostenschätzung), wenn der Bauherr nach deren Entgegennahme die Kostenüberschreitung nicht rügt, sondern durch sein Schweigen zumindest objektiv den Eindruck erweckt, er habe gegen eine Planung mit den ausgewiesenen Kosten nichts einzuwenden. Gleiches gilt für die nachfolgenden Kostenermittlungen: Solange der Bauherr nicht widerspricht, billigt er den neuesten Stand der aufgezeigten Baukostenentwicklung. Von daher dient es insbesondere auch dem Selbstschutz des Architekten, zeitnah und ordnungsgemäß die Kostenermittlungen durchzuführen. Tut der Architekt dies nicht, schneidet er sich selbst den Einwand ab, den Bauherrn über die von der Erstvorgabe abweichende Kostenermittlung rechtzeitig unterrichtet zu haben.

329

Kostenvorgabe kann durch spätere Kostenermittlung abgeklärt werden

Die allgemeine Pflichtverletzung des Architekten, wirtschaftlich zu planen, ergibt sich in der Praxis häufig aus folgenden Versäumnissen:

330

> ➢ Der Architekt unterläßt es pflichtwidrig, schon während der Grundlagenermittlung, spätestens aber zum Zeitpunkt der Vorplanung den Kostenrahmen abzustecken[609].

> ➢ Der Architekt schließt im Auftrag des Bauherrn ungünstige Verträge mit Unternehmen ab.

> ➢ Der Architekt läßt eine teurere Ausführung aus ästhetischen Gründen durchführen, ohne die Verteuerung mit dem Bauherrn abzuklären.

> ➢ Der Architekt vergißt Einzelpositionen im Leistungsverzeichnis und verursacht dadurch beim Pauschalpreisvertrag

---

606 OLG Köln, NJW-RR 1993, 986.
607 BGH, BauR 1991, 366; OLG Düsseldorf, BauR 1995, 411.
608 BGH, BauR 1991, 366.
609 OLG Hamm, BauR 1987, 464.

Nachträge, die zu einer nicht einkalkulierten Verteuerung führen; die gleiche Problematik besteht bei sonstigen Ausschreibungsfehlern.

➢ Der Architekt unterläßt die Kostenermittlung und/oder die Kostenkontrolle.

➢ Der Architekt ermittelt die Kosten fehlerhaft, z. B. wegen zu niedrig angesetzter Kubikmeterpreise[610] oder wegen falsch berechneten Volumens[611].

➢ Der Architekt empfiehlt dem Bauherrn nicht, eine Bodenanalyse durchzuführen, obgleich Anhaltspunkte für eine Kontaminierung vorlagen (z. B. wurde früher auf dem Grundstück eine Tankstelle betrieben); das führt zu Mehrkosten z. B. für den Bodenaustausch oder für eine Tiefergründung; der Architekt berücksichtigt nicht geländebedingte Schwierigkeiten, z. B. rutschgefährdete Hanglage[612].

➢ Die durch den Architekten erstellten Kostenermittlungen sind unzutreffend. Das ist der Fall, wenn sich die tatsächlichen Baukosten außerhalb des Rahmens des Kostenermittlungsergebnisses bewegen und hierfür keine Änderungswünsche ursächlich sind.

5.2.2.3.2 Fehlerhafte Kostenermittlung

331
Kostenermittlungen nach DIN 276

Die Kostenschätzung, die Kostenberechnung und der Kostenanschlag stellen fortschreitende Kostenermittlungen mit einem immer konkreter werdenden und verfeinerten Aussagegehalt dar[613]. Je früher das Stadium der Planung bzw. Realisierung, um so weniger genau lassen sich die Baukosten absehen, weshalb die Ergebnisse aller Kostenermittlungen nur als Kostenrahmen zu verstehen sind, der mit fortschreitendem Kostenermittlungsverfahren immer enger wird. Diesem Rahmencharakter muß der Bauherr bei seiner Entscheidung Rechnung tragen. Jedes Bauvorhaben ist mit vielen Unsicherheitsfaktoren und Unwägbarkeiten verbunden. Schon der meist längere Zeitablauf bei einem Bau kann zu unvermeidbaren Mehrkosten führen: So können z. B. DIN-Vorschriften aufgrund eines Bauvorhabens geändert werden und einen aufwendigeren Bau notwendig machen. Verteuerungen können sich auch durch unvorhergesehene Mehr- und Lohnsteigerungen ergeben, ebenso wie durch Streiks, ungünstige Wetterverhältnisse oder nachbarrechtliche Probleme und eine dadurch be-

---

610 BGH, BauR 1997, 494.
611 OLG Köln, NJW-RR 1994, 681.
612 LG Tübingen, Schäfer/Finnern, Z 2.005 Bl. 3.
613 BGH, NJW-RR 1986, 1148.

5.2 Haftung des Architekten wegen Bausummenüberschreitung

dingte Unterbrechung der Bauausführung mit entsprechender Kostenfolge nach sich ziehen.

In Rechtsprechung und Literatur ist man sich einig, daß Kostenermittlungen des Architekten bis zu einer gewissen Grenze überschritten werden dürfen, ohne daß von einer Fehleinschätzung des Architekten gesprochen werden kann[614]. Wo diese angemessene Grenze liegt, bleibt stets der Prüfung des Einzelfalles vorbehalten. Es kann durchaus sein, daß aufgrund der Besonderheiten des Einzelfalles dem Architekten jeglicher Toleranzrahmen abgesprochen werden muß[615]. Bei einer auch für den Bauherrn ganz offensichtlich nur überschlägigen Schätzung der Kosten hat der BGH dem Architekten dagegen einen Toleranzrahmen von 27,7 % eingeräumt[616]: in einem anderen Fall hat der BGH eine Fehleinschätzung bis zu 16 % noch als hinnehmbar bezeichnet[617]. Dagegen soll bei einer Bausummenüberschreitung von 104 % eine Pflichtverletzung des Architekten gegeben sein[618]. Das OLG Zweibrücken sieht eine Kostenüberschreitung von etwa 35 % gegenüber der von dem Architekten im Rahmen der Vorplanung erstellten Kostenschätzung bei einer Altbausanierung noch innerhalb der Toleranzgrenze[619]. Derselben Auffassung ist das OLG Hamm[620] bei einer Bausummenüberschreitung von 14,86 %.

332
Toleranzrahmen

Es wäre absolut unzulässig und würde zu falschen Ergebnissen führen, wenn man den Versuch unternähme, hieraus Faustregeln zu bilden. Jede der vorgenannten Entscheidungen ist einzelfallbezogen und läßt sich auch nur anhand des Einzelfalles begründen. Von daher sollen nachfolgend auch nur Anhaltspunkte für die Festlegung der Toleranzgrenze aufgezeigt werden:

333

➢ Zunächst gilt der Grundsatz, daß bei der Festlegung der Toleranzgrenze immer darauf abgestellt werden muß, mit welchem Verbindlichkeitsanspruch sich der Architekt zur Kostenvoraussicht geäußert hat[621]. So kommt bei einer überschlägigen, nur als vorläufig bezeichneten vorvertraglichen Kostenprognose (Kostenüberschlag) eine objektive Pflichtverletzung des Architekten nur im Fall einer besonders groben Fehleinschätzung in Betracht.

➢ Zweites Kriterium für die Festlegung eines Toleranzrahmens ist der Bauplanungsfortschritt. Der Genauigkeitsgrad der Kostenermittlungsart nimmt entsprechend dem Planungsfort-

---

614 So auch BGH, BauR 1988, 734, 736.
615 BGH, BauR 1997, 335 ff.
616 BGH, NJW-RR 1987, 337.
617 BGH, BauR 1994, 268.
618 BGH, VersR 1971, 1041 f.
619 OLG Zweibrücken, BauR 1993, 375.
620 OLG Hamm, BauR 1991, 246.
621 Vgl. Werner/Pastor, Rn. 1788.

schritt zu. So wird die Kostenschätzung, also die 1. Kostenermittlungsart nach DIN 276, in einem frühen Planungsstadium erstellt und dient in erster Linie als vorläufige Grundlage für Finanzierungsüberlegungen. Über konkrete Plandaten und natürlich auch Kostendaten verfügt der Architekt zu diesem Zeitpunkt noch nicht. Gerade bei größeren Bauvorhaben werden die Sonderfachleute z. B. für Haustechnik, Statik etc. erst zu einem späteren Zeitpunkt eingeschaltet, weshalb deren Kostendaten ebenfalls noch nicht Berücksichtigung finden können. Der Architekt ist auf bloße Schätzungen anhand von Erfahrungswerten angewiesen.

> Drittes Kriterium ist die Art des Bauvorhabens. Bei einem Großbauvorhaben wird man in aller Regel einen höheren Toleranzrahmen als bei einem Einfamilienhaus zubilligen können, und bei einem Neubauvorhaben wird der Toleranzrahmen grundsätzlich niedriger liegen, als bei einer Sanierungsmaßnahme bzw. einem Umbau, weil die Unwägbarkeiten bei Sanierung und Umbau deutlich höher liegen[622].

> Schließlich spielt die Schwere der vom Architekten zu vertretenden Pflichtverletzung eine Rolle: In einem Einzelfall hat der BGH[623] festgestellt, daß z. B. vergessene Mehrwertsteuer und unrealistisch hohe Kubikmeterpreise grobe Fehler des Architekten darstellen und ihm deshalb auch schon bei der Kostenschätzung kein Toleranzrahmen zugute kommen könne.

334 Fehler bei der Kostenfeststellung wirken sich für den Bauherrn allerdings nicht mehr aus; sie haben daher außer Betracht zu bleiben, weil mit der Kostenfeststellung die entstandenen Baukosten nur noch dokumentiert werden, die Kostenfeststellung aber nicht mehr Grundlage für Entscheidungen des Bauherrn über die Bauausführung sein kann.

335
erforderlich: Kausalität zwischen fehlerhafter Kostenermittlung und Schaden

Die Pflichtverletzung muß für den eingetretenen Schaden kausal geworden sein[624]. Ein Schaden des Bauherrn bei fehlerhafter Kostenermittlung ist nur denkbar, wenn der Bauherr darlegen kann, daß er nicht oder jedenfalls billiger gebaut hätte, wenn ihm die zum Schätzzeitpunkt realistischen Kosten mitgeteilt worden wären[625]. Gegenstand des erforderlichen Nachweises ist ein hypothetischer Ablauf: Welche Einwendungen zur Gestaltung des Bauvorhabens hätte der Bauherr bei früherer Information über die voraussichtlichen Kosten durch den Architekten getroffen?[626]

---

622 Werner/Pastor, Rn. 1790.
623 BGH, BauR 1997, 335.
624 BGH, BauR 1997, 494, 497.
625 BGH, BauR 1997, 494, 497; BGH, WM 1970, 1139.
626 BGH, BauR 1997, 494, 497.

5.2 Haftung des Architekten wegen Bausummenüberschreitung

Dem Bauherrn obliegt hierfür die volle Beweislast. Auf die Rechtsprechung des Bundesgerichtshofs zur Beweislasterleichterung für denjenigen, der einen anderen wegen dessen besonderer Sachkunde um Rat fragt, kann nicht zurückgegriffen werden[627].

336

Der Schaden des Bauherrn besteht im Fall einer fehlerhaften oder unterlassenen Kostenermittlung nicht in der Höhe der Differenz zwischen den tatsächlichen und den ermittelten Kosten. Der Bauherr kann lediglich verlangen, so gestellt zu werden, wie er stünde, wenn der Architekt die realistischen Kosten richtig ermittelt hätte. Damit ist festgelegt, daß der Schaden des Bauherrn bei der fehlerhaften Kostenermittlung entweder in der Belastung mit den gesamten bis dato angefallenen Kosten besteht, weil er bei richtiger Ermittlung überhaupt nicht gebaut hätte, oder aber darin, daß es ihm wegen der fehlerhaften Kostenermittlung verwehrt war, billiger zu bauen. Hätte der Bauherr billiger gebaut, dann wären ihm geringere Kosten entstanden[628].

337
Schadensberechnung

Der Bauherr muß sich nach ständiger Rechtsprechung die ihm zugeflossenen Vorteile in Form von Wertsteigerungen des Gebäudes nach den Regeln der Vorteilsausgleichung anrechnen lassen[629]. Zumindest bei offenkundiger Wertsteigerung muß der geschädigte Bauherr darlegen, daß diese Steigerung hinter den nachweislich aufgewendeten Baukosten zurückbleibt[630]. Ein Schaden des Bauherrn liegt nicht vor, wenn der Mehraufwand zu einer Werterhöhung des Gebäudes geführt hat und der Mehraufwand dadurch ausgeglichen wurde. Maßgeblicher Zeitpunkt für die im Rahmen des Vorteilsausgleichs vorzunehmende Bestimmung der Werterhöhung durch zusätzliche Aufwendungen ist der Schluß der letzten mündlichen Tatsachenverhandlung[631]; dies ist auch sonst bei der Ermittlung des Schadens der entscheidende Zeitpunkt. Ein Vorteilsausgleich findet dort seine Grenze, wo das Ergebnis dem Zweck des Ersatzanspruchs zuwiderläuft, das heißt dem Geschädigten nicht mehr zuzumuten ist und den Schädiger unangemessen entlastet[632].

338
Vorteilsausgleichung

5.2.2.3.3 Mehrkosten – bedingt durch Sonder- und Änderungswünsche des Bauherren

Bei verteuernden Sonder- und Änderungswünschen des Bauherrn ist der Architekt unter Umständen verpflichtet, den Bauherrn über anfallende Mehrkosten und damit die Überschreitung der bisherigen

339
Hinweis- und Warnpflicht

---

627 BGH, BauR 1994, 497.
628 BGH, NJW 1994, 856 ff.
629 BGH, BauR 1997, 494 ff.; BGH, BauR 1997, 335 ff.; BGH, NJW 1994, 856 ff.; BGH, BauR 1979, 74; BGH, WM 1970, 1140.
630 BGH, BauR 1997, 494, 496 ff.
631 BGH, BauR 1997, 335.
632 BGH, BauR 1997, 335 f.; BGH, BauR 1994, 510 m. w. N.

Kostenermittlung rechtzeitig aufzuklären. Eine entsprechende Hinweis- und Warnpflicht des Architekten entfällt allerdings, wenn sich die Verteuerung für den Bauherrn erkennbar bereits aus den Gesamtumständen ergibt[633].

340 Ist eine im Einzelfall gebotene Aufklärung unterblieben, kann eine Entlastung des Architekten nur Platz greifen, wenn er beweist, daß der Bauherr trotz einer entsprechenden Aufklärung weitergebaut und nicht auf die Sonder- und Änderungswünsche verzichtet hätte[634]. Der Architekt muß durch seine Beratung zur Kostenentwicklung dem Bauherrn die Möglichkeit eröffnen, sich für eine einfachere Bauausführung zu entscheiden oder das Bauvorhaben sogar fallenzulassen, wenn die Ermittlung der Baukosten ergibt, daß die Realisierung des Bauvorhabens sich nicht in Einklang bringen läßt mit den finanziellen Möglichkeiten des Bauherrn[635].

5.2.2.3.4 Art und Umfang der Haftung

341 Die Pflichtverletzung durch fehlerhafte Kostenermittlung oder Beratung im Vorfeld stellt eine Nebenpflichtverletzung dar[636]. Dennoch löst die Nebenpflichtverletzung keine Ansprüche aus positiver Vertragsverletzung aus, sondern ist nach Gewährleistungsrecht (§ 635 BGB) zu beurteilen. Denn die Beratung zu Kosten und die Verpflichtung zur ordnungsgemäßen und fehlerfreien Kostenermittlung berührt den Kernbereich des Architektenwerks[637]. Der BGH problematisiert – auch in neueren Entscheidungen – diesen Punkt allerdings nicht, sondern beurteilt grundsätzlich die allgemeine Pflicht des Architekten, zu den Kosten und der Kostenentwicklung zu beraten nach den Grundsätzen der positiven Vertragsverletzung[638]. Abgesehen von der längeren Verjährungsfrist, die bei positiver Vertragsverletzung 30 Jahre beträgt, sind die Rechtsfolgen nicht wesentlich anders als bei § 635 BGB. Bei Verletzung der allgemeinen Beratungspflicht scheidet die Möglichkeit der Nachbesserung nach § 634 Abs. 2 BGB aus, weil sich die Beratung nicht nachholen läßt; von daher sind die Rechtsfolgen der Anwendung des § 635 BGB hier mit denen aus positiver Vertragsverletzung identisch.

Kernbereich des Architektenwerkes

342 Neben dem Recht, Schadenersatz oder Minderung geltend zu machen, kann der Auftraggeber zusätzlich noch aus wichtigem Grund den Architektenvertrag kündigen.

---

633 OLG Köln, NJW-RR 1993, 986.
634 Zutreffend: Werner/Pastor, Rn. 1794.
635 OLG Stuttgart, BauR 1977, 426, 428.
636 BGH, BauR 1997, 394, 396; Brandenburgisches OLG, BauR 1999, 1202.
637 OLG Düsseldorf, OLGR 1998, 317 und BauR 1994, 133; zutreffend auch Werner/Pastor, Rn. 1775; vgl. auch Rn. 33, 246.
638 BGH, BauR 1997, 1067.

5.2.3 Berechnung des Schadens bei Überschreiten eines vereinbarten und eines nicht vereinbarten Kostenlimits

Schwierige Fragen ergeben sich im Zusammenhang mit der Feststellung des Schadens.

343 *Bausummenüberschreitung*

Es gibt Bausummenüberschreitungen, bei denen die Fehlleistung des Architekten ausschließlich Nachteile für den Bauherrn mit sich bringt (sogenannte echte Bausummenüberschreitung).

echte

Stehen jedoch den Nachteilen auch Vorteile gegenüber, so handelt es sich um eine unechte Bausummenüberschreitung. Diese Vorteile können z. B. in größeren Nutzungsmöglichkeiten oder einem höheren Ertrags- oder Verkehrswert liegen[639].

344 *unechte*

Für die Wertberechnung ist die sogenannte Differenzmethode maßgeblich. Es ist die Differenz zwischen dem Verkehrswert des Grundstückes ohne und unter Berücksichtigung der schadenrelevanten Überschreitung zu bilden.

345 *Differenzmethode*

»Verkehrswert« ist der Erlös, der bei einem Verkauf unter normalen Umständen für das Grundstück erzielt werden kann. Dieser Erlös wird ermittelt nach dem Sach- oder Ertragswertverfahren je nach Nutzung des Gebäudes.

346 *Verkehrswert*

➤ Bei eigengenutzten Gebäuden ist in der Regel der *Sachwert* maßgeblich[640]. Das gilt auch für ein eigengenutztes Betriebsgebäude[641].

Sachwert

➤ Bei einem gewerblich genutzten bzw. vermieteten Objekt wird hingegen auf den *Ertragswert* abgestellt[642].

Ertragswert

➤ Für gemischt genutzte Objekte ist eine Mischung aus *Sach-* bzw. *Ertragswert* anzusetzen[643].

Sach- und Ertragswert

➤ Bei Umbauten ist die erhöhte *Nutzungsdauer* zu berücksichtigen.

Nutzungsdauer

Im Rahmen der Wertermittlung können Zuschläge erforderlich sein, wenn sich der Wert durch Umstände, die der Architekt nicht beeinflussen kann, vermindert hat: so z. B. wenn der Auftraggeber einen Gewerbebetrieb in dem Gebäude eingerichtet hat und dieser wegen

347

Zuschläge

---

639 KG, Schäfer/Finnern/Hochstein, Nr. 20 zu § 635 BGB; zum Vorteilsausgleich im Wege der Verkehrswertminderung; vgl. Steinert, BauR 1988, 552.
640 BGH, BauR 1970, 246; BGH, BauR 1979, 74.
641 BGH, BauR 1979, 74.
642 OLG Düsseldorf, BauR 1974, 354; KG, Schäfer/Finnern/Hochstein, Nr. 20 zu § 635 BGB.
643 OLG Hamm, BauR 1993, 628.

schlechter Lage niedrig zu bewerten ist; ebenso dann, wenn der anspruchsvolle Zuschnitt des Gebäudes nicht der schlechten Lage oder ungünstigen Verkehrsverbindung des Grundstückes entspricht. In diesen Fällen hat der Auftraggeber eine Investition vorgenommen, deren Risiko dem Architekten nicht auferlegt werden kann[644].

348 Neben der Differenz zwischen dem Verkehrswert ohne und unter Berücksichtigung der schadenrelevanten Überschreitung kann der Bauherr zusätzlich noch einen eventuell erhöhten Zinsdienst (nicht die Tilgung) geltend machen[645]. Allerdings sind die durch die Bauleistungen erzielten Vorteile, z. B. Steuervorteile und Mieteinkünfte, schadenmindernd zu berücksichtigen[646]. Im Ergebnis wird der Bauherr seinen Schaden nur unter Darlegung einer Art Gesamtbilanz begründen können.
Zinsdienst

349 Im Fall des Notverkaufs oder der Zwangsvollstreckung ist die Differenz zwischen dem Erlös maßgeblich, wobei der Bauherr zusätzlich den Ersatz der nutzlosen Aufwendungen ersetzt verlangen kann[647].
Notverkauf

350 Das Ertragswertverfahren geht von dem erzielbaren jährlichen Reinertrag, das Sachwertverfahren von den Herstellungskosten aus; ist das Gebäude noch neu und daher der Herstellungswert nicht wegen Alters usw. zu mindern, entspricht der Sachwert dem Errichtungsaufwand[648]. Das Ertragswertverfahren kommt nur in Betracht, wenn das zu bewertende Gebäude im engeren Sinne zur Ertragserzielung bestimmt ist, wie das vorwiegend bei einer Vermietung oder Verpachtung der Fall ist[649]. Das Ertragswertverfahren kann, obwohl das Gebäude, so wie es steht, nicht kostengünstiger hätte errichtet werden können, zur Feststellung eines hinter den Baukosten zurückbleibenden Rentabilitätswerts führen, z. B. bei einem zu Vermietungszwecken errichteten, zu aufwendig ausgestatteten Gebäude.

351 Streitig ist, ob für die Wertermittlung auf den Zeitpunkt des Abschlusses der Bauwerkserrichtung[650] oder die letzte mündliche Tatsachenverhandlung[651] abzustellen ist.
Zeitpunkt der Schadenberechnung

352 Stellt man auf den Zeitpunkt der letzten mündlichen Verhandlung ab, so kann das bei längeren Verfahren mit mehreren Instanzen dazu führen, daß ein zunächst vorhandener Schaden durch zwischenzeitlich

---

644 OLG Stuttgart, Urteil vom 26.06.1980 – 6 U 111/79; zitiert bei: Locher/Koeble/Frik, Einl. 64.
645 OLG Köln, NJW-RR 1994, 981.
646 BGH, BauR 1994, 268.
647 Vgl. Locher/Koeble/Frik, Einl., Rn. 65.
648 BGH, BauR 1979, 74.
649 BGH, BauR 1979, 74.
650 So OLG Stuttgart, Urteil vom 24.06.1980 – 6 U 111/79; auch Löffelmann/Fleischmann, Rn. 1510.
651 So BGH, BauR 1997, 335.

5.2 Haftung des Architekten wegen Bausummenüberschreitung

erfolgte Baukostensteigerungen und damit verbundenen Wertsteigerungen des Gebäudes auf Null sinken kann. Auch der BGH[652] sieht dieses Problem, nimmt es aber ausdrücklich in Kauf unter Hinweis darauf, daß sich bei jeder Schadenberechnung mit Vorteilsausgleich die am Ende verbleibende Schadensumme im Verlauf eines Gerichtsverfahrens vergrößern oder verkleinern könne.

Steht fest, daß das Gebäude eine Wertsteigerung durch die Planung des Architekten erfahren hat, trägt der Bauherr die Darlegungs- und Beweislast dafür, daß die tatsächlich aufgewendeten Baukosten höher als die ermittelte Wertsteigerung sind und daher eine Vorteilsausgleichung nicht in Betracht kommt[653]. Darüber hinaus trifft den Bauherrn auch die Darlegungs- und Beweislast, daß die Pflichtverletzung des Architekten den eingetretenen Schaden verursacht hat[654]. Zwar steht der Bauherr damit vor ganz erheblichen Schwierigkeiten, weil der erforderliche Nachweis jedenfalls teilweise nur über die Darstellung eines hypothetischen Ablaufs erfolgen kann (z. B. Vortrag und Nachweis tatsächlich getroffener Entscheidungen zur Gestaltung des Bauvorhabens bei früherer Information durch den Architekten über die voraussichtlichen Kosten); dennoch ist substantiierter Vortrag des Bauherrn und entsprechender Nachweis notwendig. Im Einzelfall wird man aber mit Plausibilitätsüberlegungen helfen können[655].

353

---

652 BGH, BauR 1997, 494.
653 BGH, BauR 1997, 494.
654 BGH, BauR 1997, 494.
655 So zutreffend: Werner/Pastor, Rn. 1804.

6 Möglichkeiten der Haftungsfreizeichnung

6.1 Grundsätzliche Wirksamkeit – auch bei mündlicher Vereinbarung oder sogar stillschweigendem Zustandekommen

Im Rahmen der bestehenden Vertragsfreiheit sind grundsätzlich vertragliche Haftungsbeschränkungen zulässig, soweit sie nicht gegen gesetzliche Vorschriften verstoßen. Die Zulässigkeitsgrenze finden solche Regelungen u. a. in den §§ 138, 242, 276 Abs. 2, 278 Satz 2, 479, 637 und 826 BGB. Grundsätzlich ist es möglich, solche Haftungsbeschränkungen stillschweigend oder ausdrücklich in Individualvereinbarungen, Formularverträgen oder Allgemeinen Geschäftsbedingungen (AGB) zu vereinbaren. 354

Eine stillschweigende Haftungsfreizeichnung wird man aber nur unter sehr engen Voraussetzungen annehmen können. Allein die Tatsache, daß ein Architekt für die Ausführung der übernommenen Arbeiten fachlich nicht geeignet ist, die Arbeiten für einen Freundschaftspreis übernommen hat und dem Bauherrn dies auch bekannt ist, rechtfertigt es noch nicht, einen Haftungsausschluß anzunehmen[656]. 355

Als Ausnahmeregelung sind Haftungsbeschränkungen in Allgemeinen Geschäftsbedingungen und Formularverträgen eng und bei Unklarheiten gegen den auszulegen, der sie verfaßt hat oder zu dessen Gunsten die Haftung beschränkt werden soll[657]. 356

Andererseits darf eine Freizeichnungsklausel, wenn sie eindeutig vereinbart wurde, nicht einschränkend ausgelegt werden[658]. 357

6.2 Haftungsfreizeichnung in AGB-/Formularverträgen nach dem AGB-Gesetz

Häufig werden Haftungsbegrenzungen in Allgemeinen Geschäftsbedingungen oder in Formularverträgen geregelt. Für die Abgrenzung, ob eine Individualvereinbarung oder eine Regelung in einem Formularvertrag vorliegt, ist § 1 AGB-G von maßgeblicher Bedeutung. Die 358

---

656 BGH, Schäfer/Finnern, Z 2.413.3 Bl. 8.
657 BGH, BauR 1972, 185 f.
658 BGH, NJW 1967, 32.

6 Möglichkeiten der Haftungsfreizeichnung

EG-Richtlinie 93/13/EWG des Rates vom 5.4.1993 über mißbräuchliche Klauseln in Verbraucherverträgen stimmt mit dem geltenden deutschen Recht überein, da sie in Artikel 3 Abs. 1 ebenfalls von Vertragsklauseln spricht, die nicht im einzelnen ausgehandelt wurden. EG-Recht wie deutsches Recht gehen deshalb übereinstimmend davon aus, daß es darauf ankommt, ob der Verbraucher keinen Einfluß auf den Inhalt einer Klausel nehmen konnte oder ihm dies möglich war. Die vorerwähnte EG-Richtlinie ist zwischenzeitlich durch den neuen in das AGB-Gesetz eingefügten § 24a in nationales Recht umgesetzt worden, soweit es den Verbraucherschutz betrifft.

359 Die inhaltliche Bestimmung der Grenzen von formularmäßigen Haftungsfreizeichnungsklauseln kann grundsätzlich auch heute nicht allgemein festgelegt werden. Stets kommt es auf eine sachgerechte, richterliche Wertung der Freizeichnungsklausel im Einzelfall unter Abwägung aller Umstände an, wobei darauf abzustellen ist, ob die Haftungsbegrenzung unter Berücksichtigung des konkreten Sachverhalts unbillig ist und berechtigten Belangen des anderen Vertragspartners widerspricht. Unter verschiedenen Gesichtspunkten sind Haftungsbegrenzungen im Architektenrecht denkbar.

6.2.1 Vollständiger Haftungsausschluß

Vorsatz/grobe Fahrlässigkeit/ arglistiges Verhalten

360 Ein vollständiger formularmäßiger Haftungsausschluß verstößt gegen § 11 Nr. 7 AGB-G. Nach dieser Vorschrift kann die Haftung für vorsätzliche und grob schuldhafte Vertragsverletzungen des Verwenders, seines gesetzlichen Vertreters oder Erfüllungsgehilfen nicht ausgeschlossen oder eingeschränkt werden. Für vorsätzliche und grob schuldhafte Vertragsverletzungen wird für jede Art des Schadens und der Höhe nach unbegrenzt gehaftet.

361 Die Gewährleistung kann auch nicht für das arglistige Verschweigen von Mängeln bzw. das arglistige Vorspiegeln von Eigenschaften oder vom Nichtvorhandensein bestimmter Mängel ausgeschlossen werden.

362 Die Unzulässigkeit solcher Klauseln besteht nicht nur hinsichtlich der Architektenleistungen insgesamt, sondern auch hinsichtlich einzelner Teile. Dabei ist zu berücksichtigen, daß ein Ausschluß der Gewährleistung bezüglich einzelner Teile der Architektenleistungen nicht nur vorliegt, wenn die Gewährleistung auf einzelne reale Teile der Architektenleistungen beschränkt wird, sondern auch, wenn sie nur für bestimmte Arten oder bestimmte Ursachen von Mängeln (bestimmte Fehlerkategorien) gewährt wird[659].

---

659 OLG Karlsruhe, ZIP 1983, 1091; Kötz, in: MünchKomm, Bd. 1, § 11 AGB-G, Rn. 83.

6.2 Haftungsfreizeichnung in AGB-/Formularverträgen

Auch gegenüber Kaufleuten ist der völlige Ausschluß von Gewährleistungsansprüchen einschließlich von Nachbesserungsrechten gemäß § 9 AGB-G nach allgemeiner Meinung nicht zulässig[660]. 363

6.2.2 Beschränkung auf Nachbesserung

Eine formularmäßige Beschränkung der Gewährleistungsansprüche auf Nachbesserung ist nach dem AGB-Gesetz grundsätzlich verboten. Mit Urteil vom 19.01.1978[661] hat der BGH insoweit die Grundsätze zusammengefaßt, die auch nach Inkrafttreten des AGB-Gesetzes beachtlich bleiben. Danach halten Allgemeine Geschäftsbedingungen, durch die ein Werkunternehmer seine Gewährleistung für Sachmängel auf Nachbesserung oder Ersatzlieferung unter Ausschluß von Wandelung, Minderung und Schadenersatz beschränkt, der nach § 242 BGB vorzunehmenden Inhaltskontrolle nur stand, wenn der Besteller nicht praktisch rechtlos gestellt ist, falls die Nachbesserung unmöglich ist, verweigert wird oder scheitert. Denn es wäre unerträglich und daher mit Treu und Glauben nicht zu vereinbaren, wenn der Besteller das mangelhafte Werk behalten und zudem noch die volle Vergütung zahlen müßte. 364

Wird formularmäßig in einem Architektenvertrag die Gewährleistung auf Nachbesserung beschränkt, so ist dies ausnahmsweise nur wirksam, wenn für den Fall des Fehlschlagens der Nachbesserung die Minderungs- oder Wandelungsrechte bestehen. Ist das in der Klausel nicht vorgesehen, so ist sie unwirksam[662]. Diese Grundsätze gelten auch im kaufmännischen Geschäftsverkehr[663]. 365 *wirksam nur ausnahmsweise*

Ein Fehlschlagen der Nachbesserung i. S. d. § 11 Nr. 10b AGB-G liegt vor, wenn die Nachbesserung scheitert (mißlingt) oder wenn sie unmöglich[664], unzumutbar verzögert[665] oder verweigert wird[666], kurzum, wenn sie nicht realisiert werden kann. Eine unzumutbare Verzögerung liegt insbesondere vor, wenn der Architekt (Verwender des Formulars) trotz Aufforderung nicht in angemessener Frist nachgebessert hat. Wieviele Nachbesserungsversuche der Bauherr hinzunehmen hat, richtet sich nach dem jeweiligen Einzelfall; entscheidend ist auf den Gesichtspunkt der Zumutbarkeit weiterer Nachbesserungsversuche abzustellen[667]. Werden in Allgemeinen Geschäftsbe- 366

---

660 BGH, BauR 1985, 317; OLG Saarbrücken, NJW-RR 1995, 117.
661 BGH, BauR 1978, 224.
662 BGH, NJW 1985, 623.
663 BGH, ZfBR 1991, 262.
664 BGH, WM 1973, 219 f.
665 BGH, NJW 1963, 1148.
666 BGH, WM 1974, 843.
667 BGH, NJW 1960, 667, 669.

133

dingungen auch insoweit Regelungen getroffen, so sind diese gegebenenfalls nach § 9 AGB-G zu korrigieren. Als Regel gilt, daß mindestens zwei Nachbesserungsversuche hingenommen werden müssen[668]. Auf eine aussichtslose Nachbesserung braucht sich der Bauherr allerdings niemals einzulassen.

367 Nach § 11 Nr. 10c AGB-G kann die Verpflichtung des gewährleistungspflichtigen Architekten, die Aufwendungen der Nachbesserung zu tragen, weder ausgeschlossen noch beschränkt werden[669]. § 476a BGB i. V. m. § 633 Abs. 2 Satz 2 BGB ist damit jeglicher Beschränkung durch AGB entzogen. Das gilt auch im kaufmännischen Verkehr über § 9 AGB-G[670]. Ferner ist auf § 11 Nr. 10d AGB-G hinzuweisen, wonach die Mängelbeseitigung nicht von der vorherigen Zahlung des Entgelts oder eines unter Berücksichtigung des Mangels unverhältnismäßig hohen Teils des Entgelts abhängig gemacht werden darf. Anderslautende Formularklauseln sind unwirksam; das gilt auch im kaufmännischen Verkehr.

368 Ein konkretes Beispiel für eine formularmäßige Regelung in bezug auf das Nachbesserungsrecht des Architekten ist in dem Einheits-Architektenvertrag (1992) unter § 5 Abs. 5 zu finden. Dem Architekten wird hier ein Selbstbeseitigungsrecht für Schäden eingeräumt. Gegen die Wirksamkeit dieser Klausel bestehen keine Bedenken[671], denn der Schadenersatzanspruch gemäß § 635 BGB wird durch die Klausel nicht ausgeschlossen; vielmehr wird dem Architekten (nur) ein Recht zur Naturalrestitution eingeräumt[672].

6.2.3 Haftungsbegrenzung der Höhe nach

369 Formularmäßige Haftungsbegrenzungen auf eine bestimmte Höhe sind in beschränktem Rahmen möglich; das gilt auch für Klauseln, die die Haftung auf eine nicht bestimmte, aber berechenbare Summe beschränken[673]. Die Grenze der Zulässigkeit wird allerdings durch § 11 Nr. 5 (Pauschalierung von Schadenersatzansprüchen), Nr. 7 (Haftung bei grobem Verschulden) sowie Nr. 11 (Haftung für zugesicherte Eigenschaften) AGB-G gezogen. Danach sind formularmäßige Begrenzungen der Höhe nach zunächst nur für die Haftung wegen leichter Fahrlässigkeit zulässig, da andernfalls ein Verstoß gegen § 11 Nr. 7 AGB-G vorliegt. Die Vorschrift regelt, daß der Verwender bei grober Fahrlässigkeit und Vorsatz in vollem Umfang und für jede Art des

generell zulässig bei leichter Fahrlässigkeit

---

668 BGH, BauR 1982, 493, 495.
669 BGH, BauR 1981, 378.
670 BGH, BauR 1981, 378.
671 Korbion/Locher, Rn. 187; Werner/Pastor, Rn. 2224.
672 Auch OLG Hamm, NJW-RR 1992, 467.
673 BGH, WM 1993, 24.

6.2 Haftungsfreizeichnung in AGB-/Formularverträgen

Schadens, ohne daß eine Haftungsbegrenzung möglich ist, haftet. Eine generelle betragsmäßige Haftungsbeschränkung in AGB- oder Formularverträgen ist unwirksam[674]. Da eine geltungserhaltende Reduktion nicht in Betracht kommt, haftet der Verwender in diesem Fall in vollem Umfang und für jede Art des Verschuldens.

Die Wirksamkeit einer Haftungsbegrenzungsklausel für leichte Fahrlässigkeit richtet sich im Einzelfall nach der Generalklausel des § 9 AGB-G. Unwirksamkeit besteht hiernach vor allem dann, wenn die Klausel nicht eindeutig und verständlich ist[675] oder wenn durch die Festlegung einer völlig unzureichenden Haftungssumme der Geschädigte praktisch schutzlos gestellt ist, weiter, wenn die Haftungsbegrenzung der Höhe nach auf einen Haftungsausschluß hinausläuft. Die Haftungshöchstsumme muß daher im Umfang dem Bauvorhaben angemessen sein und einem voraussehbaren Schaden entsprechen[676]. Da Klauseln bezüglich der Haftungsfreizeichnung in der Regel nur bei Vertragsabschluß durchsetzbar sind, wird ersichtlich, wie schwierig es tatsächlich ist, auch in bezug auf die Schadenhöhe eine wirksame formularmäßige Vereinbarung zu treffen. Von dem Architekten bzw. seinem Rechtsberater wird fast etwas Unmögliches verlangt, nämlich im Vorfeld schon abzuschätzen, was als Haftungssumme angemessen sein soll.

370

Die Fassung der Allgemeinen Vertragsbedingungen (AVA) zum Einheits-Architekten-Vertrag (1992) enthält erhebliche Haftungsbeschränkungen der Höhe nach. So sieht § 5 Abs. 3 der AVA für versicherbare Schäden eine Beschränkung in Fällen leichter Fahrlässigkeit auf die zwischen den Parteien vereinbarte Deckungssumme, bei fehlender Vereinbarung auf die in § 5 Abs. 3 Satz 2 der AVA genannten Deckungssummen vor (1 Mio. DM für Personenschäden und 150.000,00 DM für sonstige Schäden bei honorarfähigen Herstellungskosten bis zu 1,5 Mio. DM; 1 Mio. DM für Personenschäden und 300.000,00 DM für sonstige Schäden bei honorarfähigen Herstellungskosten von mehr als 1,5 Mio. DM).

371

Diese Haftungsbeschränkungen werden in der Literatur als wirksam angesehen, überwiegend mit der Begründung, daß insbesondere auch die Vertragsmuster der öffentlichen Hand eine solche Begrenzung der Haftung vorsehen[677].

372

Dem kann indes nicht gefolgt werden: Aus dem Vorgesagten ergibt sich, daß die Angemessenheit der Haftungssumme nur im Einzelfall beurteilt werden kann. Die Einzelfallbetrachtung kann im konkreten Fall durchaus zu dem Ergebnis führen, daß die Haftungssummen

373

entscheidend: Angemessenheit der Haftungssumme

---

674 OLG Stuttgart, VersR 1984, 450.
675 Graf v. Westfalen, WM 1983, 974.
676 Korbion/Locher, Teil II., Rn. 23 ff.
677 Z. B. Budnik, S. 38 ff.; Beigel, BauR 1986, 34, 36 f.

135

eben nicht angemessen sind. Zudem ist höchst zweifelhaft, ob die pauschale Unterscheidung in der Klausel zwischen versicherbaren und nicht versicherbaren Schäden ausreichend transparent ist. Es ist eine Wissenschaft für sich, das im Einzelfall festzustellen. Zu Recht hat das OLG Stuttgart daher in einer nicht veröffentlichten Entscheidung vom 10.10.1991[678] für Recht erkannt, daß die Klausel schon deshalb unwirksam ist, weil aus ihr eben nicht deutlich wird, was versicherbar und nicht versicherbar ist. Hinsichtlich der Angemessenheit ist vor allem zu berücksichtigen, daß gerade nicht versicherbare Schäden (wie z. B. Kostenüberschreitungen, Überschreitung von Bauzeiten) besonders schadenstrachtig sind, andererseits hierfür aber lediglich Summen von 150.000,00 DM bzw. 300.000,00 DM bereitstehen sollen.

6.2.4 Zeitliche Begrenzung

374 Die nach dem BGB im Werkvertragsrecht geltenden Gewährleistungsfristen können nach § 11 Nr. 10f AGB-G nicht in Allgemeinen Geschäftsbedingungen oder formularmäßig verkürzt werden. Das ist für den Architekten-Formularvertrag ausdrücklich entschieden[679]. Es bleibt also grundsätzlich bei der fünfjährigen Verjährungsfrist des § 638 BGB; die früher häufig anzutreffende Verkürzung auf zwei Jahre – in Anlehnung an die VOB/B – ist AGB-widrig.

375 Unzulässig ist auch eine mittelbare Verschlechterung im Hinblick auf den Verjährungsablauf, z. B. durch eine Regelung dahingehend, daß die Verjährung schon vor der Abnahme beginnen soll[680]. Dementsprechend sind auch Klauseln in Architekten-Formularverträgen unzulässig, in denen der Verjährungsbeginn mit dem Zeitpunkt festgesetzt wird, in dem der Bauherr das Bauwerk des Unternehmers abnimmt, obwohl der Architekt zu diesem Zeitpunkt meist noch nicht seine eigenen Leistungen abschließend erfüllt hat (die Leistungsphase 9 ist erst mit dem Ablauf der Verjährungsfristen der ausführenden Unternehmer beendet), die Abnahme der Architektenleistungen also noch aussteht[681].

auch mittelbare Verschlechterung ist unzulässig

376 Auch Klauseln, wonach Verjährungsfristen nicht durch eine Nachbesserung oder durch Garantieleistungen verlängert werden, sind wegen Verstoßes gegen § 11 Nr. 10f AGB-G unwirksam, weil gegen den Grundgedanken des § 639 Abs. 2 BGB verstoßen wird (Hemmung

---

678 OLG Stuttgart, Urteil 10.10.1991 – 13 U 190/90 – zitiert und besprochen von Morlock in: DAB 1992, 732.
679 BGH, BauR 1987, 113; OLG Hamm, BauR 1995, 579.
680 BGH, BauR 1995, 234; BauR 1987, 113.
681 BGH, BauR 1987, 113; OLG Düsseldorf, OLGR 1992, 285.

der Verjährung)[682]. Gleiches gilt für Klauseln, durch die der Klauselverwender dem Besteller für die Anzeige nicht offensichtlicher Mängel eine Ausschlußfrist setzt, die kürzer ist als die Verjährungsfrist für den Gewährleistungsanspruch.

Die vorgenannten Grundsätze des § 11 Nr. 10 AGB-G gelten auch im kaufmännischen Verkehr[683]. 377

6.2.5 Haftung nur bei Verschulden

Hier spielt § 11 Nr. 10a AGB-G die entscheidende Rolle: danach ist ein völliger oder partieller Gewährleistungsausschluß in AGB- oder Formular-Verträgen unwirksam. Wird lediglich der Schadenersatzanspruch – nicht dagegen der Nachbesserungs- oder Minderungsanspruch – von einem Verschulden abhängig gemacht, bestehen hiergegen grundsätzlich keine Bedenken, da dies mit § 635 BGB im Einklang steht[684]; insoweit ist also die Haftungsbegrenzung wirksam. 378

Dagegen ist die in Architekten-Formularverträgen häufig verwandte Klausel, wonach der Architekt nur für nachweislich schuldhaft verursachte Schäden haftet, nicht zulässig. Diese Klausel zieht darauf ab, die Haftung auch für verschuldensunabhängige Ansprüche wegen mangelhafter Leistung auszuschließen. Außerdem wird die Beweislast umgekehrt. Insgesamt verstößt die Klausel gegen § 11 Nr. 8b, Nr. 15a AGB-G und § 9 Abs. 2 AGB-G. 379

nachweislich schuldhaft

6.2.6 Beweislastklauseln

Formularmäßige oder in AGB enthaltene Beweislastregeln sind nach § 11 Nr. 15 AGB-G zu bewerten. Danach ist eine Bestimmung unwirksam, durch die der Verwender die Beweislast zum Nachteil des anderen Vertragsteils ändert, insbesondere indem er diesem die Beweislast für Umstände auferlegt, die im Verantwortungsbereich des Verwenders liegen, oder den anderen Vertragsteil bestimmte Tatsachen bestätigen läßt. Nach § 11 Nr. 15a AGB-G liegt nicht nur bei einer Beweislastumkehr ein Verstoß vor, sondern bereits dann, wenn der Verwender versucht, die Beweisposition seines Vertragspartners zu verschlechtern[685]. 380

kein Schutz für den Verwender

Bezüglich der positiven Vertragsverletzung und des Schadenersatzanspruchs nach § 635 BGB sind von der Rechtsprechung entsprechende 381

---

682 BGH, NJW 1981, 867.
683 BGH, BauR 1984, 390.
684 OLG München, BauR 1990, 471.
685 OLG Düsseldorf, BauR 1996, 112.

Grundsätze entwickelt worden: Der Bauherr trägt die Beweislast für die objektive Pflichtverletzung und die Ursächlichkeit, während den Architekten die Beweislast für sein Nichtverschulden trifft. Wird die Haftung zusätzlich von einem Verschulden abhängig gemacht, so ist die entsprechende Klausel außerdem nach § 11 Nr. 10a AGB-G unwirksam.

382 Die vorgenannten Ausführungen gelten auch gegenüber Kaufleuten[686].

6.2.7 Beschränkung auf unmittelbaren Schaden

383 Eine solche Klausel verstößt dann gegen § 11 Nr. 7 AGB-G und ist damit nichtig, wenn sie auch bei grober Fahrlässigkeit die Haftung beschränkt. Denn sowohl bei vorsätzlichen wie bei grob fahrlässig verursachten Schäden ist ein Ausschluß oder eine Begrenzung der Haftung – wie oben schon ausgeführt wurde – nicht möglich.

384
Problem: Transparenz Aber auch wenn dies in der Klausel berücksichtigt wurde, wird die Beschränkung auf unmittelbare Schäden in Allgemeinen Geschäftsbedingungen schon wegen Verstoßes gegen das Transparenzgebot (§ 5 AGB-G) unwirksam sein. Die Grenze zwischen mittelbaren und unmittelbaren Schäden ist nämlich fließend, so daß der Vertragspartner des Verwenders nicht erkennen kann, welche Ansprüche nun tatsächlich ausgeschlossen sind und welche nicht.

6.2.8 Subsidiaritätsklauseln

385
vorherige gerichtliche Geltendmachung Häufig ist in Architektenverträgen die Klausel zu finden, daß der Architekt im Hinblick auf nachweislich ungenügende Aufsicht und Prüfung für fehlerhafte Bauausführungen des Unternehmers nur im Fall des Unvermögens des Unternehmers in Anspruch genommen werden kann. Die Wirksamkeit solcher Klauseln beurteilt sich nach § 11 Nr. 10a AGB-G: Danach ist es unzulässig, die Haftung des Architekten von einer vorherigen gerichtlichen Inanspruchnahme eines Dritten abhängig zu machen[687].

386 Das gilt auch im kaufmännischen Verkehr über § 9 AGB-G.

387
vorherige außergerichtliche Geltendmachung Anders ist die Sache dagegen zu beurteilen, wenn in Allgemeinen Geschäftsbedingungen geregelt ist, daß der Bauherr zunächst seine Forderung außergerichtlich gegenüber dem mithaftenden Dritten geltend zu machen hat. In diesem Fall bleibt dem Bauherrn die Einrede des

---

686 Vgl. Werner/Pastor, Rn. 2256.
687 BGH, Schäfer/Finnern/Hochstein, Nr. 24 zu § 675 BGB.

nicht erfüllten Vertrages gegenüber der Honorarforderung des Architekten erhalten[688]. Letztlich bringt dem Architekten eine solche Klausel jedoch wenig, weil der Bauherr ohnehin aus praktischen Erwägungen zunächst außergerichtlich das ausführende Unternehmen in Anspruch nehmen wird.

688 BGH, BauR 1982, 61.

7 Versicherungsschutz

7.1 Allgemeine Versicherungsbedingungen

Grundlage der Haftpflichtversicherungen sind nach den Bestimmungen des Versicherungsvertragsgesetzes (VVG) die Allgemeinen Versicherungsbedingungen für die Haftpflichtversicherungen (AHB). Die AHB werden von der Mehrzahl der Versicherer angewendet und bilden das rechtliche Gerüst der Versicherungsverträge. **388**

7.2 Gegenstand der Versicherungen

Was Gegenstand der Versicherungen ist, bestimmt § 1 Ziffer 1 AHB. Danach besteht Versicherungsschutz für den Fall, daß der Versicherungsnehmer aufgrund gesetzlicher Haftpflichtbestimmungen privatrechtlichen Inhalts von einem Dritten auf Schadenersatz in Anspruch genommen wird. Durch den Versicherungsvertrag geschützt wird also zunächst nur der Versicherungsnehmer selbst. Dem Versicherungsnehmer gleich stehen jedoch die mitversicherten Personen, nämlich vor allem seine Mitarbeiter. Durch besondere Vereinbarung kann der Kreis der mitversicherten Personen ausgedehnt werden auf andere Personen oder Betriebe, derer sich der Versicherungsnehmer zur Erfüllung seiner Vertragspflichten bedient (Erfüllungsgehilfen). **389**

Versicherungsnehmer und Mitversicherte

Zu den gesetzlichen Haftpflichtbestimmungen privatrechtlichen Inhalts gehören vor allem die des Bürgerlichen Gesetzbuches (Werkvertragsrecht, deliktische Haftung, positive Vertragsverletzung etc.). Durch den Versicherungsschutz werden dagegen nicht Verstöße gegen öffentlichrechtliche Bestimmungen, z. B. Landesbauordnung, erfaßt, die eventuell mit Bußgeld belegt werden können. Versicherungsschutz besteht jedoch für die sich daraus ergebenden privatrechtlichen Schadenersatzansprüche des Bauherrn oder sonstiger Dritter. **390**

Das Risiko des eigenen Schadens des Architekten bzw. der Selbstschädigung wird durch den Versicherer nicht gedeckt. Dem Bereich des Eigenschadens sind bei freiberuflicher oder gewerblicher Tätigkeit auch Ansprüche aus der Erfüllung von Verträgen oder aus vertraglicher Gewährleistung zuzurechnen (Ausschlüsse gemäß § 416 Abs. 3 AHB und § 411 Ziffer 5 AHB). Die in Architektenverträgen übernommenen eigenen Vertragsleistungen bleiben wie der Wert entsprechender Ersatzleistungen immer in der Risikosphäre des Versiche- **391** rungsnehmers. Es liegt in seiner (nicht versicherbaren) Verantwortung, nur solche Verträge zu übernehmen, die er fachlich, personell oder zeitlich bewältigen kann.

392 Der Versicherungsschutz erstreckt sich gemäß § 1 Ziffer 2a AHB außerdem nur auf die gesetzliche Haftpflicht aus den im Versicherungsschein und seinen Nachträgen angegebenen Eigenschaften.

7.3 Rechtsverhältnisse und Tätigkeiten (versichertes Risiko)

393 Das versicherte Risiko ist die sachliche Umgrenzung des Versicherungsschutzes. Durch die Ergänzung in der Einleitung zu den Besonderen Bedingungen und Risikobeschreibungen für die Berufshaftpflichtversicherung von Architekten, Bauingenieuren und beratenden Ingenieuren (vgl. näher Rn. 399) wird die freiberufliche Architektentätigkeit angesprochen, die im Versicherungsantrag vollständig und alle Tätigkeiten umfassend beschrieben werden muß. Die richtige Beschreibung des versicherten Risikos ist die erste wichtige Aufgabe beim Abschluß einer Haftpflichtversicherung, da andernfalls nicht gewährleistet ist, daß ausreichender Versicherungsschutz besteht.

versichertes Risiko

7.4 Beginn und Umfang des Versicherungsschutzes

394 Zum Umfang des Versicherungsschutzes äußert sich die AHB in § 3 III. 1 wie folgt:

395 »Die Leistungspflicht des Versicherers umfaßt:

> ➤ die Prüfung der Haftpflichtfrage, den Ersatz der Entschädigung, welche der Versicherungsnehmer aufgrund eines von dem Versicherer abgegebenen oder genehmigten Anerkenntnisses, eines von ihm geschlossenen oder genehmigten Vergleiches oder einer gerichtlichen Entscheidung zu zahlen hat, sowie

> ➤ die Abwehr unberechtigter Ansprüche.«

396 Damit wird die Doppelfunktion der Haftpflichtversicherung dargestellt: Die Befriedigung begründeter und die Abwehr unbegründeter Ansprüche.

Doppelfunktion der Haftpflichtversicherung

397 Um den Pflichten aus dem Versicherungsvertrag nachzukommen, ist der Versicherer naturgemäß auf Informationen durch den Versicherungsnehmer angewiesen. Zugleich liegt darin aber auch eine Obliegenheit des Versicherungsnehmers gemäß § 5 AHB. Der Verstoß gegen Obliegenheitspflichten kann zum Wegfall des Versicherungs-

Obliegenheit

schutzes führen. In diesem Zusammenhang ist auch zu beachten, daß für die Meldung eines Schadensfalls eine Frist von einer Woche besteht (§ 5 Ziffer 2 AHB). Spätestens ist aber dem Versicherer der Schadensfall bei Einleitung eines gerichtlichen Beweis- oder Mahnverfahrens, bei Einreichung einer Klage oder bei Streitverkündung in einem Rechtsstreit anderer Beteiligter mitzuteilen. Wird das nicht beachtet, hat der Versicherer das Recht, sich auf § 6 AHB zu berufen, wonach diese Obliegenheitspflichtverletzung zum Verlust des Versicherungsschutzes führt. Zum Zwecke des Nachweises sollte der Architekt derart wichtige Obliegenheiten, wie die rechtzeitige Mitteilung von einem Schadensfall, per Einschreiben/Rückschein erledigen.

Der Umfang des Versicherungsschutzes wird zudem in den Besonderen Bedingungen für die Berufshaftpflichtversicherung von Architekten und Ingenieuren geregelt. **398**

Die Berufshaftpflichtversicherung der Architekten und Ingenieure ist in den sogenannten »Besonderen Bedingungen und Risikobeschreibungen für die Berufshaftpflichtversicherung von Architekten, Bauingenieuren und beratenden Ingenieuren« in der Fassung von 1998 (nachfolgend: BBR) geregelt. Die BBR werden durch Erläuterungen zu den Besonderen Bedingungen und Risikobeschreibungen ergänzt, die für die Versicherer verbindlich sind. Die Bedingungen und Erläuterungen sind vom Bundesaufsichtsamt für das Versicherungswesen genehmigt worden. Der BBR 1998 gingen die Besonderen Bedingungen für die Haftpflichtversicherung von Architekten und Bauingenieuren in der Fassung von 1964, von 1981 und von 1994 voraus. Da eine Umsetzung von neuen Bedingungen in den Bestand wegen des Bestandsschutzes der Versicherungsnehmer und der in diesem Deckungssystem bestehenden Verstoßtheorie einen sehr langen Zeitraum erfordert, spielt bei der Bearbeitung von Schadensfällen auch heute noch die BBR in der Fassung von 1994 und von 1981 eine gewisse Rolle. Soweit nachfolgend auf die Bedingungen der BBR eingegangen wird, ist damit die BBR in neuer Fassung gemeint. Wo es sinnvoll erscheint, wird aber auch auf die BBR in der Fassung von 1981 und von 1994 eingegangen. **399** *»Besondere Bedingungen für die Berufshaftpflicht«*

Die BBR gehen als Besondere Bedingungen den Allgemeinen Bedingungen der AHB vor. Sie ergänzen die AHB und schaffen erst dadurch den Rahmen für eine sachgerechte Versicherbarkeit. Weitere Anpassung für Einzelrisiken erfolgt durch zusätzliche oder geschriebene Bedingungen, die ihrerseits den Besonderen Bedingungen vorangehen. Die geschriebenen Bedingungen können je nach den Umständen des Einzelfalls Erweiterungen oder Einschränkungen des Versicherungsschutzes enthalten. Es besteht also eine Bedingungskette des Speziellen vor dem Besonderen und des Besonderen vor dem Allgemeinen[689]. Diese Reihenfolge ist beim Prüfen des Versicherungsschutzes zu beachten. **400**

---

689 Ausführlich: Dittert, S. 104.

401 Die BBR (1981) bestimmen unter Ziffer II. folgendes:

»Beginn und Umfang des Versicherungsschutzes

1. Der Versicherungsschutz umfaßt Verstöße, die zwischen Beginn und Ablauf des Versicherungsvertrages begangen werden, sofern sie dem Versicherer nicht später als 5 Jahre nach Ablauf des Vertrages gemeldet werden.

2. Beim erstmaligen Abschluß einer Berufshaftpflichtversicherung erstreckt sich der Versicherungsschutz auch auf solche Verstöße, die innerhalb eines Jahres vor Beginn des Versicherungsvertrages begangen wurden, wenn sie dem Versicherungsnehmer bis zum Vertragsabschluß nicht bekannt waren (Rückwärtsversicherung).

Als bekannt gilt ein Verstoß auch dann, wenn er auf einem Vorkommnis beruht, das der Versicherungsnehmer als Fehler erkannt hat oder das ihm gegenüber als Fehler bezeichnet wurde, auch wenn noch keine Schadenersatzansprüche erhoben oder angedroht wurden.

3. Eingeschlossen in den Versicherungsschutz ist der Schadenersatzanspruch wegen Nichterfüllung (§ 635 BGB), wenn es sich um einen Schaden am Bauwerk handelt.

4. Die Ausschlüsse gemäß § 4 Ziffer 1.5 und § 4 Ziffer 1.6 b AHB finden keine Anwendung. Mit Ziffer II 1 und 2 BBR wird der zeitliche Rahmen des Versicherungsschutzes eingegrenzt.«

402 In der BBR (1994) wird der Beginn und der Umfang des Versicherungsschutzes unter Ziffer 2 wie folgt geregelt:

➢ »2. Beginn und Umfang des Versicherungsschutzes

➢ 2.1 Der Versicherungsschutz umfaßt Verstöße, die zwischen Beginn und Ablauf des Versicherungsvertrages begangen werden, sofern sie dem Versicherer nicht später als 5 Jahre nach Ablauf des Vertrages gemeldet werden.

➢ 2.2 Beim erstmaligen Abschluß einer Berufshaftpflichtversicherung erstreckt sich der Versicherungsschutz auch auf solche Verstöße, die innerhalb eines Jahres vor Beginn des Versicherungsvertrages begangen wurden, wenn sie dem Versicherungsnehmer bis zum Vertragsabschluß nicht bekannt waren (Rückwärtsversicherung).

Als bekannt gilt ein Verstoß auch dann, wenn er auf einem Vorkommnis beruht, das der Versicherungsnehmer als Fehler erkannt hat oder das ihm gegenüber als Fehler

7.4 Beginn und Umfang des Versicherungsschutzes

bezeichnet wurde, auch wenn noch keine Schadenersatzansprüche erhoben oder angedroht wurden.

➢ 2.3 Eingeschlossen in den Versicherungsschutz ist der Schadenersatzanspruch wegen Nichterfüllung (§ 635 BGB), wenn es sich um einen Schaden am Bauwerk handelt.

➢ 2.4 Die Ausschlüsse gemäß § 4 Ziffer I. 5 und § 4 Ziffer I. 6 b AHB finden keine Anwendung.«

Die aktuellen BBR (1998) regeln hierzu: 403

➢ »2. Beginn und Umfang des Versicherungsschutzes

➢ 2.1 Der Versicherungsschutz umfaßt Verstöße, die zwischen Beginn und Ablauf des Versicherungsschutzes begangen werden, sofern sie dem Versicherer nicht später als 5 Jahre nach Ablauf des Vertrages gemeldet werden.

➢ 2.2 Sofern besonders vereinbart, gilt für den Fall, daß der Versicherungsnehmer seine Berufstätigkeit endgültig beendet und zu diesem Zeitpunkt die Berufshaftpflichtversicherung ebenfalls erlischt, folgendes: In Abänderung von Ziffer 2.1 endet die Nachhaftung für versicherte Verstöße 30 Jahre nach Ablauf dieses Vertrages.

Voraussetzung für die Erweiterung der Nachhaftung ist jedoch,

2.2.1 daß bis zur Aufgabe der beruflichen Tätigkeit der Versicherungsvertrag ununterbrochen aufrechterhalten bleibt und mindestens 5 Jahre bestanden hat und

2.2.2 daß das Büro endgültig, nicht aber wegen der Zahlungsunfähigkeit aufgelöst wird.

Bei Übergang des Büros, z. B. durch Verkauf oder Umwandlung in eine GmbH, verliert diese Deckungserweiterung ihre Gültigkeit. Das gilt jedoch nicht, soweit Haftungsrisiken aus der Tätigkeit des Versicherungsnehmers vor der Übernahme von der Übertragung des Büros wirksam ausgegrenzt worden sind.

Bei einer auf 30 Jahre verlängerten Meldefrist gilt für Verstöße, die dem Versicherer erstmals im Verlängerungszeitraum gemeldet werden, eine besondere Deckungssumme, die der Höhe nach der vereinbarten Deckungssumme des letzten Versicherungsjahres vor dem Erlöschen der Berufshaftpflichtversicherung entspricht. Abweichende Deckungssummen aus etwaigen Objektversicherungen bleiben außer Betracht. Diese gesonderten Deckungssummen bilden zugleich die Höchstersatzleistungen für alle im Verlängerungszeitraum erstmals gemeldeten Verstöße. Ziffer 1.3 bleibt unberührt.

> 2.3 Beim erstmaligen Abschluß einer Berufshaftpflichtversicherung erstreckt sich der Versicherungsschutz auch auf solche Verstöße, die innerhalb eines Jahres vor Beginn des Versicherungsvertrages begangen wurden, wenn sie dem Versicherungsnehmer bis zum Vertragsabschluß nicht bekannt waren (Rückwärtsversicherung).

> Sofern vereinbart, gilt: Wird nach Vertragsabschluß die Deckungssumme erhöht, so gilt die neue Deckungssumme auch für Verstöße, die vor der Deckungssummenerhöhung begangen, jedoch erst danach bekannt wurden. Voraussetzung hierfür ist, daß die Verstöße im Zeitraum des Bestehens dieses Vertrages begangen wurden.

> 2.4 Als bekannt gilt ein Verstoß auch dann, wenn er auf einem Vorkommnis beruht, das der Versicherungsnehmer als Fehler erkannt hat oder das ihm gegenüber als Fehler bezeichnet wurde, auch wenn noch keine Schadenersatzansprüche erhoben oder angedroht wurden.

> 2.5 Eingeschlossen in den Versicherungsschutz ist die gesetzliche Haftpflicht wegen eines Schadens am Bauwerk.

> 2.6 Die Ausschlüsse gemäß § 4 Ziffer 1.5 und § 4 Ziffer 1.6 d) AHB finden keine Anwendung.

> 2.7 Eingeschlossen ist – abweichend von § 4 Ziffer 1.7 AHB und § 4 Ziffer 1.8 AHB – die gesetzliche Haftpflicht aus dem deckungsvorsorgefreien Umgang mit radioaktiven Stoffen, Röntgeneinrichtungen und Störstrahlern sowie wegen Schäden, die in unmittelbarem oder mittelbarem Zusammenhang stehen mit Laseranlagen und Laserstrahlen.

Soweit der vorstehende Einschluß auch Schäden durch Umwelteinwirkungen umfaßt, besteht kein Versicherungsschutz über die Umwelthaftpflicht-Basisversicherung.

Ausgeschlossen bleiben Haftpflichtansprüche

– wegen genetischer Schäden;
– aus Schadensfällen von Personen, die – gleichgültig für wen oder in wessen Auftrag – aus beruflichem oder wissenschaftlichem Anlaß im Betrieb des Versicherungsnehmers eine Tätigkeit ausüben und hierbei die von energiereichen ionisierenden Strahlen oder Laserstrahlen ausgehenden Gefahren in Kauf zu nehmen ha-

ben. Dies gilt nur hinsichtlich der Folgen von Personenschäden.«

Ziffer II. 1 BBR (1981) ist hinsichtlich Art und Umfang des Versicherungsschutzes durch die aktuelle Fassung nicht abgeändert worden; sowohl Ziffer 2.2 BBR (1994) als auch Ziffer 2.3 BBR (1998) entsprechen der alten Fassung.

404

Der Versicherungsschutz bezieht sich auf Verstöße[690], die zwischen Beginn und Ablauf des Versicherungsvertrages begangen wurden, also während der prämienpflichtigen Vertragslaufzeit. Der Verstoßzeitpunkt ist oftmals nicht leicht zu bestimmen. Die genaue Datierung kann aber wichtig werden, weil sich die Inhalte der Versicherungsverträge und dabei besonders die Deckungssummen im Lauf der Jahre verändern können. Solche Änderungen können dazu führen, daß die Deckungssummen für den Verstoßzeitpunkt deutlich niedriger sind als nach dem aktuellen Stand. Sie reichen nach dem früheren Stand oftmals nicht aus, um den Schaden abzudecken, während sie nach dem aktuellen Stand ausreichend gewesen wären.

405
Vertragslaufzeit

Für die Ermittlung des Verstoßzeitpunktes kommt es darauf an, wann der Verstoß (Ursachenereignis) begangen wurde. Unerheblich ist dagegen, ob zu einem späteren Zeitpunkt der Verstoß noch hätte korrigiert werden können (Zwischenergebnis).

406
Verstoßzeitpunkt

Eine Ausnahme bildet nur der seltene Fall, daß eine Ereigniskette abgebrochen wurde, daß der Verstoß (Ursachenereignis) nicht unmittelbar kausal i. S. d. adäquaten Kausalzusammenhangs zum Schadensereignis geführt hat. Das ist gegeben, wenn zwischen diesem Verstoß und dem Schadenereignis überhaupt kein sachlicher Zusammenhang mehr besteht und das Schadenereignis eben nicht mehr die logische Folge in der mit dem Verstoß beginnenden Kette ist[691]. Diese Verstöße sind dann völlig neu und bilden mit anderen Verstößen nur scheinbar eine Einheit.

407

In der Praxis kommt es nicht gerade selten vor, daß der Verstoßzeitpunkt nicht in die Laufzeit des bestehenden Versicherungsvertrages (bei dem jetzigen Versicherer) fällt, sondern in die Laufzeit eines früheren Versicherungsvertrages (bei einem anderen Versicherer). Übersieht das der Versicherungsnehmer und meldet den Schaden bei seinem jetzigen Versicherer, muß er den Fehler alsbald korrigieren. In diesem Zusammenhang bekommt der Halbsatz von II. 1 BBR (1982) eine besondere Bedeutung, wonach dem Versicherer der Schaden spätestens innerhalb von fünf Jahren gemeldet werden muß (sogenannte Nachhaftung). Diese Nachhaftungsvereinbarung ist nur an die Beendigung des Versicherungsvertrages geknüpft. Bei einem un-

408
fällt nicht in die Vertragslaufzeit

---

690 Zu den Verstoßtheorien Vgl. Dittert, S. 108 f. m. w. N.
691 Dittert, S. 118.

unterbrochen laufenden Vertragsverhältnis hat die Fünf-Jahres-Frist keine Bedeutung. Der offenkundige Zusammenhang zwischen der Verjährungsfrist von fünf Jahren nach § 638 BGB und der gleich langen Nachhaftungsfrist von fünf Jahren des Versicherungsvertrages muß vom Architekten erkannt werden. Das heißt, bei einem Versicherungswechsel muß der Architekt dem maßgeblichen Versicherer den Schaden spätestens innerhalb von fünf Jahren nach Ablauf des Vertragsverhältnisses melden. Gelingt das nicht, etwa weil der geschädigte Bauherr den Schaden erst am letzten Tag der Verjährungsfrist von fünf Jahren geltend macht – also im Verhältnis Bauherr/Architekt noch rechtzeitig –, entfällt der Versicherungsschutz.

409 Fällt der Verstoßzeitpunkt dagegen in die Laufzeit des bestehenden Versicherungsvertrages, gilt keine zeitliche Begrenzung für den Versicherungsschutz. Der Architekt muß aber den Schaden nach Kenntnisnahme binnen einer Woche (§ 5 Ziffer 2 AHB) melden, spätestens jedoch mit Einleitung eines gerichtlichen Verfahrens.

410 Beim erstmaligen Abschluß der Versicherung wird nach Ziffer II 2
Rückwärtsdeckung BBR (1981) eine Rückwärtsdeckung von einem Jahr geboten. Das heißt, daß auch für Verstöße innerhalb eines Zeitraums von einem Jahr vor Beginn des Vertrages Versicherungsschutz besteht, allerdings mit der Einschränkung, daß dem Versicherungsnehmer bei Vertragsabschluß Verstöße noch nicht bekannt sein dürfen.

411 Die Regelung hinsichtlich der Rückwärtsdeckung beim erstmaligen Abschluß der Versicherung (Rückwärtsdeckung) findet sich gleichlautend in Ziffer 2.2.3 BBR (1994) und 2.2.3 BBR (1998). In der BBR (1998) wird noch zusätzlich geregelt, daß und unter welchen Voraussetzungen eine Verlängerung der Nachhaftung bei Beendigung der Berufstätigkeit des Versicherungsnehmers und Erlöschen seiner Berufshaftpflichtversicherung möglich ist (Ziffer 2.2.1 und 2.2.2). Ferner regelt Ziffer 2.3 BBR (1998) über die Klauseln in den alten Fassungen hinausgehend, welche Auswirkung die Erhöhung der Deckungssumme auch für Verstöße hat, die vor der Deckungssummenerhöhung, aber noch im Zeitraum des Bestehens des Vertrages begangen, jedoch erst danach bekannt wurden.

412 Mit Ziffer II. 3 BBR (1981) wird bestimmt, daß der Versicherungs-
Schadenersatz wegen schutz auch den Schadenersatzanspruch wegen Nichterfüllung erfaßt,
Nichterfüllung wenn es sich um einen Schaden am Bauwerk handelt. Diese Regelung ist überflüssig, weil sich die Verpflichtung des Architekten oder Ingenieurs zur Vertragserfüllung nur auf das geistige Werk erstreckt, also von vornherein nicht auf das Bauwerk. In der BBR (1998) fehlt diese Formulierung; im Ergebnis ändert sich indes nichts.

413 Nach Ziffer II. 4 BBR (1998) – insoweit übereinstimmend mit Ziffer II. 4 BBR (1981) und Ziffer 2.2.4 BBR (1994) – finden zwei ganz wesentliche Ausschlüsse der AHB für die Berufshaftpflichtversicherung keine Anwendung, nämlich der Ausschluß nach § 4 I 5 AHB

(sogenannte Allmählichkeitsschäden) und § 4 I 6 b AHB (sogenannte Tätigkeitsschäden).

Allmählichkeitsschäden sind Schäden durch allmähliche Einwirkung von Temperatur, Gasen, Dämpfen oder Feuchtigkeit, von Niederschlägen (Rauch, Russ, Staub und dgl.) sowie Schäden durch Abwasser, Schwammbildung, Senkungen von Grundstücken, durch Erdrutschungen, Erschütterungen infolge Rammarbeiten, durch Überschwemmung stehender oder fließender Gewässer. Mit Tätigkeitsschäden sind solche Schäden gemeint, die an fremden Sachen durch eine gewerbliche oder berufliche Tätigkeit des Versicherungsnehmers an oder mit diesen Sachen (z. B. Bearbeitung, Reparatur, Beförderung, Prüfung und dgl.) entstanden sind.

414
Allmählichkeitsschäden

Tätigkeitschäden

Ziffer 2.7 der BBR (1998) geht allerdings über die Regelungen in der Fassung von 1981 und 1994 insofern hinaus; nunmehr sind auch die Ausschlüsse nach § 4 Ziffer I. 7 AHB und § 4 Ziffer I. 8 AHB, also der Umgang mit radioaktiven Stoffen, Röntgeneinrichtungen und Störstrahlern, Laseranlagen und Laserstrahlen in die Haftpflichtversicherung für Architekten und Ingenieure eingeschlossen mit Ausnahme von Haftpflichtschäden wegen genetischer Schäden und wegen Strahlenschäden unter bestimmten Voraussetzungen.

415

Insgesamt wurde der Versicherungsschutz also mit der BBR (1998) verbessert.

7.5 Ausschlußbestimmungen

In der Haftpflichtversicherung gilt nach Ziffer I BBR (1981) und Ziffer 1.1.1 BBR (1994) »die gesetzliche Haftpflicht des Versicherungsnehmers für die Folgen von Verstößen bei der Ausübung der im Versicherungsschein beschriebenen Tätigkeit«. Ziffer 1.1.1 BBR (1998) stellt klar, daß versichert ist »die gesetzliche Haftpflicht des Versicherungsnehmers für die Folgen von Verstößen bei der Ausübung der im Versicherungsschein beschriebenen Tätigkeit«. Das ist die positive Definition. Hierneben gibt es aber eine Vielzahl von Ausnahmetatbeständen, die teils in den AHB, teils in den BBR geregelt sind.

416
beschriebene Tätigkeit

7.5.1 Ausschlüsse nach den AHB

Durch die Bestimmungen der AHB wird die unmittelbare Vertragserfüllung und die damit verbundene Gewährleistung aus dem Versicherungsschutz herausgenommen (§ 4 I 6 Abs. 3 AHB und § 4 II 5 AHB). Der Versicherungsnehmer trägt also das Risiko, ob er einen Auftrag übernimmt und mit welchen personellen und sachlichen

417
Kein Versicherungsschutz für Vertragserfüllung und Gewährleistung

Mitteln er ihn durchführt. Das gilt auch dann, wenn dem Architekten der Auftrag entzogen wird. Mit den wirtschaftlichen Folgen braucht sich der Versicherer nicht zu befassen.

418 Durch § 1 Ziffer 1 AHB wird der Versicherungsschutz beschränkt auf
nur gesetzliche gesetzliche Ansprüche. Er wird ergänzt durch die Bestimmungen des
Ansprüche § 4 I Abs. 1 AHB. Läßt sich der Architekt beispielsweise auf eine Verlängerung der Verjährungsfrist ein oder auf eine Regelung, nach der der Beginn der Verjährungsfrist hinausgeschoben wird (spätere Abnahme), bleibt der Versicherer nur innerhalb der gesetzlichen Grenzen verpflichtet. Später als fünf Jahre nach Abnahme besteht kein Versicherungsschutz. Es kommt auch vor, daß Architekten durch vertragliche Vereinbarungen mit dem Bauherrn Verpflichtungen anderer Beteiligter bzw. solche des Bauherrn übernehmen (z. B. Koordinierungs- und Sicherungspflichten). In den vorgenannten Fällen hat der Versicherungsnehmer aber immer die Chance, durch eine rechtzeitige Vereinbarung mit dem Versicherer den vertraglichen Versicherungsschutz zu erweitern. In aller Regel wird ihm das natürlich zusätzliche Kosten verursachen.

419 Eine vom Versicherungsschutz nicht umfaßte Haftungserweiterung
nicht Vertragsstrafe liegt auch in der vertraglichen Vereinbarung von Vertragsstrafen i. V. m. Fristen und Terminen. Solche Vertragsstrafen fallen schon deshalb nicht unter den Versicherungsschutz, weil sie die Folge einer Frist- oder Terminüberschreitung sind.

420 Anders liegt der Fall allerdings, wenn ein deckungspflichtiger Sach-
Ausnahme: schaden vorangeht (Sachschaden mit einem Folgevermögensschaden,
deckungspflichtiger unechter Vermögensschaden). In diesem Fall dient die Vertragsstrafe
Sachschaden nur zur vereinfachten abstrakten Bezifferung des Folgevermögensschadens. Der Versicherungsschutz bleibt dann insoweit bestehen, als der durch die Vertragsstrafe bezifferte Schaden nicht höher ist als der nachweisbare und nachgewiesene tatsächliche Schaden[692].

7.5.2 Ausschlüsse nach den Besonderen Bedingungen (BBR)

421 In den BBR finden sich folgende Regelungen zu Ausschlüssen:

»IV. Ausschlüsse (1981)

Ausgeschlossen sind Ansprüche wegen Schäden

1. aus der Überschreitung der Bauzeit sowie von Fristen und Terminen,

2. aus der Überschreitung ermittelter Massen oder Kosten,

---

[692] Dittert, S. 132.

3. aus fehlerhaften Massen- oder Kostenermittlungen,

4. aus der Verletzung von gewerblichen Schutzrechten und Urheberrechten,

5. aus der Vergabe von Lizenzen,

6. aus dem Abhandenkommen von Sachen einschließlich Geld, Wertpapieren und Wertsachen,

7. die als Folge eines im Inland und Ausland begangenen Verstoßes im Ausland eingetreten sind,

8. die der Versicherungsnehmer oder ein Mitversicherter durch ein bewußtes gesetz-, vorschrifts- oder sonst pflichtwidriges Verhalten verursacht hat,

9. aus der Vermittlung von Geld-, Kredit-, Grundstücks- oder ähnlichen Geschäften,

10. aus Zahlungsvorgängen aller Art, aus der Kassenführung sowie wegen Untreue und Unterschlagung.«

4. Ausschlüsse (1994)   422

Ausgeschlossen sind Ansprüche wegen Schäden

4.1 aus der Überschreitung einer Bauzeit sowie von Fristen und Terminen;

4.2 aus der Überschreitung von Vor- und Kostenanschlägen;

4.3 aus der Verletzung von gewerblichen Schutzrechten und Urheberrechten;

4.4 aus der Vergabe von Lizenzen;

4.5 aus dem Abhandenkommen von Sachen einschließlich Geld, Wertpapieren und Wertsachen;

4.6 die als Folge eines im Inland oder Ausland begangenen Verstoßes im Ausland eingetreten sind;

4.7 die der Versicherungsnehmer oder ein Mitversicherter durch ein bewußt gesetz-, vorschrifts- oder sonst pflichtwidriges Verhalten verursacht hat;

4.8 aus der Vermittlung von Geld-, Kredit-, Grundstücks- oder ähnlichen Geschäften sowie aus der Vertretung bei solchen Geschäften;

4.9 aus Zahlungsvorgängen aller Art, aus Kassenführung sowie wegen Untreue und Unterschlagung.

423 4. Ausschlüsse (1998)

Ausgeschlossen sind Ansprüche wegen Schäden

4.1 aus der Überschreitung der Bauzeit sowie von Fristen und Terminen;

4.2 aus der Überschreitung von Vor- und Kostenanschlägen;

4.3 aus der Verletzung von gewerblichen Schutzrechten und Urheberrechten;

4.4 aus der Vergabe von Lizenzen;

4.5 aus dem Abhandenkommen von Sachen einschließlich Geld, Wertpapieren und Wertsachen;

4.6 die als Folge eines im Inland oder Ausland begangenen Verstoßes im Ausland eingetreten sind;

4.7 die der Versicherungsnehmer oder ein Mitversicherter durch ein bewußt gesetz-, vorschrifts- oder sonst pflichtwidriges Verhalten verursacht hat. Der Versicherungsnehmer oder ein Mitversicherter behält, wenn dieser Ausschlußgrund nicht in seiner Person vorliegt, den Anspruch auf Versicherungsschutz;

4.8 aus der Vermittlung von Geld-, Kredit-, Grundstücks- oder ähnlichen Geschäften sowie aus der Vertretung bei solchen Geschäften;

4.9 aus Zahlungsvorgängen aller Art, aus Kassenführung sowie wegen Untreue und Unterschlagung;

4.10 von juristischen oder natürlichen Personen, die am Versicherungsnehmer beteiligt sind.

424 Die Regelung der Ausschlüsse hat sich seit der Fassung von 1981 nicht wesentlich geändert; Änderungen sind mehr oder weniger nur redaktioneller Natur. Aufgrund der Bedeutung der Versicherungsausschlüsse sollen diese nachfolgend im einzelnen erläutert werden; soweit es zu Änderungen der BBR gekommen ist, werden diese Änderungen aufgezeigt.

7.5.2.1 Überschreitung der Bauzeit sowie von Fristen und Terminen

425 Die Regelungen der BBR (1998) weichen insoweit nicht von den Regelungen der BBR (1994) und der BBR (1981) ab.

kein Deckungsschutz Die Überschreitung der Bauzeit muß abstrakt gesehen werden. Unerheblich bleibt, ob die Bauzeit zu knapp angesetzt oder aus Gründen überschritten wurde, die sich aus dem Bauablauf ergeben haben (z. B. Streik, Schlechtwetter, Einsprüche von Nachbarn etc.). Ferner ist unerheblich, ob der Versicherungsnehmer die Überschreitung zu vertreten hat[693].

In keinem Fall besteht Versicherungsschutz.

Eine Ausnahme bilden allerdings Zeitüberschreitungen als Folge von Mängeln oder Schäden am Bauwerk (z. B. zeitaufwendige Schadenbehebung mit der Folge, daß das Bauwerk erst nach normalem Ablauf der Bauzeit vermietet oder genutzt werden kann). In diesen Fällen besteht Deckungsschutz[694].   426

Soweit von Fristen und Terminen die Rede ist, sind damit die Termine des Versicherungsnehmers, also Architekten gemeint. In Betracht kommen insbesondere Koordinierungsfehler und Planungsfehler, die eine Bauzeitverzögerung verursacht haben[695]. Auch für die zeitgerechte Erfüllung seiner Vertragspflichten und die sich daraus ergebenden Folgen wird kein Versicherungsschutz geboten.   427

7.5.2.2 Überschreitung ermittelter Massen oder Kosten, fehlerhafte Massen- oder Kosten-Ermittlungen (BBR 1981); Überschreitung von Vor- und Kostenanschlägen (BBR 1994 und 1998)

Inhaltlich gehören die Ausschlüsse in Ziffer IV. 2 und 3 BBR (1981) zusammen. In den Erläuterungen zu den BBR 1981 wird ausdrücklich Bezug genommen auf die Kostenermittlungen nach § 10 HOAI (Kostenschätzung, Kostenberechnung, Kostenanschlag und Kostenfeststellung)[696]. Dadurch ist klargestellt, daß der Ausschluß auch insoweit gilt.

428
kein Deckungsschutz bei Kostenüberschreitung

Eine Ausnahme von dem Ausschluß besteht aber in folgenden Fällen[697]:

> ➢ Wenn ein Fachingenieur, z. B. der Tragwerksplaner, dem Architekten unzutreffende Massenermittlungen liefert und dieser, ohne den Mangel zu erkennen, die Massen in seine Kostenermittlung aufnimmt.
>
> ➢ Wenn der Versicherungsnehmer selbst eine fehlerhafte Massenermittlung für die Ausschreibung oder für andere Zwecke erstellt hat und der Fehler auf einem Rechenfehler beruht.

---

693 Voit in: Prölls/Martin, VVG, zu Arch Haftpflicht, Nr. 7, 1271.
694 Dittert, S. 133.
695 Budnik, S. 176.
696 BGH, VersR 1962, 462.
697 Dittert, S. 98 f.

➢ Wenn es um Berechnungen geht, die nicht zu den Grundleistungen des § 15 HOAI zählen, wie z. B. bei Teilungserklärungen, die Grundlage für die Ermittlung der Miteigentumsanteile nach dem Wohnungseigentumsgesetz sein können.

➢ Wenn eine unmittelbare Verbindung Massen/Kosten nicht besteht. Damit sind alle technischen Berechnungen gemeint für die Massen an festen, flüssigen oder gasförmigen Stoffen.

➢ Ferner fallen nicht unter die Ausschlußbestimmungen eine fehlerhafte Kostenfeststellung und auch die Prüfung der Einzelrechnungen und der Feststellung der entstandenen Gesamtkosten nach Beendigung der Arbeiten.

429 In der Neufassung der Ziffer 4.2 BBR (1994) und insoweit identisch Ziffer 4.2 (1998) wird nicht mehr auf die Überschreitung ermittelter Massen und Kosten sowie fehlerhafter Massen- oder Kostenermittlungen abgestellt, sondern auf die Überschreitung von Vor- und Kostenvoranschlägen. Damit wollten die Versicherer klarstellen, daß auch Ersatzansprüche von fehlerhaft ermittelten Kosten unter die Ausschlußnorm fallen[698]. Im Ergebnis hat sich allerdings nichts geändert, weil der BGH bereits 1986[699] entschieden hatte, daß auch die Klausel der Fassung 1981 in diesem Sinne zu verstehen sei. Dennoch verbessert die aktuelle Fassung den Versicherungsschutz: Entfallen ist nämlich der Ausschluß für die Überschreitung ermittelter Massen.

430
Vereinbarkeit mit dem AGB-Gesetz
Der BGH hat Ziffer IV. 2 BBR (1981) für zulässig erachtet[700]. In dem entschiedenen Fall wurde vom BGH allerdings nicht die Vereinbarkeit der Ausschlußklausel mit dem AGB-Gesetz geprüft, weil der Ausschluß durch Individualvereinbarung getroffen worden war. Es stellt sich durchaus die Frage, ob der Ausschluß in Ziffer IV. 2 BBR (1981) und der Ausschluß in Ziffer 4.2 BBR (1994 und 1998) einen Verstoß gegen § 9 AGB-G darstellt und damit sowohl der Ausschluß in der alten wie auch in der jetzigen Fassung unwirksam ist. Die Allgemeinen Versicherungsbedingungen haben den Charakter von Allgemeinen Geschäftsbedingungen und unterliegen damit der AGB-Kontrolle. Die Ausschlußklausel ist am Maßstab des § 9 AGB-G auf ihre Unangemessenheit unter Berücksichtigung des gesamten Vertragsinhalts zu prüfen. Die dem Ausschluß gegenüberstehenden Vorteile sind in die Gesamtabwägung einzubeziehen. Für die Unangemessenheit der Klauseln spricht, daß gerade der Kostenbereich besonders schadenträchtig ist. In der Literatur wird allerdings ein

---

698 Vgl. Rundschreiben des Huk-Verbandes H 26/94 vom 08.07.1994, 4.
699 BGH, VersR 1986, 857.
700 BGH, BauR 1986, 606.

Verstoß gegen § 9 AGB-G verneint[701]. Rechtsprechung gibt es hierzu – soweit ersichtlich – nicht.

In der Neufassung von 1994 und 1998 wurde Ziffer IV. 3 BBR (1981) **431** gestrichen. Dies ist vom HUK-Verband damit begründet worden, die Klausel habe sich in der Praxis als schwer handhabbar erwiesen[702].

7.5.2.3 Verletzung von gewerblichen Schutzrechten und Urheberrechten

Dieser Ausschluß kann praktische Bedeutung haben, wenn der Architekt z. B. die Pläne anderer Architekten plagiiert. Die Verletzung eigener Urheberrechte, z. B. durch den Bauherrn nach Kündigung des Architektenvertrages, wird hierdurch nicht berührt. **432**

7.5.2.4 Vergabe von Lizenzen

Hier ist an den Versicherungsnehmer als Lizenzgeber gedacht. Der Versicherungsschutz wird dann nicht berührt, wenn eigene Lizenzen bei der unmittelbaren Ausübung der beruflichen Tätigkeit verletzt werden. **433**

7.5.2.5 Abhandenkommen von Sachen einschließlich Geld, Wertpapieren und Wertsachen

Auch insoweit ist eine abstrakte Betrachtungsweise geboten. Es bleibt unerheblich, ob sich die Sachen in der Obhut des Versicherungsnehmers befanden, aus welchen Gründen sie abhandengekommen sind oder ob den Architekten oder einen Mitarbeiter daran ein Verschulden trifft. **434**

Der Architekt hat aber die Möglichkeit, eine Sachversicherung abzuschließen.

7.5.2.6 Auslandsschäden

Der Versicherungsvertrag deckt nur Risiken in Deutschland. Durch Vereinbarung kann der Architekt jedoch den Bedarf auf bestimmte oder alle Auslandsschäden erweitern lassen. **435**

---

701 Budnik, S. 177.
702 Vgl. Rundschreiben des HUK-Verbandes H 26/94 vom 08.07.1994, 4.

7.5.2.7 Bewußt gesetz-, vorschrifts- oder sonst pflichtwidriges Verhalten

436 Entscheidend ist hier »das Bewußtsein«, sich in einem bestimmten Fall gesetz-, vorschrifts- oder pflichtwidrig zu verhalten. Damit ist Vorsatz bzw. bedingter Vorsatz gemeint.

437 Von Bedeutung ist der Ausschluß, wenn ohne Baugenehmigung gebaut wird. Hier wird das Bewußtsein um die Rechtswidrigkeit ohne weiteres unterstellt. Der Versicherungsnehmer ist für den Einwand, es habe eine vorläufige (mündliche) Baugenehmigung gegeben, nach der er mit den Bauarbeiten beginnen durfte, beweispflichtig.

438 Denkbar sind auch Fälle, in denen der Architekt ohne geprüfte Statik die Bauausführung zuläßt. Auch in einem solchen Fall wird das Bewußtsein um die Rechtswidrigkeit ohne weiteres unterstellt.

439 *auch bei Erfüllungsgehilfen* Besonders hervorzuheben ist, daß die Ausschlußwirkung nach Ziffer 4.4.7 BBR (1994) und Ziffer IV. 7 BBR (1981) auch dann greift, wenn der Verstoß einem Mitversicherten anzulasten ist. Ob dem Versicherungsnehmer, also dem Architekten, das Fehlverhalten bekannt ist, spielt keine Rolle; entscheidend kommt es auf das vorsätzliche Verhalten des Erfüllungsgehilfen an. Das ist in der Fassung 1998 zugunsten des Architekten geändert worden. Durch Ziffer 4.4.7 Satz 2 BBR (1998) wird bestimmt, daß der Ausschlußgrund in der Person des Versicherten oder Mitversicherten vorliegen muß, anderenfalls der Versicherungsschutz erhalten bleibt.

7.5.2.8 Vermittlung von Geld-, Kredit-, Grundstücks- oder ähnlichen Geschäften sowie aus der Vertretung bei solchen Geschäften

440 Der Ausschluß hat wenig praktische Bedeutung. Will ein Architekt auf diesem Feld Aktivitäten ausüben, gibt es dafür spezielle Versicherungen.

7.5.2.9 Zahlungsvorgänge aller Art, Kassenveruntreuung und Unterschlagung

441 Von Bedeutung ist dieser Ausschluß, wenn der Architekt Baukonten für den Bauherrn führt. Der Ausschluß vom Versicherungsschutz tritt bereits bei einem Fehler auf dem Scheck- oder Überweisungsformular (Zahlendreher oder falsche Kommastelle) ein, weil diese Unterlagen zum eigentlichen Zahlungsverkehr gehören. Nicht unter den Ausschluß fällt dagegen die Zahlungsanweisung im Zusammenhang mit der Rechnungsprüfung ausführender Unternehmen.

Daß die Tatbestände der Untreue und Unterschlagung nicht unter den Versicherungsschutz fallen, bedarf keines besonderen Eingehens.

7.6 Nicht versicherte Risiken

Die nicht versicherten Risiken sind ausdrücklich in Ziffer VI. BBR (1981), Ziffer 6 BBR (1994) und Ziffer 6 BBR (1998) geregelt. Hier heißt es:

442

»VI. Nicht versicherte Risiken (BBR 1981)

1. Die Berufshaftpflicht ist nicht versichert, wenn der Versicherungsnehmer Verpflichtungen übernimmt, die über das im Antrag/Versicherungsschein beschriebene Berufsbild hinausgehen.

   Dies ist insbesondere der Fall, wenn der Versicherungsnehmer

   a) Bauten ganz oder teilweise im eigenen Namen und für eigene Rechnung

   im eigenen Namen für fremde Rechnung

   im eigenen Namen für eigene Rechnung

   erstellen läßt;

   b) selbst Bauleistungen erbringt oder Baustoffe liefert;

2. Die Berufshaftpflicht ist auch dann nicht versichert, wenn

   die unter Ziffer 1 a) und b) genannten Voraussetzungen in der Person des Ehegatten des Versicherungsnehmers oder bei Unternehmen gegeben sind, die vom Versicherungsnehmer oder einem Ehegatten geleitet werden, die ihnen gehören oder an denen sie beteiligt sind.

6. Nicht versicherte Risiken (BBR 1994)

   6.1 Die Berufshaftpflicht ist nicht versichert, wenn der Versicherungsnehmer Verpflichtungen übernimmt, die über das im Antrag/Versicherungsschein beschriebene Berufsbild hinausgehen.

   Dies ist insbesondere der Fall, wenn der Versicherungsnehmer

   a) Bauten ganz oder teilweise

   im eigenen Namen und für eigene Rechnung

   im eigenen Namen für fremde Rechnung

   im fremden Namen für eigene Rechnung

   erstellen läßt;

b) selbst Bauleistungen erbringt oder Baustoffe liefert.

6.2 Die Berufshaftpflicht ist auch dann nicht versichert, wenn die unter Ziffer 6.1 a) und b) genannten Voraussetzungen in der Person den Ehegatten des Versicherungsnehmers oder bei Unternehmen gegeben sind, die vom Versicherungsnehmer oder seinem Ehegatten geleitet werden, die ihnen gehören oder an denen sie beteiligt sind.

443 6. Nicht versicherte Risiken (BBR 1998)

6.1 Die Berufshaftpflicht ist nicht versichert, wenn der Versicherungsnehmer Verpflichtungen übernimmt, die über das im Antrag/Versicherungsschein beschriebene Berufsbild hinausgehen.

Dies ist insbesondere der Fall, wenn der Versicherungsnehmer

6.1.1 Bauten ganz oder teilweise

im eigenen Namen und eigene Rechnung

im eigenen Namen für fremde Rechnung

im fremden Namen für eigene Rechnung

erstellen läßt;

6.1.2 selbst Bauleistungen erbringt oder Baustoffe liefert.

6.2 Die Berufshaftpflicht ist auch dann nicht versichert, wenn die unter Ziffer 6. 1.1 und 1.2 genannten Voraussetzungen gegeben sind:

6.2.1 in der Person eines mit dem Versicherungsnehmer in häuslicher Gemeinschaft lebenden Angehörigen (siehe § 4 Ziffer II. 2 Abs. 2 AHB) oder

6.2.2 in der Person eines Geschäftsführers oder Gesellschafters des Versicherungsnehmers oder

6.2.3 bei Unternehmen, die vom Versicherungsnehmer oder einem Angehörigen im Sinne von Ziffer 6.2.1, Geschäftsführer oder Gesellschafter des Versicherungsnehmers geleitet werden, ihm gehören oder an denen sie beteiligt sind.

freiberufliche Tätigkeit

444 Die freiberufliche Tätigkeit des Architekten, die Gegenstand des Versicherungsschutzes ist, zeichnet sich vor allem auch durch seine Unabhängigkeit gegenüber den wirtschaftlichen Interessen der Hersteller, der ausführenden Unternehmen, der Lieferanten etc. aus. Der Architekt plant, koordiniert und überwacht die Ausführung, liefert aber keine Baustoffe und baut auch nicht selbst. Nur folgerichtig führt Ziffer VI. BBR (1981) und insoweit vom Wortlaut identisch mit Ziffer 6.1 BBR (1994) den Versicherungsschutz deshalb noch einmal

ausdrücklich auf den Kernbereich der versicherten Berufstätigkeit zurück und begrenzt ihn insoweit ausdrücklich.

Nach Ziffer VI. 2 BBR (1981) und Ziffer 6.2 BBR (1994) umfaßt die Begrenzung des Versicherungsschutzes auch den Ehegatten des Versicherungsnehmers. Die Beziehungen zu anderen Familienangehörigen bleibt jedoch unberührt. Das hat sich in der BBR (1998) geändert. Hier sieht Ziffer 6. 2.1 im allgemeinen eine Begrenzung des Versicherungsschutzes für in häuslicher Gemeinschaft lebende Angehörige des Versicherungsnehmers vor. Der Begriff der Angehörigen ist weiter als der der Familie; er umfaßt neben dem Ehegatten Verwandte und Verschwägerte, z. B. auch Adoptiv- und Pflegeeltern bzw. Adoptiv- und Pflegekinder. Das muß beachtet werden. 445 *Ehegatten und Angehörige*

Ferner sind in der BBR (1998) die nicht versicherten Risiken auf Unternehmen erweitert, die vom Versicherungsnehmer oder einem Angehörigen i. S. v. Ziffer 6.2.1, von einem Geschäftsführer oder Gesellschafter des Versicherungsnehmers geleitet werden, ihm gehören oder an denen sie beteiligt sind. 446

Umstritten ist, wann bei einer Beteiligung i. S. d. Ziffer VI. 2 BBR (1981) – insoweit vom Regelungsinhalt identisch mit Ziffer 6 2.3 BBR (1994) und Ziffer 6 2.3 BBR (1998) – die Begrenzung des Versicherungsschutzes greifen soll: 447 *Beteiligung*

> Der Besitz von Aktien eines Unternehmens wird hierzu nicht ausreichen[703]. Eindeutig greift die Begrenzung aber dann, wenn das Unternehmen beherrscht wird. Wann eine solche Beherrschung gegeben ist, ist ebenfalls nicht eindeutig. In der Versicherungspraxis wird regelmäßig ab einer prozentualen Beteiligung von 25 % eine Beherrschung angenommen[704].

Die strikte Trennung der Tätigkeit für ein bestimmtes Bauobjekt kann durchbrochen werden. Wird z. B. der Architekt selbst oder in seinem Namen ein Unternehmer in geringem Umfang am Bauobjekt handwerklich tätig, so wäre es widersinnig, wenn der Versicherer für die sich daraus ergebenden Schäden den Versicherungsschutz versagen würde. Das gleiche gilt, wenn der Versicherungsnehmer durch den eigenen Dachdeckerbetrieb ein Dach hat eindecken lassen, ein von ihm zu vertretender Mangel (z. B. an der Heizungsinstallation) damit jedoch überhaupt nicht in Verbindung steht. Im Einzelfall kann die Risikoabgrenzung durchaus schwierig sein. 448

Ist der Architekt selbst Bauherr, besteht kein Versicherungsschutz. Bauherr ist derjenige, in dessen Namen das Baugesuch eingereicht wird. Daß in solchen Fällen kein Versicherungsschutz besteht, ist sy- 449 *Bauherr*

---

703 Dittert, S. 145.
704 Dittert, S. 145.

stembedingt: der Architekt würde sich sonst in seiner Eigenschaft als Bauherr selbst in Anspruch nehmen.

450 Trotz des eindeutigen Wortlauts der Regelung wird in der Versicherungspraxis häufig Versicherungsschutz gewährt, wenn der Architekt nur einer von mehreren Bauherren ist und von daher seine Eigenschaft als Bauherr hinter seiner Tätigkeit als Architekt für das Bauvorhaben zurücktritt. Auf eine so großzügige Handhabung sollte sich der Architekt allerdings nicht verlassen, sondern im Vorfeld mit der Versicherung den Sachverhalt klären und sich schriftlich bestätigen lassen, daß Versicherungsschutz trotz der Bauherreneigenschaft besteht.

451 Ist der Bauträger oder Generalübernehmer mit dem Architekten wirtschaftlich verbunden, beispielsweise durch eine Beteiligung des Architekten an der Gesellschaft, so fällt seine gesamte Tätigkeit als Architekt für diesen Bauträger unter die Risikobegrenzung. Unerheblich ist, ob es sich bei dem Bauträger um eine rechtlich selbständige Person handelt, denn innerhalb der Anspruchskette müssen Versicherungsnehmer und Bauträger als wirtschaftliche Interesseneinheit angesehen werden.

452 Auch in einem solchen Fall ist dem Architekten frühzeitig anzuraten, mit der Versicherung wegen des Versicherungsschutzes zu verhandeln und gegebenenfalls eine Zusatzvereinbarung zum Versicherungsvertrag aufzunehmen.

7.7 Deckungssummen des Versicherungsvertrages

453 Die Deckungssummen bilden den finanziellen Rahmen des Versicherungsschutzes. Haftpflichtversicherung bedeutet Versicherung auf erstes Risiko. Das heißt, die Versicherung tritt ein von »Null« an oder ab einer bei Architekten üblichen Selbstbeteiligung im Schadensfall bis zu den vereinbarten Beträgen.

454 Versicherungsschutz wird geboten für Personenschäden und für sonstige Schäden (Sach- und Vermögensschäden). Die Standarddeckungssumme beträgt zur Zeit noch 2 Mio. DM für Personenschäden und 300.000,00 DM für sonstige Schäden[705]. Die Entscheidung über die Höhe der Deckungssumme (und der vertraglichen Selbstbeteiligung) kann nur der Versicherungsnehmer selbst treffen. Hierbei wird er folgendes zu berücksichtigen haben:

Standarddeckungssummen

455 Grundsätzlich läßt sich ein Schadenmaximum nicht mathematisch genau berechnen. Es ist aber abhängig von der Größe der betreuten Bauobjekte, denn mit der Größe des Objektes steigt auch der bei den

Faustregel für Schadenmaximum

---

705 Vgl. hierzu auch Dittert, S. 96.

Objekten mögliche Höchstschaden. Nach einer Faustregel[706] kann für Architekten das Schadenmaximum für sonstige Schäden mit 20-30 % des Einzel-Bauvolumens angenommen werden, bei einem Objektwert von 10 Mio. DM also mit 2-3 Mio. DM. Etwa diese Größenordnung sollte die Deckungssumme für sonstige Schäden haben, wenn nicht eine Unterversicherung im Sinne einer nicht ausreichenden Versicherung bestehen soll[707].

Für das Schadenmaximum bei Personenschäden ist es naturgemäß nicht möglich, eine Faustregel aufzustellen. Zu berücksichtigen ist, daß bei Personenschäden in aller Regel gegen den Schädiger (Architekten) Rückgriffsansprüche von Berufsgenossenschaften und Versicherungsträgern gestellt werden. Solche Ansprüche können beachtliche Größenordnungen erreichen. 456

Architekten unterschätzen häufig sorglos das eigene Haftungsrisiko. Es kann nur dringend empfohlen werden, gerade bei Großprojekten den bestehenden Versicherungsschutz kritisch zu überprüfen, gegebenenfalls durch Rücksprache bei der Versicherung. Architekten kondizieren in der Regel als Freiberufler, also natürliche Personen und haften folglich mit dem gesamten Vermögen. Sie setzen sich damit einem ungleich größeren Haftungsrisiko aus als zum Beispiel die ausführenden Unternehmen, die in der Regel in der Gesellschaftsform einer juristischen Person mit beschränkter Haftung (GmbH) operieren. Um so wichtiger ist es, für ausreichende Deckungssummen zu sorgen. Dazu gibt es auch durchaus vielfältige Gestaltungsmöglichkeiten. Zu denken ist beispielsweise an den Abschluß einer Einzelversicherung. Zwar sind die Kosten solcher Einzelversicherungen erheblich. Berücksichtigt der Architekt dies schon bei Abschluß des Architektenvertrages, so ist es seinem Verhandlungsgeschick überlassen, beispielsweise mit dem Bauherrn zu vereinbaren, daß dieser die Kosten der zusätzlichen Versicherung zumindest teilweise übernimmt. Erfahrene Bauherren lassen sich darauf ein, weil durch eine solche Regelung sichergestellt wird, daß tatsächlich ausreichender Versicherungsschutz besteht. Auch dem Bauherrn kommt eine solche Regelung im Schadensfall zugute. 457

---

706 Dittert, S. 98.
707 Dittert, S. 101.

8 Kündigung des Architektenvertrages

8.1 Kündigungsmöglichkeiten des Bauherrn beim Werkvertrag

Bei Kündigung des Architektenvertrages durch den Bauherrn hängt der Vergütungsanspruch von dem Grund ab, auf den der Bauherr seine Kündigung stützt. Es sind drei Fälle denkbar, nämlich die sogenannte freie Kündigung, die Kündigung aus wichtigem Grund, den der Bauherr zu vertreten hat, und die vom Architekten zu vertretende Kündigung aus wichtigem Grund. **458**

8.1.1 Freie Kündigung

Das Recht zur freien Kündigung, also zur Kündigung ohne Grund, folgt aus § 649 Satz 1 BGB. Danach kann der Bauherr den Architektenvertrag vor Beendigung jederzeit kündigen. Dieses Kündigungsrecht gilt nur für den Bauherrn, nicht für den Architekten. Dessen Interessen werden vom Gesetz in § 649 Satz 2 BGB durch Aufrechterhaltung des Vergütungsanspruches gewahrt. Dieses »freie« Kündigungsrecht des Auftraggebers kann nicht durch eine AGB-Klausel auf Fälle eines wichtigen Grundes beschränkt werden[708]. Im Fall der Kündigung des Architektenvertrages durch den Bauherrn hat der Architekt im einzelnen darzulegen, wie sich sein Honoraranspruch für die erbrachten und für die noch nicht erbrachten Leistungen darstellt; er hat die noch nicht erbrachten von den erbrachten Leistungen abzugrenzen und die entsprechenden Honoraranteile zuzuordnen[709]. **459** *kann nicht durch AGB ausgeschlossen werden*

Der Architekt muß sich allerdings die ersparten Aufwendungen anrechnen lassen bzw. was er durch anderweitige Verwendung seiner Arbeitskraft erworben oder böswillig nicht erworben hat. Durch diese Vorteilsausgleichung[710] ist dem Architekten der Gewinn gesichert, den er bei Durchführung des Auftrages erzielt hätte. Dennoch handelt es sich dogmatisch nicht um einen Schadenersatzanspruch, gerichtet auf entgangenen Gewinn, sondern um den unter Berücksichtigung der Vorteilsausgleichung verbliebenen Vergütungsanspruch aus §§ 631, 632 BGB. **460**

---

708 OLG Hamburg, BauR 1993, 123.
709 BGH, BauR 1998, 357.
710 BGH, NJW 1985, 633.

461 Im Fall der freien Kündigung durch den Bauherrn steht dem Architekten sonach hinsichtlich der erbrachten Leistungen die vereinbarte Vergütung zu. Was die noch nicht erbrachten Leistungen betrifft, kann der Architekt ebenfalls die vereinbarte Vergütung verlangen, allerdings unter Berücksichtigung des Vorteilsausgleichs, also einer Aufwendungsersparnis und eines anderweitigen Erwerbs.

8.1.1.1 Ersparte Aufwendungen

8.1.1.1.1 Bauherr und Architekt haben hinsichtlich der ersparten Aufwendungen keine Vereinbarung getroffen

462 Haben Bauherr und Architekt für den Fall der vorzeitigen Auflösung des Architektenvertrages und des dann zu zahlenden Honorars keine Vereinbarung getroffen, so kann der Architekt das Honorar für die bis zur Kündigung erbrachten Leistungen in vollem Umfang abrechnen[711]; er ist für den Umfang der abgerechneten Leistungen darlegungs- und beweispflichtig[712].

463 Zusätzlich konnte der Architekt nach der bisherigen Rechtsprechung des BGH[713] für die noch nicht erbrachten Leistungen unter Berücksichtigung ersparter Aufwendungen von pauschal 40 % weitere 60 % der vereinbarten Vergütung für diese Leistungen abrechnen. Diese Rechtsprechung hat der BGH mit seiner Entscheidung vom 8.2.1996[714] ausdrücklich aufgegeben. Nunmehr ist es erforderlich, daß der Architekt konkret darlegt und beweist, welche Ersparnisse er tatsächlich hatte. Der Architekt muß also – wie jeder Werkunternehmer – Angaben über die Höhe der Aufwendungsersparnis im konkreten Fall machen.

60/40-Pauschale

464 Es stellt sich damit die Frage, welche Aufwendungen des Architekten im Fall einer Kündigung als »erspart« gelten[715]:

> ➢ Ersparte Aufwendungen sind grundsätzlich solche, die der Architekt gerade infolge der Kündigung nicht mehr erbringen muß[716].
>
> Dazu zählen beispielsweise alle Löhne und Gehälter, die nach der Kündigung nicht mehr zu zahlen sind. Zu denken ist vor allem an die Vergütung für freie Mitarbeiter oder Subunter-

Löhne und Gehälter

---

711 BGH, NJW 1985, 633.
712 BGH, BauR 1994, 635.
713 BGH, NJW 1969, 419.
714 BGH, BauR 1996, 412.
715 Vgl. dazu Niestrate, ZFBR 1997, 9 f.
716 Staudinger-Peters, Bd. II, § 649 BGB Rn. 19; Soergel, in: MünchKomm, BGB, 2. Auflage, § 649 Rn. 13; RGRK-Glanzmann, Bd. II, Vierter Teil, § 649 Rn. 14.

8.1 Kündigungsmöglichkeiten des Bauherrn beim Werkvertrag

nehmer, die speziell für ein bestimmtes Bauvorhaben eingestellt bzw. beauftragt wurden und kündigungsbedingt nicht mehr zu entlohnen sind. Allerdings sind diese Aufwendungen erst ab dem Zeitpunkt »erspart«, in dem der Architekt sich tatsächlich von diesen Mitarbeitern trennen kann.

freie Mitarbeiter / Subunternehmer

> Als weitere »ersparte« Aufwendungen kommen Nebenkosten in Betracht, die nicht unter § 7 HOAI fallen, also nicht gesondert abzurechnen sind, gleichwohl aber durch die Kündigung entfallen. Zu denken ist an die Kosten für die Herstellung von Originalunterlagen[717] oder an Fahrtkosten, die zum Beispiel im Rahmen der Objektüberwachung entstehen, wenn die Fahrstrecke nicht mehr als 15 Kilometer beträgt (§ 7 Abs. 2 Nr. 4 HOAI), ferner an die Kosten, die für sonstiges Büromaterial (Bleistifte, Tinte, Toner etc.) anfallen.

Nebenkosten

Die ersparten Aufwendungen sind von dem Teil des Honorars abzuziehen, der sich auf den noch nicht vollendeten Teil der Leistung bezieht, nicht auf den Teil des Honorars, den der Architekt für die bereits erbrachten Leistungen verlangt[718].

Demgegenüber sind die allgemeinen Aufwendungen, die der Architekt fortlaufend hat und die der Erfüllung seiner bestehenden Verpflichtungen dienen, im Rahmen des § 649 Satz 2 BGB nicht als »erspart« abzuziehen[719]. Folglich fallen allgemeine Geschäftskosten, wie z. B. Mieten, die Gehälter der fest angestellten Mitarbeiter, Versicherungsprämien usw., die unabhängig von einem einzelnen Vertragsverhältnis vom Architekten aufzuwenden sind, nicht unter § 649 Satz 2 BGB[720]. Das sind nämlich keine Aufwendungen, die gerade infolge der Kündigung des Architektenvertrages wegfallen, sondern solche, die auch weiter vom Architekten zu entrichten sind.

465
allgemeine Geschäftskosten

Im Ergebnis kann das dazu führen, daß dem Architekten mehr oder weniger die volle vereinbarte Vergütung zusteht, obgleich er aufgrund der Kündigung wesentliche Architektenleistungen nicht erbracht hat[721].

466

Das gilt vor allem für sogenannte Ein-Mann-Architekturbüros[722]. Insoweit kann nicht vom Bauherrn geltend gemacht werden, der Inhaber-Architekt sei wegen Wegfalls des Auftrages verpflichtet, seine monatliche Entnahme angemessen zu kürzen. Denn die monatliche

467
Ein-Mann-Büro

---

717 Vgl. Locher/Köble/Frick, § 7 Rn. 5.
718 BGH, NJW-RR 1992, 1077 f.
719 BGH, NJW-RR 1992, 1077; BGH, BauR 2000, 430.
720 BGH, NJW-RR 1992, 1077; BGH, WM 1957, 707, 709; Soergel, in: MünchKomm, BGB, § 649 Rn. 13; BGH, BauR 2000, 430.
721 So auch Werner/Siegburg, BauR 1997, 181, 185; Werner/Pastor, Rn. 938; Eich/Eich, DAB 1996, 2064; jetzt auch: BGH, BauR 2000, 430.
722 OLG Celle, BauR 1999, 191.

Entnahme, die der Inhaber-Architekt vornimmt, stellt – wenn sie entfällt – keine Aufwendungsersparnis i. S. d. § 649 Satz BGB dar. Vielmehr ist die monatliche Entnahme wie das Gehalt eines fest angestellten Mitarbeiters zu werten und zählt damit zu den allgemeinen Geschäftskosten, die durch den konkret aufgelösten Vertrag gerade nicht beeinflußt werden[723].

8.1.1.1.2 Wirksamkeit von Vereinbarungen zur Höhe der ersparten Aufwendungen

468 Häufig wird zwischen Architekt und Bauherr eine konkrete Vereinbarung zur Höhe der ersparten Aufwendungen im Fall der vorzeitigen Auflösung des Architektenvertrages getroffen. Das kann einmal durch Individualvereinbarung geschehen und auch durch Allgemeine Geschäftsbedingungen bzw. die Verwendung eines Formularvertrages (z. B. Einheitsarchitektenvertrag).

469 Wird eine Individualvereinbarung getroffen, ist die Abrechnungsweise unproblematisch. Individualvereinbarungen zu solchen Pauschalierungsregelungen sind in den Grenzen des § 138 BGB wirksam.

470 Wird die Pauschalierungsabrede dagegen in Allgemeinen Geschäftsbedingungen bzw. in einem Formularvertrag getroffen, ist hinsichtlich der Wirksamkeit zu unterscheiden:

Verwender

> ➤ Der Architekt kann unabhängig von der Frage der AGB-rechtlichen Wirksamkeit der Pauschalierungsabrede immer nach der Vereinbarung abrechnen, wenn der Bauherr Verwender der Klausel ist. Denn der Verwender selbst kann sich nicht auf die Unwirksamkeit seiner eigenen Allgemeinen Geschäftbedingungen berufen[724].
>
> ➤ Im umgekehrten Fall, also bei Verwendung der AGB durch den Architekten, muß die Klausel mit §§ 10 Nr. 7, 11 Nr. 5 AGB-G vereinbar sein, was gemäß § 9 AGB-G auch im kaufmännischen Verkehr gilt[725]. Danach ist eine solche Klausel AGB-rechtlich unbedenklich, wenn die Pauschale nicht unangemessen hoch ist (§ 10 Nr. 7 AGB-G) und sie dem Vertragspartner die Möglichkeit läßt, höhere oder niedrigere ersparte Aufwendungen gegebenenfalls darzutun und zu beweisen (§ 11 Nr. 5 AGB-G).

471 Diesen Anforderungen entspricht beispielsweise die in dem Einheitsarchitektenvertrag geregelte 60/40-Regelung nicht; das hat der BGH

---

723 Vgl. Niestrate, ZFBR, 9, 10.
724 BGH, BauR 1994, 617; BGH, BauR 1998, 866.
725 BGH, NJW 1994, 1060, 1068.

zu dem Einheitsarchitektenvertrag alte Fassung[726] bereits ausdrücklich entschieden[727]. Aber auch die entsprechende Klausel in dem Einheitsarchitektenvertrag von 1994 ist AGB-widrig[728].

8.1.1.2 Anderweitiger Erwerb

Der Architekt hat sich ferner anrechnen zu lassen, was er durch anderweitige Verwendung seiner Arbeitskraft erwirbt. Damit sind Füllaufträge gemeint. 472 *Füllaufträge*

Der Erwerb durch Füllaufträge muß aber zweifelsfrei durch die Kündigung des Bauherrn verursacht worden sein. Das ist nicht der Fall, wenn der Architekt seine Leistungskapazität auf andere bereits vorhandene Werkverträge konzentriert hat. Ein Füllauftrag in diesem Sinne scheidet zudem aus, wenn der Architekt in der Lage gewesen ist, zur gleichen Zeit neben dem gekündigten Architektenvertrag auch noch andere Aufträge auszuführen; die Beträge aus diesen weiteren Aufträgen sind nicht als Honorar aus Füllaufträgen anzurechnen[729]. 473

Bei einem Freiberufler anzunehmen, dieser hätte bei nicht erklärter Kündigung durch den Bauherrn aus Kapazitätsgründen keinen weiteren Auftrag angenommen, ist wenig praxisnah. Zu Recht weist das OLG Celle[730] darauf hin, daß ein freiberuflich tätiger Architekt auch bei zeitlichen Engpässen durch Verlängerung der werktäglichen Arbeitszeit und durch Wochenendarbeit regelmäßig in der Lage ist, Folgeaufträge zusätzlich zu bearbeiten. Das gilt natürlich vor allem für Ein-Mann-Architekturbüros. 474 *Freiberufler*

Anzurechnen ist auch, was der Architekt böswillig zu erwerben unterläßt. Dazu ist erforderlich, daß der Architekt einen ihm möglichen Erwerb in einer gegen Treu und Glauben verstoßenden Weise nicht realisiert. Hierfür ist der Bauherr beweispflichtig. 475

Der Vorteilsausgleich durch anderweitigen Erwerb kann durch Allgemeine Geschäftsbedingungen wirksam abbedungen werden, wenn die Voraussetzungen der §§ 10 Nr. 7, 11 Nr. 5 AGB-G i. V. m. § 9 AGB-G gewahrt sind[731]. Der Verwender kann sich auf eine eventuelle AGB-Widrigkeit nicht berufen. 476

---

726 Einheitsarchitektenvertrag für Gebäude 1985, veröffentlicht in: Bundesanzeiger Nr. 29 vom 21.03.1985.
727 BGH, BauR 1997, 156.
728 Dazu näher Niestrate, ZFBR 1997, 9, 10.
729 Soergel, in: MünchKomm, BGB, § 649, Rn. 15.
730 OLG Celle, BauR 1999, 191.
731 OLG Düsseldorf, OLGR 1999, 282, 284; BGH, NJW 1969, 879.

8.1.1.3 Darlegungs- und Beweislast

477 Der Architekt muß schlüssig sowohl zu den ersparten Aufwendungen als auch zum anderweitigen Erwerb vortragen, weil sein Honoraranspruch für die noch nicht erbrachten Leistungen von vornherein nur abzüglich der ersparten Aufwendungen und abzüglich des anderweitigen Erwerbs besteht[732]. Denn nur der Architekt ist in der Lage vorzutragen und gegebenenfalls zu beziffern, was er sich anrechnen läßt.

478
des Architekten Kommt der Architekt dieser Darlegungslast nach, so ist es nunmehr Sache des Auftraggebers, im einzelnen darzulegen und zu beweisen, daß höhere Ersparnisse oder ein höherer anderweitiger Erwerb erzielt wurde, als der Architekt sich anrechnen läßt. Hat also der Architekt zu den ersparten Aufwendungen und zum anderweitigen Erwerb schlüssig vorgetragen, indem er beispielsweise zu den ersparten Aufwendungen eine Liste von Materialien, die er erspart hat (Toner, Kopierpapier, Zeichenstifte etc.), vorlegt und darüber hinaus erklärt, daß kein Füllauftrag angenommen wurde, ist es nun Sache des Bauherrn, Art und Umfang eines weiteren Abzugspostens darzutun und zu beweisen[733].

479
Substantiierungspflicht des Bauherrn An Inhalt und Umfang der Substantiierungslast des Bauherrn sind in aller Regel jedoch keine zu hohen Anforderungen zu stellen. Das ergibt sich daraus, daß dem Bauherrn die Grundlagen der Kalkulation des Architekten nicht bekannt sind[734]. Seiner Darlegungspflicht kommt der Bauherr aber nicht ausreichend nach, wenn er ganz pauschal Ersparnisse behauptet und hierfür Sachverständigenbeweis antritt[735].

480
AGB Sind die ersparten Aufwendungen und der anderweitige Erwerb in Allgemeinen Geschäftsbedingungen pauschaliert, trägt der Architekt, falls er Verwender der Klausel ist und der Bauherr die Angemessenheit der Pauschale beanstandet, die Darlegungs- und Beweislast für die Bemessungsgrundlage der Pauschale. Für die dem Architekten obliegende Darlegungslast sind allerdings nicht die besonderen Umstände des Einzelfalles maßgebend. Vielmehr muß der Architekt hinsichtlich der Angemessenheit der Pauschale auf die typische Sachlage abstellen[736], also auf das, was an Aufwendungsersparnis branchenüblich bei Kündigung eines Architektenvertrages anfällt[737].

481
Branchenüblichkeit Zwar sind an die Darlegungs- und Beweislast insoweit ebenfalls keine allzu großen Anforderungen zu stellen[738], weil sonst der Zweck der

---

732 BGH, BauR 1998, 185 f.
733 So auch Werner/Pastor, Rn. 1294, und jetzt BGH, BauR 2000, 430 f.
734 OLG Celle, OLGR 1998, 187.
735 OLG Frankfurt, NJW-RR 1987, 979, 981.
736 BGH, NJW 1983, 1491, 1492.
737 Niestrate, ZfBR 1997, 9, 11.
738 BGH, NJW 1977, 381, 383.

Pauschalierungsabrede vereitelt würde. Gleichwohl wird dem Architekten die Darlegungslast Probleme bereiten, da er regelmäßig nicht auf die Daten anderer Architekten zurückgreifen kann und es eine Statistik zur Höhe ersparter Aufwendungen bei vorzeitiger Architektenvertragsauflösung nicht gibt[739]. Mangels der erforderlichen Statistiken kann der Architekt nicht wissen, welche ersparten Aufwendungen branchenüblich durch das Freisetzen sogenannter freier Mitarbeiter bzw. von Subunternehmern anfallen. Auch wenn der Einsatz freier Mitarbeiter oder von Subunternehmern nicht den Regelfall darstellen dürfte, kommt er doch vor und muß daher bei der Darstellung der typischen Sachlage, also der Branchenüblichkeit, nachvollziehbar berücksichtigt werden.

8.1.2 Kündigung des Architektenvertrages aus wichtigem Grund

Das Recht zur Kündigung aus wichtigem Grund durch den Bauherrn bzw. Auftraggeber ist im Gesetz nicht ausdrücklich geregelt; die Kündigung aus wichtigem Grund ist aber nicht abdingbar[740] und daher auch ohne ausdrückliche Regelung im Gesetz möglich.

482 *nicht abdingbar*

Für die Kündigungsfolgen ist § 649 BGB maßgeblich. Nach dem Wortlaut des § 649 Satz 1 BGB gilt die Vorschrift an sich nur für Fälle der sogenannten freien Kündigung. Nach herrschender Meinung findet jedoch § 649 BGB auf die außerordentliche Kündigung analoge Anwendung[741].

483

Ein wichtiger Grund zur Kündigung liegt immer dann vor, wenn dem Kündigenden das Festhalten am Vertrag nicht mehr zumutbar ist[742]. Der wichtige Grund zur Kündigung muß zum Zeitpunkt der Vertragsbeendigung vorhanden sein. Ein später bekannt gewordener wichtiger Grund kann nachgeschoben werden[743].

484 *wichtiger Grund*

Die Rechtsfolgen einer Kündigung aus wichtigem Grund richten sich ganz entscheidend danach, wer den Kündigungsgrund zu vertreten hat. Der Begriff »Vertretenmüssen« knüpft insoweit nicht an ein Ver-

485 *Vertretenmüssen*

---

739 Das wäre Sache der Architektenkammern, die aber bisher untätig geblieben sind.
740 OLG Düsseldorf, BauR 1986, 469, 472.
741 So ständige Rechtsprechung des 7. Senats: zuletzt BGH, NJW 1999, 418; auch OLG Düsseldorf, BauR 1973, 114; a. A. aber: der 10. Senat: BGH, BauR 1993, 469; der 10. Senat nennt § 645 BGB als Anspruchsgrundlage und verweist zur Begründung auf die Entscheidungen des 7. Senats, der jedoch in ständiger Rechtsprechung § 649 BGB in Fällen der außerordentlichen Kündigung des Architektenvertrages durch den Bauherrn anwendet.
742 OLG Düsseldorf, BauR 1986, 469, 472.
743 BGH, BauR 1975, 625.

8 Kündigung des Architektenvertrages

Risikosphäre
schulden i. S. d. §§ 276, 278 BGB an; abzustellen ist vielmehr auf die Risikosphäre[744]. Im Einzelfall ist mithin zu hinterfragen, ob der Kündigungsgrund und das darin verkörperte Risiko dem Bauherrn oder dem Architekten zuzurechnen ist.

486 Der BGH hat in seiner Entscheidung vom 27.10.1998[745] hervorgehoben, daß zur Risikosphäre des Architekten seine Planung und seine Mitarbeiter zählen, dagegen zur Risikosphäre des Bestellers die Verwirklichung des Bauvorhabens. Das heißt, kündigt der Bauherr beispielsweise den Architektenvertrag aus wichtigem Grund mit der Begründung, das Bauvorhaben sei aus wirtschaftlichen Gründen nicht zu realisieren, so ist dieser Kündigungsgrund seiner Sphäre zuzurechnen. Das gleiche gilt, wenn der Bauherr aus politischen Gründen kündigt, etwa weil ein in Bonn geplantes Gebäude nebst Gästehaus für die Landesvertretung NRW wegen des Beschlusses des Bundestages, daß zukünftig Berlin Bundeshauptstadt ist, keinen Sinn mehr gibt[746].

487 Die Rechtsfolgen sind, je nach dem, ob der Bauherr oder der Architekt die Kündigung aus wichtigem Grund zu vertreten hat, sehr unterschiedlich:

> ➤ Hat der Architekt die vom Bauherrn erklärte Kündigung aus wichtigem Grund zu vertreten, so kann er grundsätzlich nur noch Honorar für die erbrachten Leistungen beanspruchen; insoweit ist für den Honoraranspruch allerdings Voraussetzung, daß die erbrachten Leistungen für den Bauherrn verwertbar sind; sind sie das nicht, entfällt der Honoraranspruch in Gänze[747]. Zudem haftet der Architekt dem Bauherrn für den Schaden, der diesem durch die vorzeitige Beendigung des Architektenvertrages entsteht (z. B. Bauzeitverlängerung etc.).

> ➤ Hat dagegen der Bauherr die Kündigung aus wichtigem Grund selbst zu vertreten, so ist der Architekt nicht auf das Honorar für die erbrachten Leistungen beschränkt; vielmehr kann er nach § 649 Satz 2 BGB das vereinbarte Honorar unter Abzug der ersparten Aufwendungen beanspruchen[748].

---

744 BGH, NJW 1999, 418.
745 BGH, NJW 1999, 418, 420.
746 OLG Düsseldorf, OLGR 1999, 282.
747 OLG Hamm, NJW-RR 1986, 764.
748 BGH, NJW 1999, 418; BGHZ 31, 224, 229; BGHZ 41, 104, 108; BGHZ 45, 372, 375.

8.2 Kündigungsmöglichkeiten des Architekten beim Werkvertrag

8.2.1 Kündigung aus wichtigem Grund

Dem Architekten steht nicht die Möglichkeit der freien Kündigung des Architektenvertrages zu. Er kann den Architektenvertrag nur aus wichtigem Grund kündigen. 488

Insoweit kommt zunächst in Betracht, daß dem Architekten die Fortsetzung des Vertrages unter Berücksichtigung aller Umstände des Einzelfalles nicht zugemutet werden kann. Für den Architekten gilt insoweit das gleiche wie für den Bauherrn; eine solche Kündigung aus wichtigem Grund ist nicht abdingbar und daher, auch ohne ausdrückliche Regelung im Gesetz, immer möglich[749]. 489

Wichtige Gründe, die eine Kündigung seitens des Architekten rechtfertigen, sind z. B.: 490 *wichtige Gründe*

➢ Nichtbegleichen fälliger Abschlagszahlungen[750];

➢ ehrverletzende Äußerungen des Bauherrn über den Architekten, obwohl dieser hierzu keinerlei Veranlassung gegeben hat[751];

➢ der Bauherr verlangt eine von den genehmigten Plänen abweichende und nicht genehmigungsfähige Bauausführung[752];

➢ infolge schwerer Erkrankung kann dem Architekten eine Vertragserfüllung nicht zugemutet werden[753];

➢ der Bauherr gerät in Konkurs[754].

Kein wichtiger Grund zur Kündigung liegt dagegen vor, wenn 491

➢ der Bauherr Schwarzarbeiter beschäftigt[755], weil die Schwarzarbeit als solche keine Tatsache darstellt, die die Interessen des Architekten in besonderem Maße berührt, solange der Schwarzarbeiter fachkundig ist und deshalb die Gewähr für eine ordnungsgemäße Auftragserfüllung bietet;

---

749 OLG Düsseldorf, BauR 1986, 469, 472.
750 BGH, BauR 1989, 628.
751 Vgl. Bindhardt/Jagenburg, § 12 Rn. 5.
752 Vgl. Löffelmann/Fleischmann, Rn. 1476.
753 Löffelmann/Fleischmann, Rn. 1476.
754 Löffelmann/Fleischmann, Rn. 1476.
755 Löffelmann/Fleischmann, Rn. 1477; a. A.: Locher, Das private Baurecht, 4. Auflage, Rn. 259.

➢ der Bauherr Zahlung verweigert, weil er Zurückbehaltungsrechte hat, die zur Leistungsverweigerung berechtigen[756].

492 Hat der Bauherr den wichtigen Grund zur Kündigung zu vertreten, kann der Architekt die vereinbarte Vergütung unter Abzug der ersparten Aufwendungen verlangen[757].

8.2.2 Kündigung wegen Verletzung der Mitwirkungspflicht

493 Ferner kann der Architekt den Architektenvertrag wegen Verletzung der Mitwirkungspflicht durch den Bauherrn nach §§ 642, 643 BGB außerordentlich kündigen.

494 Kündigungsvoraussetzung ist, daß der Bauherr in Annahmeverzug ist und trotz Fristsetzung mit Kündigungsandrohung eine ihm obliegende Mitwirkungshandlung nicht ausgeführt hat.

495 Notwendige Mitwirkungshandlungen des Bauherrn sind beispielsweise:

Mitwirkungshandlungen

➢ Auswahl zwischen mehreren Entwürfen

➢ Entscheidungen über die zu verwendenden Baustoffe notwendige Vertragsabschlüsse mit Fachingenieuren, ausführenden Firmen etc.

➢ Unterzeichnung des Baugesuchs

496 Die Honorar- und Schadenersatzansprüche des Architekten bei Verstoß gegen eine Mitwirkungspflicht seitens des Bauherrn ergeben sich aus §§ 642 und 645 Abs. 1 Satz 2 BGB.

497 Nach § 642 Abs. 1 BGB steht dem Architekten zunächst eine angemessene Entschädigung zu, deren Höhe sich einerseits nach der Dauer des Verzuges und der Höhe der vereinbarten Vergütung, andererseits nach demjenigen richtet, was der Architekt infolge des Verzuges an Aufwendungen erspart oder durch anderweitige Verwendung seiner Arbeitskraft erwerben kann. Dieser Anspruch ist ein dem Werkvertrag eigentümlicher Schadenersatzanspruch, der dem Architekten zu einer gewissen summarischen Abgeltung für das Bereithalten seiner Arbeitskraft und seines Büroapparates verhelfen soll. Während nach allgemeinen Vorschriften der Schuldner beim Annahmeverzug des Gläubigers lediglich den Ersatz von Mehraufwendungen erhält, wie dies in § 304 BGB näher beschrieben ist, verleiht § 642 Abs. 1 BGB dem Architekten im Rahmen des Werkvertrages eine erheblich

angemessene Entschädigung

---

756 BGH, BauR 1989, 626.
757 BGH, BauR 1990, 632.

bessere Rechtsstellung, nämlich einen eigenständigen vom Verschulden des Bestellers unabhängigen Schadenersatzanspruch.

Der Höhe nach ist der Schadenersatzanspruch in § 642 Abs. 2 BGB geregelt. Hiernach ist ein Betrag zu ermitteln, der einerseits die Dauer des Verzuges und die Höhe der Vergütung zu berücksichtigen hat, andererseits aber auch die ersparten Aufwendungen und anderweitige Verwendung seiner Arbeitskraft. Was die ersparten Aufwendungen und die anderweitige Verwendung der Arbeitskraft betrifft, gilt insoweit das gleiche wie bei § 649 Satz 2 BGB[758]. **498**

Neben dem Schadenersatzanspruch steht dem Architekten nach § 645 Absatz 1 Satz 3 BGB Honorar zu, das den erbrachten Leistungen der Höhe nach entspricht. Das Honorar ist in der Weise zu ermitteln, daß das Ausmaß der tatsächlich erbrachten Architektenleistungen zur geschuldeten vertragsgemäßen Leistung in Beziehung gesetzt wird und in derselben Relation das Teilhonorar im Verhältnis zum vertraglich vereinbarten Honorar errechnet wird. Die Teilvergütung hat der Teilleistung zu entsprechen, beide Faktoren jeweils orientiert an der erbrachten Teilleistung und der geschuldeten Gesamtleistung[759]. **499** *Honorar*

Zudem hat der Architekt nach § 645 Abs. 1 Satz 3 BGB einen Anspruch auf Auslagenersatz, wenn die entstandenen Auslagen nicht in der Vergütung inbegriffen sind. Ein solcher Auslagenersatz läßt sich dann problemlos erfassen, wenn schon im Vertrag Vergütung und Auslagenersatz gesondert ausgeworfen sind. Ist das nicht der Fall, müssen die Auslagen gegebenenfalls gesondert ermittelt werden, was auf erhebliche Schwierigkeiten stoßen kann. **500** *Auslagenersatz*

Der Architekt hat die Voraussetzungen des Honoraranspruchs nach § 645 Abs. 1 Satz 3 BGB zu beweisen. **501**

8.3 Kündigungsmöglichkeiten des Bauherrn und Architekten beim Dienstvertrag

8.3.1 Kündigungsvoraussetzungen

Ist der Architektenvertrag ausnahmsweise als Dienstvertrag zu qualifizieren, können sowohl der Bauherr als auch der Architekt nach § 627 BGB außerordentlich entfristet oder befristet kündigen[760]. Für die außerordentliche Kündigung ist das Vorliegen eines wichtigen Grundes nicht notwendig. Indessen sind die Rechtsfolgen einer au- **502**

---

758 Vgl. oben, Rn. 462 f.
759 Eine Berechnungsformel nennt Glanzmann in: RGRK, Rn. 8.
760 Schwerdtner in: MünchKomm, BGB, § 627 Rn. 8.

8 Kündigung des Architektenvertrages

ßerordentlichen Kündigung des Dienstvertrages ohne wichtigen Grund unterschiedlich, je nach dem, ob der Bauherr diese Kündigung erklärt oder der Architekt.

503
keine Pflicht zur Rücksichtnahme
Der Bauherr kann auch ohne wichtigen Grund jederzeit folgenlos außerordentlich kündigen. Für ihn bestehen keinerlei Verpflichtungen zur Rücksichtnahme[761], wie dem Wortlaut des Gesetzes zu entnehmen ist.

504
Kündigung zur Unzeit
Kündigt dagegen der Architekt den Dienstvertrag außerordentlich, obgleich kein wichtiger Grund vorliegt, so macht er sich nach § 627 Abs. 2 BGB schadenersatzpflichtig, sofern die Kündigung zur Unzeit erfolgte. Eine Kündigung zur Unzeit liegt vor, wenn der Bauherr keine Möglichkeit hat, sich die Dienste rechtzeitig nach Zugang der Kündigung anderweitig, nicht notwendig in gleicher Güte und zu gleichen Bedingungen, zu verschaffen[762]. Die Wirksamkeit der Kündigung bleibt davon aber unberührt.

505 Kann der Architekt einen wichtigen Grund für die außerordentliche Kündigung des Dienstvertrages vorbringen und ist dieser oder sind diese wichtigen Gründe wirksam, scheidet auch bei unzeitiger Kündigung der Schadenersatzanspruch des Bauherrn aus (§ 627 Abs. 2, 2. Hs. BGB).

506
wichtiger Grund
Die Voraussetzungen dafür, wann ein wichtiger Grund zur außerordentlichen Kündigung des Dienstvertrages vorliegt, regelt § 626 Abs. 1 BGB. Danach müssen Tatsachen vorliegen, aufgrund derer dem Kündigenden unter Berücksichtigung aller Umstände des Einzelfalles und unter Abwägung der Interessen beider Vertragsteile die Fortsetzung des Dienstverhältnisses bis zum Ablauf der Kündigungsfrist oder bis zu der vereinbarten Beendigung des Dienstverhältnisses nicht zugemutet werden kann.

Dazu einige Beispiele:

> ➢ *Verletzung von Fürsorgepflichten des Bauherrn gegenüber dem Architekten* – Insoweit kommt es allerdings auf die jeweilige Intensität der Verletzung und auf die Qualität der verletzten Fürsorgepflicht an. Mißachtet der Bauherr beispielsweise zwingende Arbeitsschutzvorschriften und gerät der Architekt dadurch auf der Baustelle in Gefahr, so liegt jedenfalls dann ein wichtiger Grund vor, wenn der Bauherr trotz entsprechenden Hinweises weiterhin untätig bleibt. Zur Verletzung von Fürsorgepflichten zählt es auch, wenn der Bauherr von dem Architekten die Mißachtung von Bauvorschriften verlangt.

---

761 Schwerdtner in: MünchKomm, BGB, § 627, Rn. 8.
762 Palandt/Putzo, § 627 Rn. 6.

8.3 Kündigungsmöglichkeiten des Bauherrn und Architekten

➤ *Beleidigungen, Verdächtigungen* – Der Architekt braucht sich Beleidigungen oder ungerechtfertigte Verdächtigungen des Bauherrn nicht gefallen zu lassen; sie rechtfertigen immer die Kündigung aus wichtigem Grund[763]. Umgekehrt gilt dasselbe für die vom Bauherrn erklärte Kündigung.

➤ *Krankheit* – Leidet der Bauherr unter einer ansteckenden Krankheit, kann der Architekt je nach dem, ob konkret eine Ansteckungsgefahr besteht, aus wichtigem Grund kündigen[764]. Gleiches gilt, wenn der Architekt erkrankt und diese Krankheit einen Dauerzustand darstellt.

➤ *Zahlungsrückstände* – Gerät der Bauherr mit seiner nach § 8 HOAI bestehenden Pflicht, angemessene Teilzahlungen zu leisten, in Verzug, stellt dies ebenfalls einen wichtigen Grund dar[765].

Obwohl das außerordentliche Kündigungsrecht grundsätzlich nicht abbedungen werden kann, ist § 627 BGB der Parteidisposition zugänglich[766]. Wird in einem Architektenvertrag, der Dienstleistungen regelt und daher als Dienstvertrag zu werten ist, die außerordentliche Kündigung nach § 627 BGB abbedungen, so bleibt aber stets die Möglichkeit der außerordentlichen Kündigung nach § 626 erhalten; würde in einem solchen Fall der Bauherr oder der Architekt außerordentlich kündigen, so ist das mithin nur möglich, wenn ein wichtiger Grund vorliegt. 507

8.3.2 Kündigungsfolgen

Wird der Architektenvertrag bei Vorliegen eines wichtigen Grundes außerordentlich gekündigt, so gilt für die Folgewirkungen § 628 BGB. 508

Nach § 628 Abs. 1 BGB kann der Architekt einen seinen bisherigen Leistungen entsprechenden Teil der Vergütung verlangen. Hat der Architekt allerdings selbst gekündigt, ohne durch vertragswidriges Verhalten des Bauherrn dazu veranlaßt worden zu sein, oder veranlaßt er durch sein eigenes vertragswidriges Verhalten die Kündigung durch den Bauherrn, so steht dem Architekten ein Anspruch auf Honorar insoweit nicht zu, als seine bisherigen Leistungen infolge der Kündigung für den anderen Teil kein Interesse haben. Hatte der Bau- 509

---

763 LAG Düsseldorf, DB 172, 2072 – für ein Arbeitnehmerverhältnis.
764 LAG Düsseldorf, BB 1961, 49 – für ein Arbeitsverhältnis.
765 BGH, BauR 1998, 866.
766 RGZ 105, 416.

herr das Honorar für eine spätere Zeit im voraus entrichtet, so muß der Architekt den zuviel bezahlten Betrag zurückerstatten.

510
Schadenersatz
Nach § 628 Abs. 2 BGB muß außerdem derjenige, der die Kündigung durch sein vertragswidriges Verhalten veranlaßt hat, Ersatz leisten für den durch die Aufhebung des Dienstverhältnisses entstandenen Schaden. Voraussetzung ist eine schuldhafte Vertragsverletzung, die zur außerordentlichen Kündigung geführt hat. Die schuldhafte Vertragsverletzung muß die Qualität eines wichtigen Grundes i. S. d. § 626 Abs. 1 BGB haben[767]. Das heißt: ein wichtiger Grund zur außerordentlichen Kündigung ist nur dann gegeben, wenn dem Kündigenden unter Berücksichtigung aller Umstände des Einzelfalles nach Treu und Glauben nicht zugemutet werden kann, das Dienstverhältnis überhaupt oder für die Dauer der vorgesehenen ordentlichen Kündigungsfrist fortzusetzen.

511 Haben beide Vertragsteile ein Recht zur außerordentlichen Kündigung, so entfällt der Schadenersatzanspruch nach § 628 Abs. 2 BGB[768].

512 Festzuhalten ist mithin, daß auch dem Architekten nach § 628 BGB dann ein Schadenersatzanspruch gegen den Bauherrn zusteht, wenn dieser den wichtigen Grund für die außerordentliche Kündigung zu vertreten hat. Hat dagegen der Architekt den wichtigen Grund zu vertreten und kündigt der Bauherr daher außerordentlich gestützt auf den wichtigen Grund, ist der Architekt nach § 628 Abs. 2 BGB schadenersatzpflichtig.

8.3.3 Darlegungs- und Beweislast

513 Der Architekt hat zu beweisen, daß der von ihm nach § 628 Abs. 1 Satz 1 BGB geforderte Teil der Vergütung den bisherigen Dienstleistungen entspricht. Im Streit um den Honoraranspruch muß der Bauherr nach § 628 Abs. 1 Satz 2 BGB beweisen, daß ihm, dem Bauherrn, kein vertragswidriges Verhalten vorzuwerfen ist, der Architekt also ohne wichtigen Grund außerordentlich gekündigt hat. Ferner muß der Bauherr im Fall einer von ihm selbst zu vertretenden Kündigung beweisen, daß der Architekt den oder die wichtigen Gründe zur außerordentlichen Kündigung veranlaßt hat[769]. Derjenige, der Schadenersatzansprüche nach § 628 Abs. 2 BGB geltend macht, muß das Vorliegen einer wirksamen außerordentlichen Kündigung gemäß § 626 Abs. 1 BGB dartun und beweisen[770]. Ferner muß er die Veranlassung

---

767 RGZ 112, 34.
768 BGH, NJW 1965, 1905.
769 Baumgärtel, § 628 Rn. 1.
770 Baumgärtel, § 628 Rn. 2.

der außerordentlichen Kündigung durch eine Vertragswidrigkeit des anderen Teils – also den wichtigen Grund – sowie den Schaden und dessen Umfang beweisen[771]. Für die Darlegung des Umfangs des Schadens kommt dem Architekten die Beweislasterleichterung des § 252 Satz 2 BGB i. V. m. § 287 ZPO zugute[772].

514 Wendet der Architekt gegenüber der Schadenersatzklage des Bauherrn wegen Vertragsbruchs ein, er habe durch seine eigene fristlose Kündigung das Dienstverhältnis beendet, so verteilt sich die Beweislast folgendermaßen: Der Bauherr hat als Voraussetzung für seinen Schadenersatzanspruch die Entstehung des Anspruchs auf Dienstleistung über den Kündigungstermin hinaus, die Einstellung der Dienstleistung durch den Architekten und den daraus folgenden Verdienstausfall zu beweisen. Der Architekt muß demgegenüber die Umstände beweisen, die ihn zur sofortigen Kündigung berechtigt haben, da er sich hinsichtlich seiner Dienstleistungspflicht auf die rechtsvernichtende Norm des § 626 Abs. 1 BGB beruft[773].

515 Ist die Kündigungsmöglichkeit nach § 627 BGB abbedungen, so hat im Fall der außerordentlichen Kündigung aus wichtigem Grund nach § 626 BGB der Kündigende grundsätzlich das Vorliegen der Umstände, die zu der außerordentlichen Kündigung berechtigen, zu beweisen[774]. Die 2-Wochen-Frist nach § 626 Abs. 2 BGB hat ebenfalls der Kündigende zu beweisen[775].

---

771 Baumgärtel, § 628 Rn. 2.
772 BAG, NJW 1972, 1437; Baumgärtel, § 628 Rn. 2.
773 BAG, MDR 1973, 169.
774 BAG, MDR 1973, 169.
775 BGH, NJW 1973, 214.

9 Möglichkeiten der Honorarkürzung bei nicht erbrachten Leistungen

Ein häufiger Einwand von Bauherren in Honorarprozessen ist der, 516
daß der Architekt (Kläger) bestimmte Leistungen aus dem Leistungsbild des § 15 HOAI nicht erbracht habe. Konkret werden dann einzelne Grundleistungen oder Teilgrundleistungen bestimmter Leistungsphasen genannt, die nicht erbracht worden sein sollen und es häufig auch nicht sind. In diesem Zusammenhang wird gerne mit dem Fehlen »zentraler Leistungen« argumentiert. Das Fehlen zentraler   *zentrale Leistung*
Leistungen soll – so wird behauptet – in jedem Fall ein Recht zur Honorarkürzung geben. Dazu berufen sich die Bauherren auf Einzelfallentscheidungen von Oberlandesgerichten, die u. a. zum Spezialproblem des Fehlens einer Kostenermittlung ergangen sind und die feststellten, daß die in der HOAI genannten Kostenermittlungen zentrale Leistungen des Architektenvertrages sind, deren Fehlen eine Minderung des Honorars rechtfertigen könne[776].

Die Zulässigkeit einer Honorarkürzung bei Fehlen zentraler Leistungen, 517
insbesondere bei Fehlen einer Kostenermittlung, ist jüngst von Eich unter heftigen Angriffen gegen Literatur und Rechtsprechung der Obergerichte verneint worden[777]. Im Nachfolgenden soll das Problem systematisch untersucht werden:

Wie oben schon festgestellt, ergibt sich der Umfang der vom Architekten 518
zu erbringenden Leistungen anhand der Vereinbarungen, die die Parteien miteinander getroffen haben. Der Vertragsumfang ist nach den allgemeinen Grundsätzen des bürgerlichen Vertragsrechts zu ermitteln. Je nachdem wie präzise Architekt und Bauherr die Pflichten geregelt haben, kann auch das Leistungsbild der HOAI für die Auslegung eine Rolle spielen. Wegen der Einzelheiten kann auf die Ausführungen unter Rn. 6 f. Bezug genommen werden.

9.1 Vom Architekten nicht erbrachte Leistung war auch nicht geschuldet

Ergibt die Vertragsauslegung, daß die Leistung, deren Fehlen der 519
Bauherr später beanstandet und als Grund für eine Honorarkürzung

---

[776] So z.B. OLG Celle, BauR 1991, 271; OLG Hamm, NJW-RR 1990, 522; OLG Karlsruhe, BauR 1993, 109; OLG Hamm, BauR 1994, 793.
[777] Eich, BauR 1995, 31.

9 Möglichkeiten der Honorarkürzung

§ 5 HOAI heranzieht, tatsächlich nicht geschuldet war, läßt sich die Frage, ob eine Honorarkürzung gerechtfertigt ist oder nicht, leicht beantworten: Die HOAI hält dafür in § 5 Abs. 2 HOAI die passende Regelung bereit. Werden danach Grundleistungen der verschiedenen Leistungsphasen des § 15 Abs. 2 HOAI – z. B. eine Kostenermittlung – nicht in Auftrag gegeben, so darf für die beauftragten Leistungen nur ein Honorar berechnet werden, welches dem Anteil der übertragenen Leistungen an der gesamten Leistungsphase entspricht[778]. Das nach der HOAI geltende Preisrecht sieht für den Fall eingeschränkter Beauftragung eine Kürzung des Honorars also zwingend vor.

520 Fraglich kann nur sein, in welcher Höhe eine solche Kürzung stattzufinden hat. Das ergibt sich aus dem Vergleich der beauftragten Leistungen mit den nicht beauftragten Leistungen, also unter Berücksichtigung des nicht beauftragten Anteils. Abzustellen ist auf den konkreten Auftrag[779]. Bei dem Fehlen einer Kostenermittlung wird insoweit zu berücksichtigen sein, ob die nicht in Auftrag gegebene Kostenermittlung durch andere gleichwertige Kostenkontrollmaßnahmen, die dem Architekten übertragen wurden, ersetzt worden ist. Im übrigen kann der Honoraranteil für die nicht beauftragten Lei‐

Steinfort-Tabelle stungen nach der sogenannten Steinfort-Tabelle[780] bewertet werden. Diese Tabelle beruht auf Erfahrungswerten. Sie beschäftigt sich nur mit der nach § 5 Abs. 2, 3 HOAI vorzunehmenden Kürzung und gibt Bandbreiten an, die eine abweichende Beurteilung im Einzelfall zulassen.

9.2 Architekt hat das volle Leistungsbild des § 15 Abs. 2 HOAI in Auftrag, erbringt aber Teilleistungen nicht

521 Ergibt die Auslegung, daß dem Architekten die Vollarchitektur nach § 15 Abs. 2 HOAI in Auftrag gegeben wurde, so steht an sich fest, daß der Architekt alle Grundleistungen des § 15 HOAI zu erbringen hat. Tut er dies nicht, werden also Teilleistungen aus dem Leistungsbild des § 15 HOAI nicht ausgeführt, wäre hinsichtlich einer Honorarkürzung ebenfalls an § 5 Abs. 1–3 HOAI zu denken. Die Verordnung paßt jedoch nicht:

---

778 Zur Auslegung dieser Vorschrift dahin, daß es lediglich auf die Nichtübertragung der in einer Leistungsphase erfaßten Grundleistungen, nicht dagegen auf die konkrete Erforderlichkeit der Grundleistung ankommt, Vgl. ausführlich: Hesse/Korbion/Mantscheff/Vygen, § 5 HOAI Rn. 10 f.; Pott/Dahlhoff/Kniffka, HOAI, § 5 Rn. 7.
779 Pott/Dahlhoff/Kniffka, HOAI, § 5 Rn. 8a; vgl. auch Rn. 6 f.
780 Pott/Dahlhoff/Kniffka, HOAI, Anhang III.

9.2 Architekt erbringt Teilleistungen aus § 15 HOAI nicht

Sowohl in Absatz 1 wie auch in den Absätzen 2 und 3 des § 5 HOAI hebt der Verordnungsgeber darauf ab, daß dem Architekten nicht alle Leistungsphasen eines Leistungsbildes übertragen wurden. Darum geht es hier aber nicht: Die Fragestellung lautet vielmehr, ob das Architektenhonorar bei Beauftragung sämtlicher Leistungen aus dem Leistungsbild des § 15 HOAI gekürzt werden kann, wenn der Architekt die ihm übertragenen Leistungen nur teilweise erbringt. Die Beurteilung dieser Fälle richtet sich allein nach bürgerlich-rechtlichen Grundsätzen[781]; die HOAI gibt dazu keine Lösung.

522

Als Anspruchsgrundlage für eine Honorarkürzung kommt in diesen Fällen nur Gewährleistungsrecht (§§ 634, 635 BGB) in Betracht[782].

523

Gewährleistungsrecht

Ein Architektenvertrag ist ein Werkvertrag, dessen Ziel vor allem darin besteht, daß der Architekt durch die Wahrnehmung der ihm obliegenden Aufgaben das Bauwerk mangelfrei entstehen läßt[783]. Darüber hinaus hat er noch andere, nicht am Bauwerk verkörperte Leistungen zu erbringen, wie z. B. die Kostenberechnung nach DIN 276. Soweit es sich allein um die mangelfreie Errichtung des Bauwerks handelt, schuldet der Architekt nicht die Einzeltätigkeit, sondern die einwandfreie Gesamtleistung[784]. In der Art seiner Aufgabenerfüllung, insbesondere im Umfang der ihm obliegenden Aufsichtsleistungen, ist er frei. Dementsprechend ist sein Honoraranspruch allein objekt-, nicht dagegen zeit- oder tätigkeitsbezogen. Das findet seine Rechtfertigung darin, daß es dem Bauherrn im Ergebnis lediglich auf die ordnungsgemäße Errichtung des Bauwerks ankommt. Dagegen ist es für ihn in der Regel ohne Interesse, wie der Architekt den angestrebten Erfolg herbeiführt und welchen Arbeitseinsatz er dazu für erforderlich hält[785].

524

Wird der geschuldete Erfolg in Gestalt eines einwandfreien Bauwerks erreicht, so läßt sich nicht sagen, daß das Architektenwerk Mängel aufweist, die den Bauherrn zur Kürzung der Honorarforderung berechtigen. Vielmehr ist die Leistung vertragsgemäß und damit abnahmefähig[786] erbracht. Der Architekt hat daher Anspruch auf das gesamte Honorar, ohne daß es darauf ankommt, ob er die einzelnen Leistungen aus dem Leistungsbild des § 15 HOAI, die mit bestimm-

525

ist der geschuldete Erfolg erreicht?

---

781 BGH, BauR 1997, 154.
782 BGH, BauR 1982, 290; OLG Hamm, BauR 1982, 597; OLG Hamm, BauR 1986, 710; OLG Celle, BauR 1991, 317.
783 Ständige: Rechtsprechung: BGH, BauR 1974, 211.
784 BGH, BauR 1982, 290.
785 BGH, NJW 1969, 419 f.; BGH, BauR 1982, 290 f.
786 Die Abnahme ist nicht erforderlich, wohl aber die Abnahmefähigkeit: BGH, BauR 1974, 215; BGH, BauR 1986, 596.

ten v.H.-Sätzen der Gesamtleistung bewertet werden, vollständig erbracht hat[787].

526 Dieses Ergebnis ist auch nicht unbillig, da der Architekt das Risiko trägt, daß sich aus der Nichterbringung von Teilleistungen Mängel des Werkes ergeben, für die er dem Bauherrn dann wieder nach Gewährleistungsrecht einzustehen hat.

527 Im Prinzip gilt nichts anderes, wenn das Werk des Architekten bei nur unvollständig erbrachten Teilleistungen zwar insgesamt entstanden ist, aber Fehler aufweist. Derartige Mängel berechtigen den Bauherrn bei erfolgter Abnahme zur Geltendmachung von Gewährleistungsansprüchen, lassen jedoch die Honorarforderung des Architekten zunächst unberührt. Verweigert der Bauherr dagegen die Abnahme, weil das Werk nicht abnahmefähig ist und hat sich der Mangel noch nicht im Bauwerk niedergeschlagen, besteht primär der Anspruch auf Erfüllung: Der Architekt kann in diesem Fall die noch nicht erbrachte Leistung nachholen[788]. Eine Honorarminderung scheidet also ebenfalls zunächst aus.

528 Die gegenteilige Auffassung hätte zur Folge, daß die durch unvollständige Teilleistungen verursachten Mängel doppelt berücksichtigt würden, nämlich einmal bei der Kürzung des Honoraranspruches und zum anderen bei den in aller Regel auf Schadenersatz gerichteten Gewährleistungsansprüchen des Bauherrn. Erhält der Bauherr im Wege des Schadenersatzes einen Ausgleich für die Schlechterfüllung des Architektenvertrages, so besteht weder ein Bedürfnis noch ein Grund, ihn durch eine Herabsetzung des Architektenhonorars zusätzlich zu begünstigen[789]. In diesem Fall steht der Bauherr aufgrund der Schadenersatzleistung des Architekten im Ergebnis so, als sei ordnungsgemäß erfüllt worden. Das verpflichtet ihn andererseits, die nach der HOAI geschuldete Vergütung vollständig zu entrichten oder sich von ihr durch Aufrechnung mit einem Schadenersatzanspruch zu befreien.

529 *keine abnahmefähige Leistung* Anders ist die Rechtslage natürlich zu beurteilen, wenn die Architektenleistung mit derart schwerwiegenden Mängeln behaftet ist, daß sie nicht nur nicht abnahmefähig, sondern auch sogar nicht mehr nachbesserungsfähig und deshalb für den Bauherrn wertlos ist. In diesem Fall braucht der Bauherr kein Honorar zu zahlen[790].

---

787 BGH, BauR 1982, 290; BGH, NJW 1969, 419; OLG Hamm, BauR 1998, 819; OLG Düsseldorf, NJW-RR 1998, 454.
788 Vgl. unter Rn. 111 f.
789 OLG Düsseldorf, BauR 1972, 385 f.; Ganzmann, in: BGB-RGRK, § 631 Rn. 161.
790 BGH, BauR 1972, 185; BGH, BauR 1976, 285; BGH, BauR 1982, 220, 292.

9.3 Bauherrn geht es nicht nur um die Errichtung des Gebäudes; er beauftragt gezielt eine bestimmte Leistung

Ergibt die Auslegung, daß es dem Bauherrn nicht nur um die ordnungsgemäße Errichtung des Bauwerks geht und in diesem Zusammenhang um die Kontrolle und Ermittlung von Kosten, sondern beauftragt der Bauherr ganz gezielt die Vornahme einer Kostenberechnung nach DIN 276, weil er diese z. B. zur Vorlage bei seiner Bank benötigt, so schuldet der Architekt dies als Teilerfolg. Dieser Teilerfolg ist auch dann nicht erbracht, wenn die Planung in dem vom Bauherrn möglicherweise genannten Kostenrahmen bleibt. In diesem Fall ist die Kostenberechnung nach DIN 276 eine außerhalb des Gesamterfolgs stehende Leistung[791].

530

was ist vereinbart worden?

Eine solche Verpflichtung, die sozusagen neben dem geschuldeten Werkerfolg noch zusätzlich zu erbringen ist, ist keine Besonderheit des Architektenvertragsrechts. Häufig übernehmen es auch Bauunternehmer, neben der Errichtung des Gebäudes weitere erfolgsbezogene Leistungen wie Herstellungsnachweise, Entsorgungsnachweise oder Revisionsskizzen zu erbringen. Werden diese Leistungen vom Unternehmer trotz Beauftragung nicht ausgeführt, hat er trotz ordnungsgemäßer Herstellung des Bauwerks die Gesamtleistung nicht erbracht, was unter Umständen zu einer Abnahmeverweigerung führen kann, jedenfalls aber Gewährleistungsansprüche rechtfertigt[792].

531

Das gilt auch im Verhältnis des Bauherrn zum Architekten:

532

Hat der Architekt die als Teilerfolg geschuldete Kostenberechnung nach DIN 276 nicht vorgenommen, so ist die ihm in Auftrag gegebene Leistung nicht vollständig erbracht.

Nur in diesem Zusammenhang haben zentrale Leistungen eine honorarrechtliche Relevanz:

533

Zu den sogenannten zentralen Leistungen werden im allgemeinen alle in den Leistungsphasen 2, 3, 7 und 8 des § 15 HOAI zu erbringenden Kostenermittlungen gezählt[793], ferner die Erarbeitung des Planungskonzeptes, der Entwurf, die Werkplanung, die Massenermittlung und Leistungsbeschreibung, die Einholung von Angeboten und die Überwachung der Ausführung[794]. Bei Fehlen zentraler Leistungen wird – wie oben schon dargestellt – in der Rechtsprechung[795] vereinzelt ganz pauschal und ohne näheres Eingehen auf eine Anspruchs-

zentrale Leistungen

---

791 Locher/Koeble/Frik, HOAI, Rn. 20.
792 BGH, NJW-RR 1993, 1461.
793 OLG Hamm, BauR 1994, 793; OLG Celle, BauR 1991, 371.
794 Vgl. Werner/Pastor, Rn. 788.
795 OLG Hamm, BauR 1994, 793.

grundlage vertreten, das Fehlen solcher zentralen Leistungen rechtfertige eine Honorarminderung.

534 Das ist in dieser Allgemeinheit falsch.

Auch bei Fehlen zentraler Leistungen kommt es immer darauf an, ob die zentrale Leistung als Teilerfolg geschuldet ist oder nicht[796]; nur wenn die nicht erbrachte zentrale Leistung als Teilerfolg geschuldet ist, kann sich ihr Fehlen honorarmindernd auswirken.

535 Der Bauherr hat bei Fehlen des geschuldeten Teilerfolgs zunächst ei-
Erfüllungsanspruch nen Anspruch auf Erfüllung; der Architekt kann sein Honorar noch nicht fällig stellen (§ 8 Abs. 1 HOAI). Außerdem stehen dem Bauherrn die Gewährleistungsansprüche (§§ 634, 635 BGB) zu. Eine Honorarminderung ist danach erst möglich, nachdem der Bauherr dem Architekten die Möglichkeit der Nachbesserung bzw. Nachholung der Leistung eingeräumt hatte[797].

536 Indes sind Fälle denkbar, in welchen dem Erfüllungsanspruch des Bauherrn rechtliche Hindernisse entgegenstehen: Ist die Planungsleistung abgeschlossen und eventuell das Bauwerk sogar schon errichtet, benötigt der Auftraggeber die besonders in Auftrag gegebene Kostenberechnung nach DIN 276 nicht mehr. Von daher wäre das Verlangen des Auftraggebers nach einer Nachholung der Kostenberechnung treuwidrig. Umgekehrt kann ein Architekt sich in diesem Fall nicht darauf berufen, der Bauherr müsse ihm die Möglichkeit der Nachbesserung bieten. Dem steht Treu und Glauben entgegen. Der Bauherr wird vielmehr sofort die Minderung des Honorars nach § 634 BGB geltend machen können.

9.4 Umfang der Honorarminderung nach Gewährleistungsrecht

537 Maßgebend für die Höhe der Minderung ist § 634 Abs. 4 BGB i. V. m. § 472 BGB. Der Wert der Architektenleistung entspricht der nach der HOAI zu berechnenden Vergütung. Es kommt mithin darauf an, wie die fehlende Leistung zu bewerten ist. Insoweit ist auf Erfahrungswerte zurückzugreifen, die im Streitfall sachverständig abzusichern sind. In der Rechtsprechung gibt es eine Vielzahl von Einzelfallentscheidungen, die insbesondere fehlende Kostenermittlungen betreffen.

---

796 Werner/Pastor, Rn. 788; OLG Köln, BauR 1994, 271; OLG Karlsruhe, BauR 1993, 109, 100.
797 Werner/Pastor, Rn. 788 m. w. N.

9.4 Umfang der Honorarminderung nach Gewährleistungsrecht

So hat das OLG Hamm in einem Fall für eine Kostenberechnung 0,8%[798], in einem anderen Fall nach sachverständiger Beratung 2%[799] in Abzug gebracht.

538

Bei der Bewertung können auch Begleitumstände einfließen, wie etwa Maßnahmen, die der Architekt vorgenommen hat, die zwar die geschuldete Leistung nicht ersetzen, jedoch zu vergleichbaren Ergebnissen führen[800]. Schuldet der Architekt z. B. eine Kostenberechnung nach DIN 276, legt er statt dessen aber eine gewerkebezogene Aufstellung vor, so kann der Minderwert gering sein oder entfallen, wenn der Bauherr durch seinen fehlenden Widerspruch nicht ohnehin zum Ausdruck gebracht hat, daß er die Gewerkeaufstellung in diesem Fall als ordnungsgemäße Erfüllung akzeptiert.

539

Die oben angesprochene Steinfort-Tabelle kann für die Beurteilung der Minderung nicht herangezogen werden. Sie beschäftigt sich nämlich nur mit der nach § 5 Abs. 2, 3 HOAI vorzunehmenden Kürzung[801], nicht aber mit einer im Rahmen des Gewährleistungsrechts vorzunehmenden Minderung[802].

540
Steinfort-Tabelle

---

798 OLG Hamm, NJW-RR 1990, 522.
799 OLG Hamm, BauR 1994, 793.
800 Vgl. Kniffka, BauR 1996, 779.
801 Vgl. dazu Rn. 520.
802 A. A.: OLG Hamm, BauR 1994, 793.

Literatur

Auernhammer	Verfahren zur Bestimmung von Wertminderungen bei Baumängeln und Bauschäden, in: Baurecht 1978, 356
Baumgärtel	Handbuch der Beweislast im Privatrecht, Band I und Band II, 2. Auflage 1991
Bartsch	Der kommende Einheits-Architektenvertrag für Gebäude, in: Baurecht 1994, 315
Bartnickel	Die Rechtsnatur des Architektenvertrags, in: Baurecht 1979, 202
Beigel	Einheits-Architektenvertrag: Stellungnahme zu den Empfehlungen der Bundesarchitektenkammer im Bundesanzeiger vom 10.04.1985, Nr. 29, in: Baurecht 1986, 34
Bindhardt	Zur Beseitigung des Mangels am Bauwerk durch den Architekten, in: Baurecht 1970, 29
Bindhardt/Jagenburg	Die Haftung des Architekten, 8. Auflage 1981
Budnick	Architektenhaftung für Vergabe-, Koordinierungs- und Baukostenplanungsfehler, Düsseldorf 1998
Dähne	Der Übergang vom Erfüllungs- zum Gewährleistungsanspruch in der VOB, in: Baurecht 1972, 136
Dittert	Architekten/Ingenieure-Haftung und Versicherungsschutz, Köln 1992
Eich	Der Leistungsbegriff im Architektenvertrag, in: Baurecht 1995, 31
Eiselt/Trapp	Zur Abgrenzung der von der Betriebshaftpflichtversicherung nicht erfaßten Erfüllungspflicht des Werkunternehmers, in: Neue Juristische Wochenschrift 1984, 899
Hartmann	Zur Legende vom Toleranzrahmen bei Kostenermittlung des Architekten, in: Baurecht 1995, 151
Herding/Schmalzl	Vertragsgestaltung und Haftung im Bauwesen, 2. Auflage 1967
Hess	Die Haftung des Architekten für Mängel des errichteten Bauwerks, 1966
Hesse/Korbion/ Mantscheff/Vygen	Honorarordnung für Architekten und Ingenieure, Kommentar, 5. Auflage 1996
Ingenstau/Korbion	Kommentar zur VOB, 13. Auflage 1996

Literatur

Jagenburg	Die Entwicklung des Architekten- und Ingenieurrechts seit 1987/88, in: Neue Juristische Wochenschrift 1990, 93
ders.	Die Abnahme des Architektenwerks und die Tätigkeitspflicht des Architekten bei Mängeln, in: Baurecht 1980, 406
Jochem	HOAI, Gesamtkommentar, 3. Auflage 1991
Kaiser	Mängelbeseitigungspflicht des Architekten, in: Neue Juristische Wochenschrift 1973, 1910
ders.	Die Bedeutung des AGB-Gesetzes für vorformulierte vertragliche Haftungs- und Verjährungsbedingungen im Architektenvertrag, in: Baurecht 1977, 313
Kniffka	Kürzung des Architektenhonorars wegen fehlender Kostenkontrolle, in: Baurecht 1996, 779
Korbion	Festschrift für Locher 1990
Korbion/Locher	AGB-Gesetz und Bauerrichtungsverträge, 2. Auflage 1994
Leinemann	Die Bezahlung der Bauleistung, 2. Auflage 1999
Lindemaier/Möhring	Nachschlagewerk des Bundesgerichtshofs
Locher	Das private Baurecht, Kurzlehrbuch, 6. Auflage 1996
ders.	Festschrift für v. Craushaar, 1994
ders.	Schadenersatzansprüche gegen den Architekten wegen Nichtauflistung von Gewährleistungsfristen, in: Baurecht 1991, 135
Locher/Koeble/Frik	Kommentar zur HOAI, 7. Auflage 1996
Löffelmann	Der kommende Einheits-Architektenvertrag für Gebäude, in: Baurecht 1994, 563
Löffelmann/Fleischmann	Architektenrecht, 4. Auflage 1999
Mantscheff	Unzureichender Wärmeschutz – Ansätze für eine Minderwertberechnung, in: Baurecht 1982, 435
Maser	Die Haftung des Architekten für die Genehmigungsfähigkeit der Planung, in: Baurecht 1994, 180
Miegel	Baukostenüberschreitung und fehlerhafte Kostenermittlung – Zwei neue Entscheidungen des Bundesgerichtshofs, in: Baurecht 1997, 923
Motzke/Wolff	Praxis der HOAI, 2. Auflage 1995
Münchener Kommentar	Münchener Kommentar zum BGB, 2. Auflage, Band 3, 1. Halbband, 1988
Neuenfeld	Probleme der Leistungsphasen 8 und 9 des § 15 HOAI, in: Baurecht 1981, 436

Niestrate	Vergütung des Architekten nach Kündigung des Architektenvertrages durch den Auftraggeber, in: Zeitschrift für deutsches und internationales Baurecht 1997, 9
Palandt	Bürgerliches Gesetzbuch, Kommentar, 59. Auflage 2000
Pott/Dahlhoff/Kniffka	Honorarordnung für Architekten und Ingenieure, 7. Auflage 1997, Vertragsrecht für Architekten und Bauingeneure, 1979
Prölls/Martin	Versicherungsvertragsgesetz, 25. Auflage, 1992
Putzier	Der Pauschalpreisvertrag, Köln 2000
RGRK	Kommentar zum BGB, herausgegeben von Reichsgerichtsräten und Bundesrichtern, 12. Auflage, Band II, 4. Teil
Schäfer/Finnern/Hochstein	Rechtsprechung zum privatem Baurecht – Loseblattsammlung – Düsseldorf 1954 ff.
Schmalzl	Rechtsnatur des Architektenvertrages nach der neueren Rechtsprechung, in: Baurecht 1977, 80
ders.	Die Haftpflichtversicherung der Baubeteiligten, in: Baurecht 1981, 505
ders.	Die Verkehrssicherungspflicht des Architekten, in: Neue Juristische Wochenschrift 1977, 2041
ders.	Die Haftung des Architekten und des Bauunternehmers, 4. Auflage 1980
Schmidt-Morsbach	Wertminderung bei Betonflächen, in: Baurecht 1981, 328
Staudinger	Kommentar zum Bürgerlichen Gesetzbuch, §§ 631–651 BGB, 12. Auflage
Steinert	Schadensberechnung bzw. Vorteilsausgleich bei der schuldhaften Bausummenüberschreitung des Architekten zur Ermittlung des Verkehrswertes bebauter Grundstücke, bei denen die Eigennutzung im Vordergrund steht, in: Baurecht 1988, 552
Weiss	Rechtliche Probleme des Schallschutzes, Baurechtliche Schriften, Band III, 2. Auflage 1993
Werner/Pastor	Der Bauprozeß, 9. Auflage, 1998
Werner/Siegburg	Der »entgangene Gewinn« des Architekten gemäß § 649 Satz 2 BGB – im Blickwinkel der neuesten Rechtsprechung des Bundesgerichtshofs, in: Baurecht 1997, 181
Wussow	Architektenvertrag und Honorar – einige der häufigsten Streitfragen, in: Baurecht 1970, 65

Sachregister

60/40-Regelung 471

Abgrenzung Individualvereinbarung zu Regelung in einem Formularvertrag 358
Abgrenzung zwischen Bauwerksmängeln und Mangelfolgeschäden 177
Abnahme 46, 100
Abnahme, Erklärung 104
Abnahme, Mängelvorbehalt 132
Abnahme, technische 88
Abschlagsrechnung 90
Abtretung 126
Abzug neu für alt 175
Allgemeine Versicherungsbedingungen für Haftpflichtversicherungen 388
Allmählichkeitsschaden 414
Amtshaftung, Subsidiarität 295
Änderungswünsche, verteuernde 339
Angebote, Prüfung 184
Angehörige 445
Anspruch auf Minderung 126
Anspruch auf Nachbesserung 113 f.
Ansprüche, Abwehr unbegründeter 396
Ansprüche, Befriedigung begründeter ~ 396
Anzahl, Nachbesserungsversuche 366
Arbeiten, gefährliche 83
Arbeiten, schwierige 83
Arbeitskraft, anderweitige Verwendung 460
Architekt, besondere Bedingungen für die Berufshaftpflichtversicherung 398
Architekt, eigener Schaden 391
Architekt, leitender 77
Architekt, Mitverschulden 160
Architekt, Nachbesserungsrecht 135, 138, 140
Architekt, Rechte vor/nach Baubeginn 292 f.
Architekt, subsidiäre Haftung 142
Architektenplanung, Brauchbarkeit 22

Architektenvertrag als Dienstvertrag 96
Architektenvertrag, Kernbereich 33
Architektenwerk, Mängel 50
Aufrechnungsverbot 132
Auftragsumfang 8
Aufwendungen, ersparte 460, 464
Aufwendungen, unverhältnismäßige 132
Ausbaustandards 329
Ausgleichsanspruch, Verjährung 169
Ausgleichsansprüche, Baubeteiligte 165
Auslagenersatz 500
Auslegung 7, 9, 12, 530
Auslegungsfragen, schwierige 91
Ausschlußbestimmungen 416

Bauaufsichtspflicht, Umfang 76
Baubeginn 288, 292 f.
Baufinanzierung 23
Baugenehmigung, Aufhebung 37
Baugenehmigung, Erhalt 283
Baugenehmigung, nachträglich versagt 273
Baugenehmigung, zu Recht versagt 254
Baugenehmigung, zu Unrecht versagt 38, 275
Bauhandwerker, Auswahl 183
Bauherr, Kenntnis vom Genehmigungsrisiko 255
Bauherr, Mitverschulden 148, 154, 158, 164
Bauherr, Rechte vor/nach Baubeginn 288, 293
Bauherr, Rechtsberater 295
Baukosten, Überschreitung 298
Baukostenlimit 309
Baukostenrahmen 20
Baumaterialien, nicht erprobte 45
Baupreis, gestiegener 291
Baustoffe, neue 16 f.
Baustoffe, nicht bewährte 185
Bausummengarantie 300
Bausummengarantie, beschränkte 303
Bausummengarantie, totale 303

Sachregister

Bausummenüberschreitung 297
Bausummenüberschreitung, echte 343
Bausummenüberschreitung, Schadenberechnung 343
Bausummenüberschreitung, unechte 344
Bauunternehmer, Mitverschulden 161
Bauvoranfrage 34, 186, 256, 260
Bauweise, neue 15, 16
Bauwerk, Mängel 50, 177
Bauzeit, Überschreitung 423, 425
Bauzeitverzögerung 284
Beauftragung, stufenweise 40
Belehrungspflicht 185
Belehrungspflicht bei Interessenkonflikt 89
Beratungs- und Erkundungspflicht 16
Beratungspflicht 33, 35, 38, 45, 181, 188 f.
Berufsgenossenschaften 456
Berufshaftpflichtversicherung, besondere Bedingungen für Architekten und Ingenieure 398
Beschränkung auf unmittelbaren Schaden 383
Besondere Bedingungen 393
Besondere Bedingungen für die Berufshaftpflichtversicherung von Architekten und Ingenieuren 398
Beteiligung 447
Beweislast 51
Beweislast bei deliktischen Ansprüchen 223
Beweislastklauseln 380
Beweislastumkehr 52
Beweisnotstand 52
Beweispflicht 51
Bindungswirkung 260
Brauchbarkeit der Architektenplanung 22

Darlegungslast bei deliktischen Ansprüchen 223
Deckungssumme 405, 453
Detailplanung 50
Dienstvertrag, Beispiele für Kündigungsgründe 506
Dienstvertrag, Haftung 96
Dienstvertrag, Kündigung 502
Dienstvertrag, Kündigungsfolgen 508
Dienstvertragsrecht 1

Differenzmethode 345
DIN-Vorschriften 43

Eigenschaden 391
Eigenschaften, zugesicherte 15
Einheits-Architekten-Vertrag 371
Ein-Mann-Architekturbüro 467
Entschädigung in Geld 132
Entschädigung, angemessene 497
Erfüllung, Vertrag 111
Erfüllungsanspruch 134, 313
Erfüllungsgehilfe 160, 389
Ersatzvornahme 195
ersparte Aufwendungen 460, 464
Ertragswert 344, 346
Erwerb, anderweitiger 472

Fachingenieurleistungen 162
Finanzierungsrahmen 29
Finanzierungsüberlegung 29
Fördermittel 29
Formularvertrag 358
Freiberufler 474
freie Mitarbeiter, Vergütung 464
Freigabe von Sicherheitsleistungen 95
Fristen, Überschreitung 423
Fristsetzung mit Ablehnungsandrohung 315
Füllaufträge 472

Garantie, beschränkte 303
Garantie, totale 303
Gebäude, Minderwert 132
Gebrauchsvorteile, entgangene 132
Gehälter und Löhne 464
Genehmigungschance 186
Genehmigungsfähigkeit 34
Genehmigungsfähigkeit, Honoraranspruch bei fehlender ~ 287
Genehmigungsfähigkeit, rechtlich kompliziert 265
Genehmigungsplanung 9
Genehmigungsrisiko, Kenntnis des Bauherrn 255
Gesamtschuldausgleich bei Haftungsbegrenzung 164
Gesamtschuldner 170
Geschäftskosten, allgemeine 465
Gestaltungsmöglichkeiten, ästhetische 182
Gestaltungsmöglichkeiten, künstlerische 182

Sachregister

Gewährleistungsansprüche, formularmäßige Beschränkung auf Nachbesserung 364
Gewährleistungsfrist, Verkürzung 374
Gewährleistungspflicht, Mängelfeststellung vor Ablauf ~ 93
Gewährleistungspflichten, Verjährung 226
Gewährleistungsrecht 11, 523
Gewinn, entgangener 132
Gutachterauftrag 208
Gutachterauftrag, Mitverschulden 210
Gutachterkosten 132

Haftpflichtversicherung, Doppelfunktion 396
Haftpflichtversicherungen, Allgemeine Versicherungsbedingungen 388
Haftung bei fehlerhafter Objektüberwachung 76
Haftung beim Dienstvertrag 96
Haftung für Mehrkosten 67–75
Haftung nur bei Verschulden 378
Haftung, Quotelung 173
Haftung, subsidiäre des Architekten 142
Haftungsausschluß, vollständig formularmäßiger 360
Haftungsbegrenzung der Höhe nach 369
Haftungsbegrenzung, Gesamtschuldanteil 164
Haftungsbegrenzungsklausel für leichte Fahrlässigkeit 370
Haftungsbeschränkung 354
Haftungsbeschränkungen in Allgemeinen Geschäftsbedingungen 356
Haftungsfreizeichnung, stillschweigende 355
Haftungsverteilung 164
Haftungsverteilung, quotenmäßige 172
Handeln auf eigene Gefahr 154
Handlung, unerlaubte 212
handwerkliche Selbstverständlichkeiten 80
Herstellungskosten 350
Hinweis auf die Grenzen eigener Erkenntnisfähigkeit 271
Hinweis- und Warnpflicht 187
Hinweise auf Risiken 84

Hinweispflicht 84, 339
Honorar für bis zur Kündigung erbrachter Leistungen 462
Honorar für noch nicht erbrachte Leistungen 463
Honoraranspruch bei fehlender Genehmigungsfähigkeit 287
Honoraranspruch für erbrachte Leistungen 459
Honoraranspruch für nicht erbrachte Leistungen 459
Honorarkürzung 517

Ingenieur, besondere Bedingungen für die Berufshaftpflichtversicherung von 398

Kausalität 335
Klärung schwieriger Rechtsfragen 266
Konstruktion, fehlerhafte 41
Konstruktion, nicht erprobte 45
Koordinationsfehler 427
Koordinationsmängel 55
Koordinationspflicht im Rahmen der Ausführungsplanung 57
Koordinationspflicht im Rahmen der Entwurfsplanung 57
Koordinierungspflicht im Rahmen der Vorplanung 56
Kosten, Überschreitung 428
Kostenanschlag 13, 30, 327
Kostenberechnung 30, 327
Kostenermittlung 9, 12, 26, 326
Kostenermittlung, fehlerhafte 298, 331
Kostenermittlungsarten, geschuldete 13
Kostenfeststellung 13, 327
Kostenkontrolle 14, 327
Kostenkontrollmaßnahmen 520
Kostenlimit 302
Kostenprognose 27
Kostenrahmen 25, 187, 302, 325
Kostenschätzung 26, 29, 327
Kostenvoranschlag, Überschreitung 429
Kündigung aus wichtigem Grund 291, 308, 321, 342, 482, 488
Kündigung zur Unzeit 504
Kündigung, Dienstvertrag 502
Kündigung, freie 459, 488
Kündigungsfolgen, Dienstvertrag 508
Kündigungsgrund, Nachschieben 484

Kündigungsgründe beim Dienstvertrag, Beispiele 506

Leistung, planerische 22
Leistungen, nicht vollständig erbrachte 11
Leistungen, verwertbare 487
Leistungen, zentrale 516, 533
Löhne und Gehälter 464

Mängel, Architektenwerk 50
Mängel, arglistiges Verschweigen 361
Mängel, arglistiges Vorspiegeln von Eigenschaften oder vom Nichtvorhandensein bestimmter 361
Mängel, Bauwerk 50
Mangel, Realisierung 133
Mängelbeseitigungsrecht 134
Mängelfeststellung vor Ablauf der Gewährleistungspflicht 93
Mangelfolgeschaden, entfernter 132, 179
Mängelursache, Klärung 197
Mängelvorbehalt bei der Abnahme 132
Massen, Überschreitung 428
Miet- und sonstige Nutzungsausfälle 132
Mieteinkünfte 348
Mietertragswünsche des Bauherrn 31
Minderung 121, 537
Minderung, Anspruch 126
Minderung, unerhebliche 120
Minderwert, Gebäude 132
Minderwert, merkantiler 132
Minderwert, technischer 132
Mitarbeiter 389
Mitverschulden beim Gutachterauftrag 210
Mitverschulden Dritter 159
Mitverschulden, Architekt 160
Mitverschulden, Bauherr 148, 154, 158, 164
Mitverschulden, Bauunternehmer 161
Mitverschulden, Projektsteuerer 164
Mitverschulden, Schnittstellenkoordinator 164
Mitverschulden, Sonderfachmann 164
Mitverschulden, Unternehmer für Planungsfehler 164

Mitversicherte Personen 389
Mitwirken, Sonderfachleute 162
Mitwirken, Subunternehmer 164
Mitwirken, Vorunternehmer 164
Mitwirkungspflicht, Verletzung 493

Nachbesserung 315
Nachbesserung, fehlgeschlagene 366
Nachbesserung, Planung 114
Nachbesserung, Recht 319
Nachbesserungsanspruch 113 f.
Nachbesserungsrecht, Architekt 135, 138, 140
Nachbesserungsversuche, Anzahl 366
Nachhaftung 408
Nachhaftungsvereinbarung 408
Nachschieben, Kündigungsgründe 484
Nachtrag 75, 90 f.
nachträgliche Unmöglichkeit 316
Nebenkosten 464
Nebenpflichten 23
Nebenpflichtverletzung 341
Nichterfüllung, Schadenersatz 112, 318
Notverkauf 349
Nutzungsausfallentschädigung (entgangene Gebrauchsvorteile) 132
Nutzungsdauer 346

Oberleitung, künstlerische 92
Objektbegehung 94
Obliegenheit 397
Obliegenheitspflichtverletzung 397

Pauschale, Angemessenheit 480
Pauschale, branchenübliche 480
Personenschaden 454
Pflicht zur Aufforderung der Mängelbeseitigung 198
Pflicht zur Belehrung bei Interessenkonflikt 89
Pflicht zur Belehrung bezüglich einer Ersatzvornahme 195
Pflicht zur Beratung in rechtlichen Fragen 189
Pflicht zur Beratung in steuerlichen Fragen 188
Pflicht zur Einhaltung der anerkannten Regeln der Baukunst/-technik 15, 41
Pflicht zur Feststellung der Gewährleistungsfristen 93

Pflicht zur genehmigungsfähigen Planung 34, 253
Pflicht zur Klärung der Mängelursache 197
Pflicht zur Koordinierung 56
Pflicht zur mangelfreien Kostenermittlung 26
Pflicht zur Prüfung von gelieferten Baustoffen 191
Pflicht zur Prüfung von Leistungen 191
Pflicht zur Prüfung von Rechnungen und Nachträgen 202
Pflicht zur Vorbereitung und Mitwirkung bei der Vergabe 66
Pflicht zur wirtschaftlichen Planung 325
Pflichten bei der Kontrolle der Mängelbeseitigung 93
Pflichten bei der Meldung eines Versicherungsschadens 397
Pflichten bei der Objektüberwachung 76
Pflichten bei der Prüfung von Rechnungen und Nachträgen 90
Pflichten bei Vertragstrafe 194
Pflichten beim Werkvertrag 6
Pflichten im Zusammenhang mit Kosten 297
Pflichtverletzung 26, 27, 335
Planung, genehmigungsfähige 253
Planung, ins Blaue hinein 329
Planung, lückenhafte 49, 102
Planung, Nachbesserung 114
Planung, Pflicht zur wirtschaftlichen 325
Planung, riskante 16, 18
Planungsfehler 427
Planungsfehler im technischen Bereich 47
Planungsfehler im wirtschaftlichen Bereich 31
Projektsteuerer, Mitverschulden 164
Prüfung, Angebote 184
Prüfungs- und Beratungspflicht 18

Rabatt 90, 202
Raumprogramm 329
Realisierung, Mangel 133
Rechnungsprüfung 90
Recht auf Nachbesserung 113
Recht auf Selbstnachbesserung 113
Recht der Nachbesserung 319
Rechte des Architekten vor/nach Baubeginn 292 f.

Rechte des Bauherrn vor/nach Baubeginn 288, 293
Rechtsberater des Bauherrn 295
Rechtsfragen, komplizierte 190, 295
Regeln der Baukunst/-technik, anerkannte 41
Reinertrag 350
Renditeobjekt 325
Rentabilität, Einfamilienhaus 31
Repräsentationsfunktion 31
Risiken, nicht versicherte 442 f.
Risiko, versichertes 393
Risikosphäre 485
Rücksichtnahme 503
Rückwärtsdeckung 410

Sachschaden 454
Sachverständigenkosten 132
Sachwalter 23, 181
Sachwalterpflichten 325
Sachwalterstellung 79
Sachwert 346
Sanierungskonzept 31
Schaden des Architekten, eigener 391
Schäden Dritter 132
Schaden, Beschränkung auf unmittelbaren ~ 383
Schaden, sonstiger 454
Schaden, unmittelbarer 132
Schadenberechnung bei Bausummenüberschreitung 343
Schadenbeseitigungsrecht 132
Schadenersatz 129
Schadenersatz wegen Nichterfüllung 112, 318
Schadenersatz, großer 130, 291
Schadenersatz, kleiner 130, 291
Schadenersatz, Voraussetzungen 129
Schadenersatzansprüche, Grundstücksnachbar 214
Schadenminderungspflicht 148
Schlußrechnung 90
Schnittstellenkoordination 56
Schnittstellenkoordinator, Mitverschulden 164
Selbstnachbesserung 115 f.
Selbstnachbesserung, Recht auf ~ 113
Selbstverständlichkeiten, handwerkliche 80
Sicherheitsleistungen, Freigabe 95
Skonto 90, 202
Sonderfachleute 162

Sachregister

Sonderfachleute, Auswahl der einzuschaltenden 183
Sonderfachleute, Mitwirken 162
Sonderfachmann, Mitverschulden 164
Sonderwünsche, Bauherr 187
Sonderwünsche, verteuernde 339
Sorgfaltspflicht 16
Steinfort-Tabelle 520
Steuervergünstigungen 31
Steuervorteile 188, 348
subsidiäre Haftung des Architekten 142
Subsidiaritätsklauseln 385
Subunternehmer 164
Subunternehmer, Mitwirken 164
Subunternehmer, Vergütung 464

Tätigkeitsschaden 414
Teilabnahme 106
Teilabnahme, konkludente 109
Teilerfolg 532
Termine, Überschreitung 423
Toleranz 25, 26
Toleranzgrenze 24
Toleranzrahmen 30, 297, 313, 332
Transparenzgebot 384

Überschreitung ermittelter Massen und Kosten 428
Überschreitung, Bauzeit 423, 425
Überschreitung, Fristen und Termine 423
Überschreitung, Vor- und Kostenvoranschläge 429
Überwachungspflicht 84, 86
Umfang, Bauaufsichtspflicht 76
Umstände, vertragsbegleitende 14
unerlaubte Handlung 212
Unmöglichkeit, nachträgliche 316

Verbraucherschutz 358
Verbrauchervertrag, mißbräuchliche Klauseln 258
Vergabe, Mitwirkung 66
Vergabe, Vorbereitung 66
Vergütung, freie Mitarbeiter 464
Vergütung, Subunternehmer 464
Vergütung, zusätzliche 31
Verjährung von Ansprüchen aus § 823 BGB 247
Verjährung von Ansprüchen aus pVV 246
Verjährung von Ausgleichsansprüchen nach § 426 BGB 251

Verjährung von Gewährleistungspflichten 226
Verjährung, Ausgleichsanspruch 169
Verjährungsbeginn bei der Vereinbarung von Subsidiaritätsklauseln 235
Verjährungsbeginn bei Teilabnahme 240
Verjährungsfrist für Ansprüche aus Delikt 247
Verjährungsfrist für Ansprüche aus positiver Beratungspflichtverletzung 245
Verjährungsfrist für Ansprüche aus positiver Vertragsverletzung 245
Verjährungsfrist für Ausgleichsansprüche unter Gesamtschuldnern 251
Verjährungsfrist für werkvertragliche Gewährleistungspflichten 226
Verjährungsfrist, Beginn 230
Verjährungsfrist, Verkürzung 243
Verkauf des Grundstücks vor Mängelbeseitigung 132
Verkehrssicherungspflicht gegenüber dem Bauherrn 212
Verkehrssicherungspflicht gegenüber Dritten 213
Verkehrswert 344, 346
Verkehrswertminderung 132
Verkürzung, Gewährleistungsfristen 374
Verletzung, Mitwirkungspflicht 493
Verlust, Versicherungsschutz 397
Vermögensinteressen 21
Vermögensschaden 454
Versagung, Baugenehmigung 38
Verschulden, mitwirkendes 148
Versicherungsnehmer 389
Versicherungsschutz 389, 405
Versicherungsschutz, Umfang 394, 398
Versicherungsschutz, Verlust 397
Versicherungsvertragsgesetz 338
Verstoßzeitpunkt 405 f.
Vertrag mit Schutzwirkung zugunsten Dritter 207
Vertrag, Erfüllung 111
Vertragsauslegung 14
Vertragsfreiheit 6, 354
Vertragslaufzeit 405
Vertragspflichten 7
Vertragsstrafe 74, 194, 419
Vertretenmüssen 485

Sachregister

Verwender der Klausel 470
Verwertbarkeit, Leistungen 487
Vollarchitektur 8, 9, 521
Vollarchitekturvertrag 2
Voranschlag, Überschreitung 429
Voraussetzungen, wirtschaftliche 23
Vorplanung 9
Vorschuß 132
Vorteilsausgleich 174
Vorteilsausgleich, Steuervorteile als 176
Vorteilsausgleich, Zeitpunkt der Berechnung 176
Vorteilsausgleichung 338, 460
Vorunternehmer, Mitwirken 164
Vorverhandlung mit Behörden 186

Wahlrecht 130

Wandelung 117
Warn- und Hinweispflicht 187
Warnpflicht 339
Werkerfolg 5, 9
Werkvertragsrecht 1
Wertsteigerung 353
Wertsteigerung, Gebäude 338
Wohnfläche 31
Wohnungsbau, privater 12, 14

zeitliche Begrenzung 374
Zeitpunkt, Sanierung 132
zentrale Leistungen 516, 533
Zinsdienst 348
Zinsschaden 291
Zinsverlust 132
Zumutbarkeit 139
Zwischenfinanzierung 132